El PODER del CARÁCTER en el LIDERAZGO

DR. MYLES MUNROE

W

WHITAKER
HOUSE

Traducción al español realizada por:
Belmonte Traductores
Manuel de Falla, 2
28300 Aranjuez
Madrid, ESPAÑA
www.belmontetraductores.com

El Poder del Carácter en el Liderazgo:
Cómo los valores, la moral, la ética y los principios afectan a los líderes
(Publicado también en inglés bajo el título: *The Power of Character in Leadership: How Values, Morals, Ethics, and Principles Affect Leaders*)

Dr. Myles Munroe
Bahamas Faith Ministries International
P.O. Box N9583 ✦ Nassau, Bahamas
bfmadmin@bfmmm.com
www.bfmmm.com; www.bfmi.tv; www.mylesmunroe.tv

ISBN: 978-1-60374-970-1 ✦ eBook ISBN: 978-1-60374-254-2
Impreso en los Estados Unidos de América
© 2014 por Myles Munroe

Whitaker House
1030 Hunt Valley Circle
New Kensington, PA 15068
www.whitakerhouse.com

Por favor, envíe sugerencias sobre este libro a: comentarios@whitakerhouse.com.

1 2 3 4 5 6 7 8 9 10 11   W   21 20 19 18 17 16 15 14

DEDICATORIA

A mi esposa, Ruth; mi hija, Charisa; y mi hijo, Myles (Chairo).

A todos los destacados consejeros y miembros de International Third World Leaders Association (ITWLA).

A los líderes emergentes del siglo XXI que están destinados a determinar qué tipo de mundo en el planeta tierra tendrán.

A todos los líderes de las naciones emergentes del Tercer Mundo cuyo tiempo ha llegado para pasar a la escena del destino y escribir la historia de un nuevo mundo.

A todos los estudiantes de liderazgo que desean llegar con seguridad al final de su tarea en su generación con su integridad y su carácter intactos.

Al difunto Mark Bethel, un destacado líder que sirvió a nuestra visión con distribución, excelencia, humildad, fidelidad y dedicación; ¡un hombre de carácter impecable!

RECONOCIMIENTOS

Ninguna obra de esfuerzo creativo se logra sin la contribución de muchos individuos cuyo valioso talento, sabiduría, perspectivas, experiencia e influencia positiva se combinan para darnos las perspectivas y el condensado conocimiento que podemos compartir para ayudar a otros a lograr sus sueños. Me gustaría dar las gracias a todos los distinguidos líderes del pasado y del presente que han dejado marcado su perdurable carácter en mi espíritu y mi alma: Nelson Mandela, Martin Luther King Jr., Madre Teresa, Mahatma Gandhi, Oral Roberts, Bill Gates, Steve Jobs, Sir Lynden Pindling, Billy Graham, Moisés, Josué, David, Daniel, Pablo y el Líder supremo, Jesucristo.

También me gustaría agradecer a Lois Puglisi su valiosa ayuda en su servicio como mi partera para dar a luz a este bebé literario al mundo. Eres parte de mi historia y de mi éxito.

A todos mis amigos de BFM, MMI y ITWLA que continúan ayudándome a edificar mediante el carácter.

Prefacio

El componente más valioso del liderazgo no es poder, posición, influencia, notoriedad, fama, talento, dones, dinámica oratoria, persuasión, superioridad intelectual, logros académicos o capacidades de administración. Es el *carácter*. El carácter es la cuna de la credibilidad para el líder. Sin el elemento de un carácter fuerte, noble y honorable, el liderazgo y todos sus logros potenciales están en peligro de cancelación. Cada líder está solamente tan seguro y a salvo como su carácter.

Ofrezco este libro como un recurso sobre este aspecto del liderazgo que con tanta frecuencia se pasa por alto, y que es personal pero también muy práctico. Tener un fundamento de ética es central para el éxito y la longevidad del liderazgo de la persona.

Muchos seminarios y programas académicos de formación en liderazgo se enfocan en visión, capacidades, administración, organización, trabajo en equipo y otros muchos temas útiles; sin embargo, pocos de estos cursos abordan el tema del carácter del líder. El tema o bien se minimiza o nunca se cubre en absoluto. Esta omisión es trágica. No sólo ha permitido que se afiance una atmósfera poco sana de actitudes y prácticas negativas entre líderes, sino que también ha conducido a consecuencias destructivas para individuos, sociedades y naciones.

El carácter es la fuerza más poderosa que un líder puede cultivar porque protege el liderazgo. Le capacitará para ser un éxito, personalmente y profesionalmente, a medida que usted desempeña su propósito, su visión y sus metas en la vida.

El Poder del Carácter en el Liderazgo es para…

+ ***Líderes que estén actualmente siguiendo un llamado vocacional y tengan el deseo de ser lo mejor que puedan llegar a ser.*** Aprenderá usted a establecerse sólidamente como líder y alcanzar sus metas a medida que cultiva una influencia duradera.

- *Quienes son líderes emergentes o aspiran a liderar.* Descubrirá el modo en que la ética y los valores le liberan para desempeñar su propósito único en la vida.

- *Líderes que han fallado —quizá de manera importante— debido a un defecto de carácter de algún tipo.* Probablemente se esté preguntando: "¿Cómo llegué hasta este lugar? ¿Qué hago ahora? ¿Sigo teniendo futuro como líder?". Verá cómo reconstruir el fundamento de su vida. Éticamente, puede que esté usted en terreno inestable en este momento, pero puede comenzar el proceso de desarrollar una mentalidad renovada y un sólido código de ética que conducirán a un carácter moral sano. Si usted ha caído, este libro explica cómo "caer hacia arriba" realizando cambios que le transformarán desde dentro hacia fuera.

- *Cualquiera a quien le preocupe la falta de fuerza moral en el liderazgo hoy día.* Tener líderes de carácter en los niveles local, nacional y global es la clave para resolver multitud de problemas en nuestro mundo. Este libro revela un proceso para restaurar a nuestros líderes de modo que puedan abordar los problemas de nuestro tiempo.

- *Personas que aún no entienden que son líderes.* Si usted cree que el liderazgo es solamente para unos cuantos escogidos, ha aceptado una idea falsa sobre los líderes. Cada persona en la tierra es un líder en un área particular de talento; y el desarrollo del carácter proporciona el fundamento para descubrir el modo en que nació usted para liderar.

Con respecto al último punto, el enfoque de mi formación de liderazgo siempre ha sido la transformación de seguidores en líderes, y de líderes en agentes de cambio. Hay millones de personas que tienen un tremendo potencial para el liderazgo, pero nadie les ha alentado nunca a expresarlo y desarrollarlo. De hecho, a muchas personas se les dice que no son "nada". Finalmente lo creen, de modo que no cumplen su propósito en la vida.

Si esa ha sido su perspectiva, este libro le ayudará a entender lo que significa ser un líder genuino y cómo desarrollar su potencial de liderazgo.

Independientemente de cuál sea su trasfondo, le invito a descubrir el notable poder del carácter en el liderazgo, y el modo en que valores, moralidad, ética y principios afectan tanto al desarrollo como al resultado de su éxito personal en el liderazgo.

Contenido

INTRODUCCIÓN

Liderazgo contemporáneo y la crisis de carácter

"Cualquier fracaso que he conocido, cualquier error que he cometido, cualquier necedad de la que he sido testigo en la vida pública y la privada, han sido las consecuencias de la acción sin pensamiento".
—Bernard Baruch, hombre de negocios y consejero de
presidentes de E.U.

En el dinámico drama del liderazgo contemporáneo que se representa en el escenario del mundo hoy día, hay muchos "personajes" que carecen de carácter. Además, la estela de la historia está repleta de muchos aspirantes a grandes hombres y mujeres que tenían las riendas del poder en diversos campos: político, social, económico, empresarial, deportivo, espiritual, y muchos otros. Ejercían una gran influencia y/o control sobre las vidas de otros; muchos sintieron el peso de la riqueza material y la fama, solamente para que todo ello se desintegrase y se alejase como el polvo en el viento debido a sus trágicas deficiencias de carácter.

Una falta de liderazgo fuerte ha convertido nuestro mundo en un caos. Cada país en la tierra se ve desafiado por la ausencia de un liderazgo resuelto a medida que batalla bajo tiempos precarios. Políticamente, económicamente y socialmente, nuestros países están experimentando problemas y decadencia moral, caracterizados por delitos, conflictos religiosos, incertidumbre económica, la distribución desigual de los recursos, corrupción política, inquietud civil, la desintegración de la familia, ciberdelitos, pobreza, enfermedades, hambre, abuso sexual, avaricia, conflictos raciales, "limpieza" étnica, terrorismo global y guerra.

Nuestro mundo del siglo XXI parece ser un experimento en auto-destrucción global. Necesitamos líderes fuertes que tengan la valentía de afrontar problemas perplejos y aparentemente abrumadores, al igual que la capacidad de descubrir e implementar soluciones prácticas. Más que ninguna otra cosa, lo que requerimos hoy día son líderes competentes, eficaces y visionarios en todos los ámbitos de la vida.

El elemento perdido: "Fuerza moral"

Los líderes que han emergido hoy día parecen creer que las principales cualidades necesarias para abordar nuestros tiempos problemáticos y demandantes son las siguientes: gran visión; superioridad académica e intelectual; dinámica oratoria y otras capacidades de comunicación que tienen la capacidad de persuadir; experiencia en administración, y la capacidad de controlar a otros. Sin embargo, una y otra vez la historia ha demostrado que la cualidad más importante que un verdadero líder debería y debe poseer es la fuerza moral de un carácter noble y estable.

Hay unos doscientos países en el mundo actualmente, y cada uno de ellos tiene líderes en el nivel nacional, regional y local. Muchas naciones también tienen líderes aspirantes que compiten por un cargo público cada año. Además, empresas y negocios, instituciones religiosas, organizaciones sin ánimo de lucro y grupos comunitarios, y otras empresas en la sociedad, todos ellos tienen líderes. Muchas personas, en diversos campos —economía, gobierno, leyes, negocios, educación, medicina, ciencias, entretenimiento, deportes, y muchos otros— son líderes o se están formando para ser líderes.

Tenemos a todas esas personas capacitadas en posiciones de poder, con una amplia provisión de potenciales líderes; sin embargo, los líderes que están intentando evitar que sus naciones, empresas, organizaciones y familias se hundan, o bien tienen falta o son deficientes en ese elemento vital del carácter.

En todo el planeta hemos visto a líderes caer, éticamente y moralmente. Muchos líderes comienzan fuertes (o parecen estarlo), solamente para terminar "derrumbándose y quemándose". Diversos líderes han operado bajo una reputación de integridad que era solamente una fachada. Aunque parecían competentes y bien ajustados por fuera, carecían de verdadera sustancia por dentro. Les faltaba el elemento de la fuerza moral, y su pobreza ética finalmente se hizo evidente. El público no sabía quiénes eran en realidad esos líderes, hasta que los líderes se vieron inmersos en el escándalo debido a su conducta imprudente, encontrándose a menudo frente a consecuencias legales debido a prácticas económicas ilegales, robo, extorsión, engaño, perjurio... y cosas similares.

El público no sabía quiénes eran en realidad esos líderes, hasta que los líderes se vieron inmersos en el escándalo.

Mientras tanto, otras personas en posiciones de poder se han visto obstaculizadas por la incompetencia debido a que nunca han aprendido sólidos principios de liderazgo y cómo implementarlos. Otros son capaces, pero aun así no ayudan a abordar las necesidades de su sociedad porque prefieren destruir a un competidor en los negocios o anular a un oponente político en lugar de trabajar juntamente con otros líderes para abordar serios problemas y encontrar soluciones.

El liderazgo es central en nuestro mundo

La crisis contemporánea de carácter en el liderazgo es alarmante porque, en gran medida, los líderes determinan la dirección, seguridad y prosperidad de culturas, sociedades y naciones. Los siguientes conceptos demuestran el papel central que tiene el liderazgo en la sociedad humana.

- **Nada sucede sin liderazgo.** Los líderes establecen gobiernos, comienzan negocios, hacen descubrimientos y avances científicos, difunden ideas religiosas y filosóficas, y de otro modo fomentan la cultura humana.

- **Nada tiene éxito sin liderazgo.** Los líderes desarrollan ideas, llevan a cabo empresas y mantienen en avance proyectos.

- **Nada es alterado o transformado sin liderazgo.** A menos que un individuo o grupo de personas comiencen a pensar de modo diferente o actuar de modo diferente, las circunstancias por lo general siguen siendo iguales, o empeoran.

+ **Nada se desarrolla sin liderazgo.** Los líderes toman la iniciativa para implementar innovaciones, edificar sobre lo que ha estado antes, y extenderse sobre anteriores éxitos.

+ **Nada avanza sin liderazgo.** Los líderes son emprendedores y miran hacia adelante. Con frecuencia anhelan mejorar la calidad de vida de una sociedad mediante la eficacia mejorada, una mayor comodidad y la introducción de nuevos productos y servicios.

+ **Nada mejora sin liderazgo.** Los líderes ven potencial en situaciones y condiciones donde otros no ven ninguna esperanza ni tienen ninguna visión del modo en que las cosas *podrían ser.*

+ **Nada es corregido sin liderazgo.** Para corregir errores y resolver problemas, alguien tiene que asumir la responsabilidad de ver que se realicen esos ajustes. Los líderes ayudan a las sociedades a realizar una corrección de curso cuando se han desviado hacia un camino destructivo.

El liderazgo es, por lo tanto, clave para la preservación humana, el crecimiento y el cambio. Independientemente de la condición en que se encuentre una sociedad o una nación, no llegó allí por accidente. Alguien le dirigió hasta allí.

Cada persona en la tierra está siendo guiada, influenciada o manipulada por alguien. Directamente o indirectamente, de modo consciente o inconsciente, continuamente somos dirigidos por quienes son nuestros líderes "oficiales", al igual que por aquellos que han llegado a ser nuestros líderes de facto mediante su influencia sobre nosotros. Por eso nuestros actuales problemas no serán resueltos sin un renovado énfasis en los elementos fundamentales del liderazgo positivo y eficaz. Países, empresas, instituciones, organizaciones, departamentos y similares, serán eficaces y exitosos solamente en la medida en que sus líderes sean eficaces y exitosos. Cuando los líderes en todos los ámbitos de la vida hagan un compromiso a fortalecer su liderazgo, capacitarán a su sociedad para mejorar, sobrevivir y progresar.

"Sabemos que el liderazgo está muy relacionado con el cambio. A medida que el ritmo del cambio se acelera, existe naturalmente una mayor necesidad de un liderazgo eficaz".
—John Kotter, renombrado hombre de negocios, profesor y autor

¿Quién nos ha estado liderando?

He hablado en universidades donde he conocido a administradores, profesores y alumnos. He sido consultor de gurús empresariales y líderes del gobierno. He sido entrevistado en cientos de programas de televisión. En el proceso, he conocido a muchos líderes muy populares. Sin embargo, con unas pocas excepciones, las personas famosas e influyentes que he encontrado no me han impresionado con su liderazgo porque no parecía incluir el ingrediente esencial del carácter.

¿Quién ha estado liderando nuestras naciones? Desgraciadamente, hemos sido influenciados por muchos líderes e instituciones que carecen de la cualidad de la fuerza moral; y sus actitudes y acciones están siendo absorbidas por la cultura en general.

A continuación hay una muestra de líderes y organizaciones en diversos ámbitos de la vida que, en el momento de escribir este manuscrito, han estado relacionados con controversias éticas, escándalos sexuales y económicos o actividad delictiva. En esencia, fueron víctimas de la crisis de carácter defectuoso de nuestra sociedad. Muchos líderes en el mundo y en la escena nacional que deberían ocuparse de levantar sus naciones están en cambio violando la confianza pública, quebrantando la ley y cometiendo crímenes contra la humanidad. Se encuentran en los titulares, y apareciendo delante de jueces y otros tribunales.

Algunos de los problemas representados en esta lista son complejos, mientras que otros son claros. En el momento de la publicación de este libro, los resultados de varias de estas situaciones estaban aún por resolver, ya sea por legislaturas o tribunales. En algunos casos, no se han hecho públicos todos los hechos de modo que permitan hacer una evaluación completa. Sin embargo, estos ejemplos de las últimas décadas ilustran el ámbito de crisis éticas y morales en el liderazgo con las que los Estados Unidos y las naciones del mundo están siendo confrontados.

Gobierno y política

+ La administración del presidente de E.U. Barack Obama está tratando varios problemas éticos controvertidos. El Sr. Obama fue advertido por la prensa, miembros del Congreso de E.U., y el público con respecto a las citaciones del Departamento de Justicia sobre las grabaciones telefónicas a periodistas de Associated Press mientras el departamento reunía inteligencia relacionada con una filtración sobre una amenaza terrorista. Una controversia similar apareció con respecto a grabaciones telefónicas de Fox News en relación con la investigación de Justicia de una filtración sobre Corea del Norte.[1] De modo similar, el presidente se situó bajo el fuego por la continuada práctica de la Agencia de Seguridad Nacional de supervisar las grabaciones telefónicas de estadounidenses comunes mientras buscaba posible actividad terrorista.[2] Además, la Casa Blanca fue criticada después de revelaciones sobre que el IRS (Hacienda Pública) situó bajo escrutinio extra a ciertos grupos conservadores cuando solicitaron el estatus de exención de impuestos. Todos estos asuntos son continuados.

+ Anthony Weiner de Nueva York abandonó su escaño en el Congreso de los Estados Unidos después de que se revelase que el congresista casado había enviado mensajes de texto explícitamente sexuales y fotografías a otras mujeres. Él después se presentó como candidato a alcalde de la ciudad de Nueva York, negándose a abandonar las primarias, incluso después de un posterior escándalo de "sexting", a pesar de la presión política para que lo hiciera.

+ El Presidente Bill Clinton fue impugnado por la Cámara de Representantes de E.U. por perjurio y obstrucción a la justicia relacionados con su testimonio sobre el escándalo Monica Lewinsky. Siguió en su cargo cuando los votos de impugnación por ambos cargos fracasaron en el Senado.

+ La presidencia de Ronald Reagan estuvo manchada por el asunto Irán-Contras, en el cual la Agencia de Seguridad Nacional vendió armas a Irán a cambio de rehenes estadounidenses, incluso aunque había en efecto un embargo contra Irán. Parte del dinero de la venta fue entonces a los "Contras" nicaragüenses para apoyar su lucha contra el gobierno sandinista. Esto suponía una violación del Acuerdo Boland, que fue aprobado por el Congreso para prohibir la ayuda militar a los Contras. El consejero de Seguridad Nacional, almirante John Poindexter, dimitió, y se presentaron cargos contra catorce personas, aunque seis fueron posteriormente perdonadas por el Presidente George H. W. Bush.[3]

+ Richard Nixon fue el primer presidente de E.U. en dimitir de su cargo tras la estela de su participación en un encubrimiento de actividades ilegales autorizadas por miembros de su personal durante su campaña de reelección. El año anterior a la dimisión de Nixon, su vicepresidente dimitió de su cargo debido a corrupción política que implicaba soborno y extorsión, al igual que evasión de impuestos.

+ El expresidente de Brasil, Luiz Inacio Lula da Silva, está siendo investigado por su supuesto papel en una trama para comprar votos de miembros del Congreso brasileño durante el periodo en que estuvo en su cargo.[4]

+ El recién elegido presidente de Kenia y su presidente adjunto, William Ruto, se enfrentan al juicio en el Tribunal Criminal Internacional por "crímenes contra la humanidad, incluidos asesinato y violación".[5] El *Wall Street Journal* informaba: "El tribunal alega que el Sr. Kenyatta y su presidente adjunto, William Ruto, incitaron a la violencia de bandas que dejó más de 1.000 muertos después de la disputada elección de su predecesor en 2007. Ambos hombres niegan las acusaciones".[6]

+ El tribunal por crímenes de guerra en Yugoslavia de las Naciones Unidas "condenó a seis líderes políticos y militares bosnio-croatas... por perseguir, expulsar y asesinar a musulmanes durante la guerra de Bosnia". Las condenas pueden ser recurridas.[7]

+ Manuel Noriega, el exdictador de Panamá, cumplió una sentencia de cárcel de casi dos décadas en los Estados Unidos por tráfico de drogas. Después cumplió un breve periodo de cárcel en Francia por blanqueo de dinero, y se le requirió presentar casi tres millones de dólares retenidos en sus cuentas bancarias francesas. Francia entonces permitió que fuese extraditado a Panamá para cumplir prisión allí por asesinato.[8]

Negocios y economía

+ JPMorgan Chase & Co. acordó pagar 410 millones de dólares en respuesta a acusaciones de manipulación de precios: "La unidad de energía del banco, JP Morgan Venture Energy Corporation, fue acusada de elevar las tasas eléctricas en los mercados [California y Midwest] entre septiembre de 2010 y noviembre de 2012 mediante 'estrategias de subasta manipuladoras', según la Comisión Federal Regulatoria de la Energía".[9] Anteriormente, la compañía perdió siete mil millones de dólares después de "participar en arriesgados tratos (derivadas)". Esta pérdida había conducido a varias investigaciones de las prácticas y procedimientos de la compañía.[10]

+ Empleados de Halliburton, el contratista para British Petroleum (BP) en el proyecto petrolífero Deepwater Horizon, destruyeron evidencia concerniente a la explosión en 2010 y el masivo derrame de crudo en el Golfo de México que mató a once personas. Bajo un acuerdo entre la defensa y la acusación, el Departamento de Justicia de E.U. condenó a la compañía por un delito menor, le impuso una multa de 200 mil dólares, le dio tres años de periodo de prueba, y requirió que la compañía cooperase con la investigación del departamento del incidente del Deepwater.[11] Halliburton ha estado implicado en otras controversias éticas, inclusive la acusación por parte de la Comisión Reguladora de Empresas y Valores de que la subsidiaria de una empresa de la que Halliburton es dueña "sobornó a oficiales del gobierno nigeriano durante un periodo de 10 años, en violación del Acta de Prácticas Corruptas en el Extranjero (FCPA)".[12]

+ En el incidente Deepwater, "BP acordó pagar 4,5 mil millones de dólares en multas y se declaró culpable de 14 cargos criminales relacionados con la explosión"[13]. La compañía aparentemente ignoró los consejos del ingeniero de Halliburton de instalar una tubería de seguridad, y no probó el sellado de cemento para comprobar si se había realizado con éxito.[14]

+ El exmagnate de Wall Street, Bernie Madoff, llevó a cabo "el mayor esquema Ponzi en la Historia... [él] estafó a sus clientes miles de millones de dólares y engañó a los reguladores durante décadas...".[15] Madoff fue condenado por fraude de valores, fraude en consejos de inversión, fraude electrónico y por correo, blanqueo de dinero, enviar documentos falsos a la Comisión de Valores y Bolsa, hacer informes falsos, perjurio y robo de fondos de beneficios para empleados. Fue sentenciado a 150 años de prisión.[16]

+ Durante el curso de décadas, el Banco Vaticano ha sido denunciado e investigado por funcionar de acuerdo a una cultura interna de corrupción, inclusive supuesto blanqueo de dinero y vínculos con la mafia. En 2013 hubo un cambio del liderazgo en el banco después de un nuevo escándalo de blanqueo de dinero.[17]

+ El expresidente del enorme Carrian Group, con base en Hong Kong, recibió una sentencia de tres años por sobornar a oficiales bancarios para obtener préstamos por el equivalente de 238 millones de dólares en dólares estadounidenses.[18]

+ La empresa alemana Siemens llegó a un acuerdo de 330 millones de euros con el gobierno griego por supuesto soborno en relación con subastas de contratos para los Juegos Olímpicos de 2004 en Atenas.[19]

+ Entre otras empresas implicadas en escándalos de trabajo infantil, la compañía textil GAP emitió un informe en 2004 en el cual reconocía violaciones de leyes sobre trabajo infantil y seguridad en el trabajo.[20]

+ Mediante revelaciones del exejecutivo del tabaco e informante, Jeffrey Wigand, fue revelado que empresas tabaqueras como Brown & Williamson habían intentado intencionadamente hacer que los consumidores se hicieran adictos a la nicotina.[21]

Deportes

+ La intachable imagen pública del campeón de golf Tiger Woods quedó manchada cuando se hicieron públicas sus diversas aventuras amorosas extramatrimoniales. Su esposa se divorció de él, y él perdió varios contratos lucrativos de publicidad por valor de 100 millones de dólares. Woods recibió terapia para la adicción al sexo y regresó al deporte.[22]

+ En 2007, el entrenador de los New England Patriots, Bill Belichick, fue multado con 500 mil dólares y el equipo fue multado con 250 mil dólares en el así llamado escándalo Spygate que implicaba las grabaciones de señales de entrenadores de equipos contrarios. Los Patriots también tuvieron que renunciar a un potencial evento para escoger jugadores en primera ronda.

+ El campeón de ciclismo Lance Armstrong y la velocista olímpica Marion Jones están entre muchos atletas que han admitido haber utilizado drogas ilegales para mejorar el rendimiento. Los siete títulos del Tour de Francia de Armstrong fueron anulados, y le prohibieron ejercer el ciclismo profesional de por vida.[23] A Jones le quitaron sus tres medallas de oro olímpicas y fue sentenciada a seis meses de cárcel, dos años de libertad condicional y servicio comunitario por mentir acerca de su consumo de drogas a un agente federal, al igual que por su participación en una operación de fraude de cheques.[24]

+ Jerry Sandusky, exentrenador asistente de fútbol americano en Penn State University, recibió una sentencia de treinta a sesenta años de cárcel después de haber sido condenado por 45 casos de abuso sexual infantil.[25]

+ La estrella del béisbol, Pete Rose, exjugador de los Cincinnati Reds y manager, fue acusado de apuestas repetidas en juegos de béisbol, y le prohibieron el béisbol de por vida. También cumplió cinco meses de cárcel y servicio comunitario por evasión de impuestos.[26]

Religión

+ Numerosas imputaciones por abuso sexual se han acumulado contra sacerdotes católicos en países en todo el mundo. Se han emitido cargos en varios casos, y ha habido consecuencias por encubrimientos e inacción por parte de los oficiales de la Iglesia.[27]

+ El pastor de la megaiglesia en Atlanta, obispo Eddie Long, fue acusado de abusar sexualmente de cuatro adolescentes. El obispo

Long ha afirmado que es inocente, y resolvió el asunto fuera de los tribunales con los demandantes.[28] Con respecto a un caso separado, doce exmiembros de la iglesia pusieron una demanda contra Long y el consultor financiero Ephren W. Taylor por pérdidas en un supuesto esquema Ponzi.[29] La Comisión de Valores y Bolsa ha puesto una demanda por el esquema en el tribunal de distrito contra Taylor, su empresa, y su exoficial principal de operaciones.[30]

+ El anteriormente destacado televangelista Jimmy Swaggart perdió credibilidad e influencia cuando se vio inmerso en un escándalo sexual que implicaba a una prostituta.[31] El televangelista Jim Bakker también fue agarrado en un escándalo debido a su relación adúltera con una exsecretaria de la iglesia. Además, pasó tiempo en la cárcel por fraude electrónico y por correo y conspiración con respecto a la recaudación de fondos de su ministerio.[32]

+ Ted Haggard dimitió como pastor de su iglesia en Colorado y como presidente de la National Association of Evangelicals [Asociación Nacional de Evangélicos] después de una aventura amorosa homosexual con un prostituto, al igual que por consumo de drogas ilegales.[33]

Artes, entretenimiento y medios de comunicación

+ Mel Gibson, anteriormente uno de los actores más populares e influyentes de Hollywood, se divorció de su esposa después de más de treinta años de matrimonio y siete hijos, debido a "diferencias irreconciliables", aunque la infidelidad puede que haya jugado su papel; a su esposa le concedieron la mitad de su fortuna.[34] Gibson también fue condenado por golpear a su novia, dando como resultado una sentencia de tres años de libertad condicional, consejería y servicio comunitario.[35]

+ El periodista del New York Times, Jayson Blair, fue despedido por reportes poco éticos. La editora pública del Times, Margaret Sullivan, afirmó que Blair "mintió, falsificó y engañó en historia tras historia; multitud de ellas, durante años. Él fabricó fuentes, plagió material de otras publicaciones y fingió estar en lugares donde nunca había ido". La conducta del periodista dañó la reputación del *Times* de precisión y honestidad.[36]

+ El autor James Frey admitió haber fabricado hechos en sus memorias de éxitos de ventas *A Million Little Pieces*, desencadenando una controversia acerca de lo que constituye memoria y la línea existente entre hecho y ficción.[37]

+ La súper estrella de la canción, Whitney Houston, murió trágicamente por ahogamiento accidental cuando estaba en medio de regresar profesionalmente, con "los efectos de enfermedad cardíaca y cocaína que se encontró en su cuerpo... factores contribuyentes".[38]

Organizaciones benéficas/sin ánimo de lucro

+ Greg Mortenson, coautor del libro de éxito de ventas *Three Cups of Tea: One Man's Mission to Promote Peace One School at a Time*, fue citado por mala gestión de su organización benéfica Central Asia Institute, al igual por el mal uso de fondos. El abogado general de Montana, donde está situada la organización benéfica, afirmó: "El Sr. Mortenson puede que no haya engañado intencionadamente a la junta o a sus empleados, pero su falta de consideración y su actitud con respecto a mantener informes básicos y contabilidad de sus actividades tuvo esencialmente el mismo efecto". Mortenson no fue acusado de ninguna actividad criminal, y acordó devolver un millón de dólares a la organización benéfica.[39]

+ *Three Cups of Tea* describe el trabajo humanitario de Mortenson en Pakistán y Afganistán. Fue coautor del libro David Oliver Relin. En una controversia no relacionada con la mala gestión de la organización benéfica, hubo alegaciones de que Mortenson había incluido cosas fabricadas en su libro, mientras que Mortenson afirmaba que solamente se tomó ciertas licencias literarias. El coautor Relin, cuya integridad nunca estuvo en cuestión en el asunto, había reconocido en su introducción al libro que podría haber imprecisiones inevitables al relatar las experiencias de Mortenson. Escribió: "Su fluido sentimiento del tiempo hizo que fuese casi imposible determinar la secuencia exacta de muchos acontecimientos en este libro".[40] La controversia puso estrés en

Relin vocacionalmente, al igual que económicamente, pues él se defendió a sí mismo en una demanda civil por el libro que fue interpuesta contra Mortenson y él mismo. El juez desestimó la demanda. Relin se suicidó en 2012; su familia afirmó que "había sufrido de depresión".[41]

♦ El expresidente de United Way, William Aramony, pasó seis años en prisión por su papel desempeñado en maquillar entre 600 mil y 1,2 millones de dólares de la agencia benéfica. Él utilizaba el dinero para sostener un "estilo de vida extravagante" y a una joven amante.[42] Aramony fue condenado "entre otras cosas, por conspiración para defraudar, fraude postal, fraude electrónico, transporte de propiedades adquiridas fraudulentamente, participación en transacciones monetarias en actividad ilegal, declarar falsas devoluciones de impuestos, y ayudar para declarar falsas devoluciones de impuestos".[43]

♦ La organización benéfica Feed the Children despidió a su fundador y director, Larry Jones, por supuesta mala conducta. Jones puso una demanda por despido improcedente, y la organización puso una contrademanda, "acusando a Jones de aceptar sobornos, acumular pornografía explícita… utilizar a una empleada de la organización como niñera personal… malgastar fondos de la organización, embolsarse dinero de viajes y quedarse con regalos de publicaciones".[44] Jones mantuvo su inocencia. Él y Feed the Children llegaron a un acuerdo fuera de los tribunales en el cual Jones aparentemente recibió alguna compensación pero no le devolvieron su puesto como presidente de la organización.[45]

Estos son algunos ejemplos de figuras públicas, empresas y agencias del gobierno que han sido relacionados con problemas y escándalos que implican el carácter, la ética y la violación de la ley. Podrían citarse muchos más ejemplos. Se han vuelto comunes las revelaciones de tales escándalos; se encuentran casi cada día en los periódicos, se emiten en las noticias por cable, en la Internet, en Facebook y vía Twitter.

Desde la perspectiva del liderazgo, estas situaciones ilustran varias realidades: (1) los problemas de carácter están generalizados entre líderes en

muchos campos. (2) Los fallos de carácter del líder con frecuencia terminan dañando a personas inocentes. (3) A pesar de cuántos logros alcance
un líder, a pesar de cuánto dinero gane, y a pesar de lo alto que suba en la
escalera del éxito, si tiene deficiencia en el carácter, su talento y capacidad
no son garantía alguna de que permanecerá en lo más alto o de que no pa-
gará un gran precio.

Preguntemos a Bill Clinton. Preguntemos a Bernie Madoff.
Preguntemos a Lance Armstrong. Preguntemos a Jim Bakker.
Preguntemos a Mel Gibson. Preguntemos a Greg Mortenson. Sus fallos
de carácter les alcanzaron. Para algunos, mancharon su reputación; para
otros, prácticamente destruyeron sus vidas, al igual que las vidas de otros.
Por esta razón, el asunto crítico del carácter debe abordarse, a medida que
naciones, regiones y comunidades; negocios y empresas; organizaciones
cívicas; grupos religiosos; partidos políticos; fuerzas armadas; instituciones educativas y familias siguen buscando calidad y líderes calificados
para tomar el timón de la responsabilidad y guiarles hacia una vida mejor
y un futuro prometedor.

Aunque los anteriores son casos de alto perfil que llegaron a ser escándalos nacionales y globales, la desintegración del carácter hoy día se
encuentra en todo tipo de liderazgo y en todos los niveles de la sociedad,
inclusive el nivel local y en las vidas de las personas "comunes". Se encuentra en nuestros hogares, con líderes (cónyuges y padres) que tienen
aventuras amorosas extramatrimoniales, consumen drogas ilegales, consumen alcohol, acumulan deudas de juego, entran en arriesgadas inversiones económicas con la esperanza de encontrar un camino rápido hacia
la riqueza, abusan de familiares, y participan en otras acciones destructivas. Se encuentra en nuestras empresas locales, con trabajadores que
maquillan dinero, roban equipamiento o son perezosos en el trabajo. Se
encuentra en nuestras escuelas, con maestros que participan en relaciones sexuales con sus alumnos, o con alumnos que engañan en los exámenes y participan en el abuso de otros mediante redes sociales; y a veces
incluso llevan pistolas a las escuelas y disparan a sus compañeros de clase
y maestros. Se encuentra en nuestras universidades, con profesores que
plagian obras educativas y graduados que pagan a otros alumnos para
que escriban sus tesis finales.

Nadie debería pensar que es demasiado inteligente o demasiado seguro para evitar las consecuencias de la falta de carácter.

Quizá esté usted pensando: *Yo no estoy en peligro de perder mi empleo o de ser sentenciado a la cárcel.* Sin embargo, si nosotros como líderes ignoramos la necesidad del desarrollo del carácter —si permitimos que los defectos de carácter nos influencien—, nos arriesgamos al fracaso en nuestra vida personal, nuestro liderazgo y nuestro futuro. Nadie debería pensar que es demasiado inteligente o demasiado seguro para evitar las consecuencias de la falta de carácter.

Una psique de desconfianza

Un inquietante resultado de la crisis de carácter en el liderazgo es que ha creado una psique de desconfianza entre el público general. Desde luego, hay muchas personas sinceras, trabajadoras e íntegras en todos los ámbitos de la vida que se esfuerzan por hacer lo correcto y ayudan a sostener la sociedad en la cual viven. Pero mientras que las naciones del mundo necesitan desesperadamente líderes fuertes y auténticos, demasiadas personas en posiciones de autoridad están ensimismados. Operan según prioridades erróneas o motivos oportunistas; no ofrecen nada que tenga valor duradero a sus familias, asociados, clientes o conciudadanos. En cambio, abusan de ellos y los maltratan. Los líderes éticamente deficientes están dejando un legado de temor, escepticismo y confusión entre aquellos que les siguen o son de otra manera afectados por su liderazgo.

Por ejemplo, ¿llegará el momento en que podamos ver una carrera por pista y campo o un acontecimiento ciclista y no preguntarnos secretamente si el campeón ganó porque utilizó drogas para mejorar el rendimiento? Con frecuencia albergamos la idea de que el ganador debe de haber engañado de alguna manera. O incluso aunque permitamos algunos lapsos de memoria no intencionados, ¿cuándo seremos capaces de leer una autobiografía y no tener que preguntarnos si alguna parte o la mayoría de sus partes han sido inventadas? Tristemente, nos hemos cansado de la validez de tales relatos. O repito: cuando una gran empresa tiene éxito, ¿cuándo nos libraremos de las sospechas acerca de sus prácticas de negocios y el modo en que obtuvieron beneficios? Nos cuestionamos si las grandes empresas pueden ganar dinero y a la vez ser éticas.

¿Qué le sucedió al carácter en el liderazgo?

¿Por qué son tan deficientes en carácter los líderes hoy día? Una razón importante es que, en todo el planeta, gran parte de la formación en liderazgo, tanto formal como informal, no hace hincapié o ni siquiera incluye el concepto del carácter como un elemento esencial del liderazgo. Además, muchos líderes gubernamentales y empresariales, junto con supervisores, jefes y otros en autoridad, no están siendo mentores de sus colegas y empleados en importantes principios de desarrollo del carácter (aunque siguen esperando honestidad e integridad por parte de ellos). En cambio, como veremos, se ha dado prioridad a otros elementos del liderazgo: títulos, posición, poder, inteligencia, capacidades, talentos, calificaciones educativas, conocimiento, competencia y carisma, u otros rasgos de la personalidad.

En el proceso, hemos producido...

+ líderes carismáticos sin carácter

+ líderes dotados sin convicciones

+ líderes poderosos sin principios

+ líderes intelectuales sin moralidad

+ líderes visionarios sin valores

+ líderes espirituales sin conciencia

Las naciones del mundo no carecen de personas en posiciones de liderazgo. Carecen de liderazgo genuino *en* sus líderes. El resultado es que no nos faltan individuos que dirigen nuestros países, negocios y organizaciones que tienen títulos y puestos de alto nivel. Van bien vestidos y acicalados; son excelentes comunicadores; están muy capacitados en sus respectivos campos. Sin embargo, como hemos destacado, estas cualidades no han evitado una epidemia de "consecuencias de carácter" entre los líderes de diversas categorías, ya sean presidentes y primeros ministros, directores generales y directores, sacerdotes y pastores, o cónyuges y padres y madres.

> *Las naciones del mundo no carecen de personas en posiciones de liderazgo. Carecen de liderazgo genuino en sus líderes.*

Señales reveladoras

¿A qué grandes líderes puede usted nombrar que estén vivos actualmente? (Si no pudo responder esa pregunta sin pensarlo mucho, no está usted solo).

Mientras escribo esto, Nelson Mandela ha estado en el hospital por dos meses debido a una infección pulmonar. Mandela fue el primer líder democráticamente elegido de Sudáfrica, y fue fundamental en el desmantelamiento del apartheid. Ahora tiene más de noventa años. Durante los últimos años, he observado que cada vez que él es admitido en el hospital, personas en todo el mundo aguantan la respiración, porque nadie sabe cuánto tiempo más estará con nosotros.

¿Qué hay en la imagen que tenemos de este hombre que nos hace tener miedo a perderle, aunque entendemos que tiene una edad muy avanzada? ¿Podría ser que no queremos que el Sr. Mandela muera porque puede que él sea uno de los últimos bastiones que quedan de verdadero liderazgo; un hombre que se levanta como la definición de carácter, que todos anhelamos personalmente y queremos ver evidenciado en los líderes a los que deseamos seguir? ¿Está él entre los últimos en una línea de figuras históricas que poseyeron una calidad vital de liderazgo que tiene muy poco que ver con ideas estándar de "poder" pero sin embargo tiene la capacidad de cambiar el mundo?

Yo creo que las fuertes convicciones de Nelson Mandela sobre la dignidad humana y la igualdad entre las razas son la razón de que personas en todo el mundo quieran que viva siempre. Quizá los sudafricanos tienen miedo a que su país pudiera desintegrarse cuando él fallezca. Para mí, las ansiosas reacciones de las personas a la salud del Sr. Mandela, aparte de ser expresiones de compasión y respeto humanos, son señales reveladoras de que el carácter en el liderazgo es tan raro que las personas sienten que no podemos permitirnos dejar ir a un gran líder.

El futuro del liderazgo

¿Cuál será el futuro del liderazgo en nuestro mundo? Una verdad familiar pero significativa se aplica a nuestra actual crisis de liderazgo: usted puede liderar a personas sólo tan lejos como haya ido usted mismo. Y muchos de nuestros líderes no han pasado a la línea de salida del desarrollo del carácter, y menos aún la han cruzado.

Muchas personas conocidas que han fallado éticamente han presentado disculpas mediante los medios de comunicación. Aunque admitir que uno está equivocado (o que "cometió un error") y pedir disculpas es un buen comienzo, si es sincero, no indica necesariamente una resolución de cambiar de conducta y actuar responsablemente en el futuro. Hay que realizar un compromiso personal a hacer eso. Hay que permitir que eso se convierta en una convicción personal: parte del código de ética personal.

Un futuro que incluya líderes fuertes y éticos en nuestros gobiernos, negocios, instituciones educativas, organizaciones civiles y hogares quedará asegurado sólo mediante un regreso a la formación del carácter y el desarrollo del carácter personal como nuestra *prioridad*. Los líderes deben aceptar este reto y buscar activamente cambiar sus caminos si nuestras naciones han de pasar de una mentalidad de corrupción y concesiones a una perspectiva de convicción y carácter. En lugar de buscar poder político, o poder económico, o poder en el entretenimiento, o poder en los deportes, los líderes deberían perseguir carácter político, o carácter económico, o carácter en el entretenimiento, o carácter en los deportes.

Un futuro que incluya líderes fuertes y éticos quedará asegurado sólo mediante un regreso a la formación del carácter y el desarrollo del carácter personal como nuestra prioridad.

Un nuevo tipo de líder debe comenzar a emerger dentro de nuestras instituciones gobernantes, nuestras comunidades, nuestros negocios, nuestros lugares de empleo, nuestras familias; y nosotros mismos. El liderazgo que es débil en ética y valores ha permitido que nuestras naciones se derrumben. También ha iniciado muchos de los problemas con los que lidiamos en el mundo. Un regreso al carácter en el liderazgo nos capacitará para comenzar a abordar esos problemas desde una posición de fuerza, resolución y honor.

He dado charlas sobre el poder del carácter en el liderazgo en varios salones gubernamentales por todo el planeta. Algunos líderes han llorado literalmente cuando han explicado que nadie les ha enseñado nunca sobre el papel que desempeña el carácter en el liderazgo. Recibieron enseñanza sobre cómo manejar recursos, pero nunca les enseñaron cómo manejar sus propias vidas; y el modo en que su aplicación de tal conocimiento fue crucial para un liderazgo eficaz y exitoso.

Cada uno de nosotros debe no sólo entender e implementar los principios de liderazgo, sino también hacer el compromiso de llegar a estar establecidos en carácter, adherirse a un fuerte código de ética. Después, debemos crecer continuamente en el desarrollo de nuestro carácter, de modo que podamos tener un impacto positivo y duradero en nuestra generación y en futuras generaciones.

"Se puede hacer bien una suma: pero sólo regresando hasta donde se encuentre el error y trabajando de nuevo desde ese punto, nunca sencillamente continuando".[46]
—C. S. Lewis

PARTE I:

La prioridad del carácter

1

El carácter importa

"El carácter de un hombre es su destino".
—Heráclito, filósofo griego

El día en que el exmagnate de los negocios, Bernard Madoff, fue sentenciado a 150 años de cárcel por su masivo esquema Ponzi —que costó a sus clientes miles de millones de dólares—, el juez hizo algunos comentarios notables acerca de la vida y el liderazgo de Madoff:

> En términos de factores mitigantes en un caso de fraude de guante blanco como este, esperaría ver cartas de familiares, amigos y colegas. Pero ni una sola carta ha sido enviada para atestiguar de las buenas obras del señor Madoff, de su buen carácter, o de sus actividades cívicas o caritativas. La ausencia de tal apoyo es reveladora.[1]

Notablemente, y significativamente, ni un solo amigo, familiar, vecino, colega o conocido dio un paso al frente para ofrecer un informe positivo acerca del carácter o de las obras de Madoff. Tal informe podría haber ayudado a conmutar su sentencia, permitiéndole la posibilidad de ser puesto en libertad bajo fianza en algún momento antes del final de su vida.

"Mejor que el oro"

Un antiguo proverbio declara: "De más estima es el buen nombre que las muchas riquezas, y la buena fama más que la plata y el oro".[2] Muchos líderes caídos podrían afirmar la verdad de este proverbio. Aunque algunos han caído de lugares más elevados y más públicos que otros, todos ellos han sufrido pérdidas. Esas pérdidas eran evitables, pero se produjeron debido a que los líderes carecían de un "buen nombre", o integridad.

Comenzar fuerte, después autodestrucción

He estado formando a líderes por más de treinta años, en más de setenta naciones. Ha sido un verdadero gozo ver a hombres y mujeres en todo el mundo descubrir para qué nacieron, y posteriormente causar un impacto en sus hogares, comunidades, negocios y naciones por medio de su liderazgo personal.

No hay nada que quiera más que los líderes sean exitosos, cumpliendo su propósito y su visión en la vida. Concretamente, quiero que *usted*, como líder, sea exitoso.

Sin embargo, he observado un inquietante desarrollo en nuestro mundo. Demasiados líderes comienzan fuertes pero después caen o se autodestruyen debido a defectos en su brújula moral. Como resultado, pierden gran parte, o todo, de aquello por lo cual han trabajado. Anulan su potencial, de modo que son incapaces de realizar futuras contribuciones a su generación. Y en la actualidad es necesaria la contribución de *cada* líder, a medida que nos enfrentamos a una multitud de problemas complicados y crisis en todo el planeta que necesitan la influencia de un liderazgo fuerte. Este es un momento crítico en nuestro mundo, cuando el futuro del liderazgo está en juego.

El mayor obstáculo para el éxito en el liderazgo

Como consultor de liderazgo, he sido testigo de las frustraciones de líderes nacionales y sus gabinetes ministeriales a medida que han intentado manejar los complejos desafíos políticos, económicos y sociales a los que se enfrentaban sus países. He trabajado con empresarios que estaban decididos a descubrir un enfoque de liderazgo más honrado y eficaz para ellos mismos y los miembros de su plantilla. He observado el hilo de líderes caídos en una variedad de campos, cuyos fracasos éticos se han gritado al mundo casi diariamente por medio de los titulares de las noticias y programas de entrevistas en televisión.

En todas partes, las personas batallan con la idea de lo que significa ser un líder, y sobre qué fundamento pueden edificar un verdadero liderazgo.

Este es un momento crítico en nuestro mundo, cuando el futuro del liderazgo está en juego.

Sin duda, hay ocasiones en que un líder fracasa porque su conocimiento y sus capacidades no son correctas para el negocio, organización o gobierno en particular para el cual trabaja. O puede que el momento no sea el correcto para él; quizá fue ascendido demasiado pronto y no es capaz de manejar la responsabilidad. Podría ser que su falta de formación en los principios esenciales del liderazgo evite que siga su propósito y su potencial, o que reconozca cuál es el momento correcto para pasar al siguiente nivel de liderazgo. En tales casos, la posición de la persona no es una que pueda, o debiera, ser preservada. Necesita dar un paso atrás y volver a evaluar su verdadero lugar como líder.

Sin embargo, he llegado a la conclusión de que el mayor obstáculo para el éxito de un líder es un déficit de carácter. Si yo pudiera enseñar una sola cosa a un líder que creo que preservaría su liderazgo, e incluso su vida, sería la prioridad del carácter: valores y principios internos con los que uno está comprometido y que se manifiestan en su vida como conducta ética.

¿Qué tipo de carácter?

A lo largo de este libro estaremos examinando diversas definiciones de carácter, de modo que podamos tener un cuadro completo de sus significados y sus aplicaciones. Comenzaremos con una de las más universales. Carácter es:

el compuesto de características mentales y éticas que marcan y con frecuencia individualizan a una persona, grupo o nación.

En el sentido de esta definición, todo el mundo tiene "carácter". Cada uno es identificado por la suma de sus características mentales y éticas.

Pero la pregunta que estamos haciendo es esta: cuando ejercitamos liderazgo, ¿de qué tipo, o calidad, son nuestras características mentales y éticas? ¿Son positivas o negativas? ¿Edifican o derriban? A medida que hablamos de carácter, por lo tanto, nos enfocaremos en lo que significa desarrollar y manifestar principios y ética honorables que distinguirán nuestras vidas.

En el mundo de la formación en liderazgo hay abundancia de seminarios y talleres que ofrecen enseñanza sobre el propósito, la visión y la pasión del líder. También hay muchos cursos académicos que están disponibles acerca de principios de liderazgo, administración de empresas, edificar equipos, y otros muchos. Aunque esas cosas son importantes, se enfocan principalmente en la mecánica del liderazgo.

¿Cuántos cursos o sesiones de formación ve usted que se ofrecen sobre el tema de la formación del carácter y el establecimiento de valores fuertes? ¿O sobre cómo vivir de acuerdo a la conciencia propia, sin hacer concesiones en las normas que uno tiene? No muchos. Este aspecto vital del liderazgo se pasa por alto, para nuestro propio perjuicio.

Los déficits morales frecuentemente conducen a las personas a consecuencias negativas o ruinosas, como no conseguir ascensos y avances, ser despedidos de sus empleos, perder los ahorros de toda su vida, traicionar a su familia, rendir los sueños de su vida, y ser enviados a la cárcel. Un líder debe saber cómo establecer un fundamento sólido para la vida que lo sostendrá y mantendrá en el camino correcto en momentos de incertidumbre, tentación y crisis.

"Condenado" por buen carácter

Los comentarios del juez acerca del carácter de Bernie Madoff nos llevan a hacernos algunas preguntas inquisitivas acerca de nuestras propias vidas:

- Si pidieran a mi familia, amigos y colegas que declarasen bajo juramento en un tribunal acerca de la fortaleza de mi carácter, ¿qué dirían? ¿Serían capaces de hablar sobre mis buenos valores y las contribuciones positivas que he realizado a la sociedad?

+ Dando la vuelta a la analogía, ¿sería suficiente su testimonio para "condenarme" por mi buen carácter? Si es así, ¿sería cierta su evaluación a la luz de lo que yo sé acerca de mí mismo?

+ ¿Qué importancia he dado a tener un buen nombre, y el carácter para respaldarlo?

+ ¿Qué diferencia marcaría para mi familia, mi negocio o mi organización el que yo fuese reconocido como una persona de genuina integridad?

+ ¿Estoy viviendo éticamente en todas las áreas de mi vida, como el modo en que trabajo con otros, cumplo con mis responsabilidades y trato a los demás en el mundo?

Su sistema de seguridad personal

El buen carácter es como un sistema de seguridad personal para su vida. Muchas personas instalan aparatos de seguridad en sus casas y lugares de trabajo para protegerse de fuerzas exteriores, como ladrones que les robarían o intrusos que harían daño a sus familiares o empleados.

Supongamos que un posible ladrón intentase abrir una ventana de una casa que estuviera electrónicamente "armada" por un sistema de seguridad. Sonaría una alarma, dejando al descubierto al intruso, con el objetivo de asustarle para que se vaya a la vez que alerta a la compañía de seguridad. ¿O si un intruso se las arreglase para meterse en un edificio de oficinas durante las horas de trabajo y se escondiera hasta que todos se hubieran ido ese día? Si se ha instalado adecuadamente el sistema de seguridad, en el momento en que esa persona saliera de su escondite para robar o saquear, el sistema detectaría su movimiento y enviaría una señal, alertando de su presencia a los oficiales de seguridad y/o a los policías.

El buen carácter, o la fuerza moral, es como un sistema de seguridad personal para su vida.

Nosotros podemos "instalar" carácter en nuestras vidas de modo que funcione como esos sistemas de seguridad. Lo hacemos al desarrollar valores y establecer un código de ética que nos alertará, y nos protegerá, de los efectos negativos de varias influencias externas, como las presiones de la vida, las dificultades y las tentaciones. Esas influencias negativas pueden amenazar nuestro liderazgo al invadir nuestras vidas y robar nuestra fuerza de voluntad, sentido común y mejor juicio. Los valores y la ética también nos salvaguardan de los "intrusos" internos: nuestras propias fragilidades humanas que hacen que racionalicemos la conducta inmoral y tomemos atajos éticos.

El verdadero liderazgo siempre ha sido edificado sobre un carácter fuerte. Por eso necesitamos un nuevo respeto por esta cualidad de liderazgo esencial. No sólo eso, sino que también debemos comenzar inmediatamente a fomentar su restauración. Muchos líderes en la actualidad intentan, sin éxito alguno, separar la ética de su vida personal de las responsabilidades de su vida pública. Ese enfoque podría parecer legítimo a primera vista; sin embargo, por debajo de la superficie está esta realidad crucial: el liderazgo no es solamente un papel que se desempeña; es una vida que se lidera.

Un fundamento de carácter

Algunas personas tienen una actitud de despreocupación hacia la ética y la moralidad: son conscientes de ellas pero esencialmente las hacen a un lado. Sin embargo, otras personas realmente nunca han sido formadas en los principios del carácter, de modo que toman decisiones poco sabias que conducen a su caída. Todos podemos pensar en personas que eran admirables en muchos aspectos pero cayeron porque carecían de la discreción o la disciplina que proviene de cultivar un buen carácter. Por ejemplo, puede que hayan comenzado a relacionarse con "amigos" que no estaban buscando su bienestar y les condujeron a alguna actividad ilegal. O puede que comenzaran a experimentar con las drogas o el alcohol porque parecía "divertido", o porque proporcionaba una liberación de las presiones de la vida, solamente para caer en la trampa de la adicción.

Un fracaso en el carácter puede sucederle a cualquiera, en cualquier vocación o estrato de la vida. Por ejemplo, se produjo el caso de dos trabajadoras en la cafetería de la escuela elemental de Pennsylvania que eran descritas como "señoras dulces y trabajadoras", pero robaron más de 90 mil dólares de dinero de los almuerzos durante un período de ocho años para alimentar sus adicciones al juego.[3] Historias parecidas han sido reveladas en comunidades por todo el planeta.

Reconozco que las adicciones al juego, al alcohol, a las drogas o a otras sustancias pueden ser el resultado de predisposiciones físicas o profundos problemas emocionales, que con frecuencia requieren la asistencia de un consejero profesional. Sin embargo, la formación en carácter es una parte esencial del proceso de sanidad en estos casos. Como veremos, el desarrollo del carácter en un individuo comienza con la comprensión de su valor como ser humano y un entendimiento de aquello que nació para lograr. Con esa conciencia, puede obtener un nuevo sentimiento de dignidad, fortaleza interna y esperanza para el futuro.

Independientemente del tipo de líder que sea usted o de lo amplio de su influencia, se enfrenta a tentaciones personales, desafíos y estrés. Y solamente un fundamento de carácter le sostendrá a usted y a su liderazgo.

El liderazgo no es solamente un papel que se desempeña; es una vida que se lidera.

"Más fácil mantenerlo que recuperarlo"

Thomas Paine escribió: "El carácter es mucho más fácil mantenerlo que recuperarlo". El carácter es como medicina preventiva: le mantiene moralmente sano de modo que no desarrolle enfermedades como resultado de los fracasos éticos. Uno de los más serios de estos trastornos es la falta de confiabilidad. Cuando usted pierde la confianza de su familia, sus amigos o sus colegas, es muy difícil volver a ganársela.

Imagínese que fuese el dueño de un negocio y hubiera estado usando a un proveedor en particular por muchos años. Entonces, el proveedor fue descubierto como repetidamente deshonesto en sus prácticas de facturación. Suponiendo que no le llevaran a la cárcel, ¿seguiría usted haciendo negocios con él?

O supongamos que usted hubiera apoyado a un político en particular pero descubriese que había estado aceptando sobornos por años, viviendo un estilo de vida espléndido. ¿Seguiría apoyándolo?

Lo más probable es que no.

Podemos entender fácilmente por qué los líderes que tienen defectos éticos pierden la confianza de sus seguidores, porque todos hemos experimentado algún tipo de traición, al igual que el dolor y el enojo que genera. Quizá le hayan cobrado a usted en exceso por servicios de reparación, puede que hayan entrado a robar en su casa, haya estado ciego a la infidelidad de un cónyuge, o un colega haya murmurado acerca de información confidencial que usted compartió. Usted entiende lo que significa ser una víctima de alguien que opera con un déficit de carácter. Como líderes, debemos hacernos la pregunta: "¿Estoy yo, de alguna manera, violando la confianza de quienes han puesto su fe en mí? ¿Qué impacto estoy teniendo en aquellos que son influenciados o afectados por mi conducta?".

Cuando uno pierde la confianza de los demás,
es muy difícil volver a ganársela.

La valentía para identificar y desarraigar nuestras debilidades

No son solamente los Bernie Madoff de este mundo quienes tienen fallos de carácter. Y no son solamente "grandes" problemas éticos, como fraude e infidelidad, los que erosionan nuestra integridad, dañan nuestra credibilidad y ofenden a otros, dañando la calidad de nuestro liderazgo. El carácter tiene muchas implicaciones prácticas y cotidianas.

Por ejemplo, ¿cómo evaluaría su coherencia? Si es siempre un deudor moroso a la hora de pagar sus facturas a tiempo debido al descuido, puede, entre otras cosas, afectar a su crédito y también al de su familia o su negocio. Un resultado es que podría perderse oportunidades de adquirir préstamos para ampliar su empresa, limitando así el crecimiento de su negocio. De manera parecida, si usted regularmente llega tarde a las citas y las reuniones, puede erosionar la confianza de los demás en usted e impulsarles a declinar futuras colaboraciones que habrían sido ventajosas para usted.

¿O podría una falta de autodisciplina estar minando sus fortalezas? Por ejemplo, ¿le controlan emociones negativas como el enojo? Si guarda rencor, podría perderse relaciones beneficiosas, al igual que sacrificar su propia paz mental a medida que desperdicia energía innecesaria meditando en pensamientos amargos. O si se permite a usted mismo abusar del alcohol o de las drogas, no sólo hará daño a su propia salud, sino que también se pondrá en grave riesgo de perder el respeto de personas a las que valora y que pueden apoyar su liderazgo (por no mencionar las implicaciones de cualquier violación de la legalidad).

Todas nuestras actitudes negativas y conductas descuidadas debilitan nuestro liderazgo. Los efectos de nuestros fallos de carácter no tratados inevitablemente nos causan daño. Siempre que no prestamos atención a cuestiones de carácter, experimentaremos algún tipo de pérdida.

Los líderes caídos a quienes conocemos personalmente o de quienes leemos en los titulares son advertencias para nosotros. Debemos reconocer que cada decisión que tomamos añade una frase a la historia de nuestra vida. ¿Será la historia completa de su vida y su liderazgo algo positivo y honorable? Solamente hay una manera de asegurar este resultado: mediante el desarrollo intencional del carácter.

Un líder que desee ser fuerte y eficaz reunirá la valentía para identificar y desarraigar sus debilidades.

La mayoría de personas tienen ciertos rasgos de carácter positivos y ciertos rasgos de carácter negativos. Imagine una línea continua donde algunas personas se han movido hacia el lado positivo del carácter, mientras que otras se han movido hacia el lado negativo. ¿Dónde está usted en esa línea? ¿Está usted en el lado positivo, con convicción e integridad, o en el lado negativo, con duplicidad y concesiones morales? Su respuesta requerirá algo de introspección, incluyendo un examen de sus motivos personales. Es fácil para nosotros pasar por alto áreas de debilidad ética en nuestras vidas, y seguir siendo inconscientes del modo en que esas debilidades afectan a la calidad de nuestro liderazgo.

Un líder que desee ser fuerte y eficaz reunirá la valentía para identificar y desarraigar sus debilidades, evitando que crezcan y se conviertan en problemas más grandes y más dañinos.

La prioridad del carácter

Hay muchos componentes en el liderazgo, pero yo considero indispensables las tres siguientes áreas: (1) propósito y visión; (2) potencial y capacidad; y (3) valores, ética y principios. De estas tres áreas, la más importante es la tercera, porque los valores, la ética y los principios protegen el propósito del líder para que no sea relegado o destruido.

Propósito y *visión* muestran al líder en qué dirección debe ir en la vida. Todos los líderes viven mediante un sentimiento de significado. Creen que están aquí en la tierra para hacer algo importante por la humanidad. El conocimiento de su propósito es un catalizador que les da motivación interna.

El *potencial* lo forman los talentos y cualidades innatas del líder, mientras que la *capacidad* incluye todas las habilidades, experiencia, educación, conocimiento, sabiduría y perspectivas que el líder ha desarrollado y adquirido, al igual que todos los demás recursos que están a su disposición y que le capacitarán para lograr su propósito. Los líderes deben creer en su propia capacidad para cumplir la visión que reside en su mente y en su corazón.

Valores, ética y *principios* se relacionan con el carácter del líder. Son las normas que un líder establece para sí mismo, y según las que vive, en el proceso de ejercitar su potencial y su capacidad para el logro de su visión. Por lo tanto, el líder tiene un sentimiento de responsabilidad hacia sí mismo y hacia los demás.

> *"El precio de la grandeza es la responsabilidad".*
> —**Winston Churchill**

Abreviemos los títulos de estos tres componentes del liderazgo y senci-llamente refirámonos a ellos como *propósito, potencial* y *principios*. Muchos líderes no consideran los principios como más importantes, o incluso igual-mente tan importantes, como las otras dos áreas. Sin embargo, propósito, potencial y principios deben estar todos ellos en equilibrio para que el lide-razgo funcione; son una trinidad del éxito del liderazgo.

Para resumir, los líderes necesitan (1) un propósito que les guíe y que genere una pasión por lograr una visión; (2) un reconocimiento de sus ta-lentos innatos y un compromiso a desarrollarlos, al igual que a recopilar recursos disponibles; y (3) la formulación de valores, ética y principios que ordenen su conducta y guíen el proceso mediante el cual ejercitan su lide-razgo. Propósito y potencial no son nunca más importantes que los princi-pios, porque una falta de principios puede anularlos.

La fuerza más poderosa

El carácter es la fuerza más poderosa que un líder puede poseer porque protege su vida, su liderazgo y su legado; manifiesta quién es él y da forma a quien llegará a ser. Sin carácter, los demás aspectos del liderazgo están en riesgo. Veamos algunas de las maneras en que el carácter protege y preser-va el liderazgo de la persona.

El carácter proteger la vida interior del líder

El carácter establece la integridad del líder y capacita su crecimiento como una persona de ética y valores. La formación y desarrollo de lideraz-go debe comenzar con la vida interior del líder antes de poder avanzar a los principios y el proceso del liderazgo.

Tener carácter no evitará que usted experimente diversas luchas y re-veses en la vida; todos los líderes las tienen. Pero para el éxito a largo plazo personal y profesional, y para la suma total y definitiva de su vida, mante-ner carácter es indispensable.

> *"El carácter, a la larga, es el factor decisivo en la vida de un individuo y de naciones igualmente".*
> —Theodore Roosevelt

El carácter extiende la longevidad del liderazgo

Como hemos visto, líderes en todo el planeta, en todos los niveles y arenas de la sociedad, están siendo apartados de sus papeles y posiciones de liderazgo debido a violaciones éticas y problemas morales. Sus caídas han recortado su liderazgo, haciendo que pierdan su capacidad de ejercitar sus talentos innatos, mediante los cuales debían cumplir su propósito y su visión en la vida.

Un punto al que regresaremos a medida que exploramos la naturaleza del carácter es que el liderazgo es un privilegio dado por los seguidores. Cuando un líder viola normas morales, renuncia al privilegio de utilizar su talento en el servicio a los seguidores que se lo entregaron. Los líderes no tienen "derecho" a ser seguidos. El privilegio del liderazgo es uno que los líderes deben proteger mediante su carácter y la confianza que este evoca. Solamente el poder del carácter genuino puede restaurar la fe en el liderazgo y la autoridad de los que muchas personas carecen en la actualidad.

He visto a muchos líderes muy talentosos que han manifestado un fallo de carácter comportarse como si no hubieran hecho nada malo. Al creer que podían avanzar solamente sobre sus talentos, no entendieron que habían renunciado a la oportunidad de continuar ofreciendo sus talentos y capacidades al mundo, al menos hasta que hubieran abordado de manera efectiva sus defectos de carácter. Los líderes que han caído necesitan detenerse y corregir primero sus problemas éticos. Entonces, pueden comenzar a ganarse de nuevo la confianza de los demás y, es de esperar, avanzar en un liderazgo genuino.

El hombre de negocios Elmer G. Leterman escribió: "La personalidad puede abrir puertas, pero solamente el carácter puede mantenerlas abiertas". Su carácter, y no su talento, es el alimento de su liderazgo. Su talento es validado por su carácter. Por lo tanto, cuando no mantiene su carácter y comienza a tener "goteras", su talento pierde el poder ético que lo impulsa.

---

*El talento del líder es solamente tan seguro como
lo sea el carácter que lo contiene.*

Así, aunque los líderes tienen muchas oportunidades de utilizar sus talentos y capacidades, es el carácter el que finalmente determina la duración y eficacia de su liderazgo. Hace años, uno de mis mentores me dijo: "Perderás todo aquello en lo que hagas concesiones para obtenerlo". Muchas personas han sacrificado un gran futuro sobre el altar de las concesiones. Han tomado su potencial para impactar al mundo y lo han desechado a cambio de placer momentáneo o beneficio monetario.

Jesse Jackson Jr., excongresista de E.U. y el hijo del líder por los derechos civiles, fue sentenciado a 30 meses de cárcel por utilizar fondos de campaña para hacer más de 3.000 compras personales durante un período de siete años, gastando aproximadamente un total de 750.000 dólares.[4] El fiscal del caso comentó: "El potencial político de Jackson era ilimitado... Él malgastó su gran capacidad para el servicio público mediante el robo manifiesto".[5]

Las consecuencias del liderazgo perdido afectan no sólo a individuos sino también a entidades corporativas. La compañía eléctrica Enron fue a la bancarrota y tuvo que vender todos sus bienes después de que algunos de sus ejecutivos utilizasen prácticas de contabilidad fraudulentas para ocultar su deuda. Las acciones de esos ejecutivos ayudaron a agrietar el fundamento de toda la empresa, y sus propias contribuciones como líderes quedaron recortadas.

En consecuencia, los líderes deben llegar a ser conscientes de una amenaza con frecuencia pasada por alto, pero muy real, para la longevidad de su liderazgo: *el éxito*. No espere que su éxito le mantenga en la vida. Más bien, permita que su éxito sea mantenido por su carácter. Muchas personas no pueden manejar bien los logros porque la responsabilidad que les acompaña, las recompensas y lo que está en juego tiene demasiado peso sobre ellos. Las personas pueden caer en todo tipo de problemas morales y éticos cuando son exitosas, porque de repente sienten que tienen todo el poder y ningún freno. No se dan cuenta de que se están preparando para una desastrosa caída.

---

*Las personas llegan a ser líderes cuando toman
la decisión de no sacrificar sus principios sobre el altar
de la conveniencia o de las concesiones.*

El gran líder Jesús de Nazaret dijo: "¿Qué aprovechará al hombre, si ganare todo el mundo, y perdiere su alma? ¿O qué recompensa dará el hombre por su alma?".[6] En efecto, una persona puede "ganar el mundo" mediante el poder y las riquezas relacionadas con su liderazgo pero, al mismo tiempo, perder su alma —el núcleo mismo de su ser— al pasar por alto o traicionar su propio carácter. Al hacerlo, puede perder el impacto y la longevidad de su liderazgo, por no mencionar la razón de su existencia misma. Esa es una trágica pérdida de su liderazgo y de su vida.

La única manera de proteger lo que usted espera lograr como líder, y de lo que ya ha logrado, es desarrollar y mantener un fuerte carácter personal.

El carácter preserva la causa y el legado del líder

Como ya hemos observado, el fracaso del líder puede dañar la reputación del gobierno, la empresa, la organización o los asociados con los que está relacionado. Esta verdad ilustra otro principio fundamental que exploraremos más detalladamente más adelante: los valores del líder son personales, pero nunca son privados.

Hace algunos años, cuando el presidente de United Way, William Aramony, fue sentenciado a prisión por maquillar los fondos de la organización, las noticias de sus actos dañaron la reputación de la organización benéfica. Cuando se produce un escándalo dentro de una organización, esa organización tiene que reconstruir su reputación y ganarse de nuevo la confianza del público. La junta directiva de United Way emprendió acciones inmediatas para restaurar la fe de sus donantes al contratar como presidente provisional a un hombre de negocios que era conocido por su integridad.

Los valores del líder son personales, pero nunca son privados.

Algunos líderes caen de modo dramático y público, destruyendo su legado en un instante. Otros líderes destruyen su legado a lo largo de un prolongado y lento descenso moral que finalmente arruina sus vidas. Cuando la longevidad del liderazgo de un individuo queda recortada por un problema de carácter, con frecuencia es incapaz de dejar el legado que debía dar a su generación. Tiene que renunciar a su visión; o si no a su visión misma, entonces a su propia participación en esa visión.

Poco después de que Lance Armstrong se retirase como presidente de su organización benéfica debido a acusaciones de dopaje, la organización, que ayuda a quienes batallan contra el cáncer, cambió su nombre de Lance Armstrong Foundation al de LIVESTRONG Foundation. El anterior vicepresidente ejecutivo de operaciones, Andy Miller, dijo: "Nos proponemos establecer un curso independiente de avance".[7] Irónicamente, el nombre del fundador y anterior líder de la organización benéfica tuvo que ser eliminado para ayudar a salvaguardar su futuro.

A pesar de la cantidad de bien que pueda haber hecho una persona, sus contribuciones pueden verse nubladas incluso por un sólo acto cuestionable. Durante doscientos años, Elbridge Gerry, uno de los firmantes de la Declaración de Independencia y vicepresidente de los Estados Unidos, ha sido recordado más ampliamente por el término que se acuñó basándose en su acto de maniobra política que por cualquier otra parte de su período en el servicio público: *gerrymandering*.

Hitendra Wadhwa, profesor en Columbia Business School, escribió acerca de una de las características que hicieron de Martin Luther King Jr. un gran líder y ayudaron a preservar su propósito, mensaje y legado. Fue su compromiso a controlar su enojo ante las injusticias y los insultos que continuamente eran lanzados contra él, y a canalizar ese enojo hacia propósitos constructivos. "King tenía razón suficiente para ser provocado, una y otra vez. Fue físicamente amenazado y atacado por personas intolerantes, fue encarcelado repetidamente por las autoridades estatales (a veces por violaciones de tráfico triviales), acosado por el FBI e incluso denigrado por otros líderes de raza negra que preferían formas de resistencia más agresivas".

Wadhwa entonces citó de la autobiografía de King, en la cual el líder por los derechos civiles registraba cómo se amonestaba a sí mismo: "No debes albergar ira… Debes estar dispuesto a sufrir el enojo del oponente y aun así no devolver enojo. No debes llegar a amargarte". El profesor concluyó: "Solamente domando su propio enojo, se ganó King el derecho a convertirse en un mensajero de la lucha pacífica para las personas de la nación".[8]

Cuando intencionadamente desarrollamos nuestro carácter, fortalecemos nuestras fragilidades, domamos nuestros vicios, y nos preparamos a nosotros mismos para cumplir nuestro papel de liderazgo personal.

El carácter evita que un líder dañe a quienes le rodean

La caída de un líder puede dañar profundamente a quienes están cerca de él y a otros que han puesto su confianza en él. Puede destruir no sólo su propia vida sino también las vidas de sus víctimas, las familias de sus víctimas, sus propios familiares, sus asociados y las familias de sus asociados. Regresando al ejemplo de Bernie Madoff, los inversores del hombre de negocios quedaron afligidos con asombro, enojo y destrucción económica debido a su esquema Ponzi, pues muchos de ellos perdieron gran parte o todos los ahorros de su vida.

Además, ni un sólo miembro de la familia Madoff estuvo presente en el tribunal para apoyarle cuando fue sentenciado al período de cárcel más largo por fraude impuesto jamás.[9] O bien él los había separado mediante su engaño, o ellos tenían temor a ser vistos con él.

Aparte, la tragedia ha golpeado a la familia del anterior magnate. Su hijo mayor, Mark, se suicidó en el segundo aniversario del arresto de su padre.[10] Su hijo menor, Andrew, actualmente está batallando en la etapa IV de cáncer en la sangre. Había estado en remisión de la enfermedad, pero siente que "el estrés y la vergüenza que trató después de enterarse del... esquema Ponzi de su padre hizo que el cáncer apareciera de nuevo". Él declaró: "Incluso en mi lecho de muerte nunca le perdonaré lo que hizo".[11] Una vez más, nuestra conducta personal con frecuencia tiene consecuencias para otros. Podemos poner en peligro sus futuros, al igual que el nuestro.

El único modo de permanecer enfocado en su visión y seguir avanzando en medio del inevitable estrés, crítica, ataques, tentaciones y reveses que vienen con el liderazgo es desarrollar carácter personal. El único modo de contribuir significativamente a su generación es mantener el carácter.

¿Qué quiere usted lograr? ¿Qué quiere aportar al mundo? El carácter allanará el camino hacia su cumplimiento y también lo protegerá.

Ningún sustituto

Vivimos en tiempos sociales y económicos difíciles, en los que debemos reenfocarnos en la prioridad del carácter, porque el carácter es el fundamento para todos los aspectos del liderazgo eficaz.

Autoridad, talentos, capacidad, conocimiento, experiencia y otras cosas son elementos integrales del liderazgo, pero nunca pueden sustituir al carácter. A menos que queramos ver las condiciones de nuestro mundo llegar a ser cada vez peores, y a menos que menospreciemos las vidas y los legados de nuestros líderes, y eso nos incluye a nosotros, no podemos avanzar hacia el futuro con los mismos métodos y valores de liderazgo que estamos empleando en la actualidad. El público ha estado aprendiendo malos hábitos de sus líderes. Debemos establecer una corrección de curso, y debe comenzar con cada uno de nosotros.

Carácter es el fundamento para todos los aspectos del liderazgo eficaz.

Nos enfrentamos a una gran "guerra" hoy en día: la batalla entre carácter y concesiones. Yo creo que el carácter finalmente ganará, a medida que cada vez más líderes se comprometan a ser éticamente conscientes y honestos, porque el verdadero carácter descansa sobre un fundamento fuerte que tiene la capacidad de derrotar a las concesiones.

Todos los líderes deberían ser alentados a valorar la integridad, de modo que no se alejen de sus normas éticas y sacrifiquen así el gran potencial que poseen. Quienes ocupan puestos elevados y están en otras posiciones visibles deben tomarse especialmente en serio esta verdad. Los ingenieros saben que cuanto más alto sea el edificio, más profundos deben ser los cimientos. De modo similar, cuanta mayor exposición tenga el líder al público, cuanta más fama adquiera, cuanta mayor influencia tenga, más vigilante debe ser para mantener un carácter profundo y bien establecido.

Su liderazgo descansa en su carácter

A pesar de las actuales tendencias, *es* posible que los líderes tengan carácter en el siglo XXI. Tenemos muchos ejemplos de personas de épocas anteriores que se enfrentaron a desafíos parecidos con convicción y que pueden inspirarnos y alentarnos. Pensemos en Abraham Lincoln, Mahatma Gandhi, la Madre Teresa y Rosa Parks. Rosa Parks llegó a ser líder simplemente por insistir en ser tratada con igualdad cuando se subía en el autobús de la ciudad. Se negó a sacrificar sus principios sobre el altar de la conveniencia o de las concesiones.

Independientemente del campo en que sea usted un líder —ya sea financiero, político, educativo, religioso, médico, empresarial, científico, artístico u otro—, su liderazgo descansa en su carácter. En *El Poder del Carácter en el Liderazgo* exploraremos...

+ Qué es carácter, o fuerza moral, y cómo desarrollarlo.

+ Cómo sus creencias dan forma a sus valores, moralidad, ética y principios.

+ Cómo edificar su liderazgo de modo que sea a la vez eficaz y duradero.

+ Cómo desarrollar cualidades específicas de líderes honestos.

+ Cómo ser restaurado después de un fracaso en el carácter.

Será usted desafiado a evaluar la fortaleza de sus actuales creencias y valores, y a hacer un nuevo o renovado compromiso personal con la ética en el liderazgo. Esto hará necesario realizar cambios en su vida. Sin embargo, el cambio es lo mejor que puede sucedernos cuando tomamos lo que es débil y lo hacemos fuerte, y cuando tomamos algo bueno y lo hacemos aún mejor.

El carácter importa para usted porque...

1. Establece y fortalece su vida interior, de modo que sea usted una persona de integridad y honor.

2. Le capacita para cumplir eficazmente su propósito y su potencial.

3. Protege su liderazgo y su visión, evitando que usted los cancele prematuramente, y capacitándole para dejar un legado para su propia generación y futuras generaciones.

El carácter importa para el mundo porque...

1. Es la clave del liderazgo inspirador. Las personas necesitan el aliento y la influencia de líderes genuinos si quieren cumplir su propio propósito y vivir vidas pacíficas y productivas.

2. Salvaguarda el bienestar de quienes están bajo la autoridad de líderes o de otro modo son afectados por las acciones y la influencia de los líderes.

3. Permite a los líderes edificar y mantener comunidades saludables a la vez que abordan problemas críticos con ética e integridad.

Su familia, comunidad y nación necesitan que sea usted un líder de principios. Guarde su carácter, valorándolo como "mejor que la plata o el oro". Aprenda las teorías y las capacidades prácticas del liderazgo, pero antes establezca valores y ética que le liberarán de los obstáculos morales y le capacitarán para desempeñar su propósito singular en la vida.

2

Líderes de convicción

"El desarrollo del liderazgo es autodesarrollo".
—John G. Agno, ejecutivo empresarial y autor

Hace varios años, estaba yo sentado en el aeropuerto mirando por la ventana mientras observaba la llegada de un avión que se aproximaba por la pista hacia mi puerta. Ese era el avión que me llevaría a Nigeria, donde tenía programado hablar en una conferencia. De repente, una gaviota voló por delante de la ventana y aterrizó en el suelo cerca de donde el avión se detendría.

Por lo tanto, allí estaba yo, mirando a dos "aves". La primera no tenía una capacidad innata para volar; había sido construida con la capacidad mecánica de ser transportada por el aire. Pero la segunda tenía una capacidad física e inherente para volar.

A medida que el avión se aproximaba, varios empleados de la aerolínea comenzaron rápidamente a moverse por la pista cercana. Dos de los obreros guiaban al avión hasta el puente utilizando luces verdes y rojas como señales. Otros entonces posicionaron las cuñas de las ruedas, acercaron la rampa, conectaron la electricidad y el aire externos, reabastecieron el avión, comprobaron problemas mecánicos, y descargaron y cargaron el equipaje en las cintas transportadoras.

Dentro del avión y entre bambalinas había muchos otros que participaban en el vuelo y el mantenimiento del avión, y para ocuparse de las necesidades de los pasajeros: controladores de tráfico aéreo, pilotos, emisores de vuelo, planificadores de carga, asistentes de vuelo y coordinadores de mantenimiento, al igual que empleados que reponían el agua y la comida, abastecían los baños y limpiaban la cabina. He aprendido que para un vuelo doméstico son necesarios unos cincuenta minutos para "convertir" un avión, para prepararlo para la siguiente partida. Los vuelos internacionales pueden necesitar una hora y media. Los esfuerzos bien coordinados de muchos individuos son necesarios para manejar las necesidades de un avión solamente.

Sin embargo, mientras observaba la acción en la pista, ¡noté que nadie corrió para ayudar a la gaviota! El ave no necesitaba ningún apoyo exterior para seguir corriendo suavemente y prepararse para volver a volar. El vuelo era algo natural para ella. Poco después, vi al ave despegar del mismo punto donde había estado caminando; sin combustible para impulsarla, un piloto para guiarla o una larga pista para ayudarla a alcanzar velocidad. Sencillamente voló hacia el aire... y remontó.

El liderazgo es inherente

El liderazgo está diseñado para funcionar como el vuelo de un ave natural en lugar de como el de un avión mecánico. Eso no significa que los líderes actúan independientemente de otros. Es precisamente lo contrario. Pero como escribí en el capítulo 1, el liderazgo no es un papel que se desempeña; es una vida que se lidera. El liderazgo genuino nunca puede estar separado de la esencia del líder como persona. De esta manera, el ejercicio del liderazgo del individuo es, en efecto, "automanifestación".

Los verdaderos líderes comienzan a "volar" cuando empiezan a vivir en línea con su propósito intrínseco. No necesitan impulsos artificiales. Un líder puede que tenga un título, posición y otras cosas, pero no requiere esos apoyos externos; y no son lo que le definen como líder.

El liderazgo genuino nunca puede estar separado
de la esencia del líder como persona.

Si aún no ha descubierto su propósito de liderazgo inherente, puede ocupar una importante posición en su empresa y tener una impresionante descripción de trabajo, pero estará operando sólo "mecánicamente" en lugar de hacerlo naturalmente. Está cumpliendo con las formalidades, pero no está liderando según la capacidad con que debiera hacerlo, y no está experimentando el nivel de realización que eso conlleva.

La conexión vital entre propósito y carácter

Sólo cuando un líder descubre aquello para lo que nació, y el modo en que sus talentos intrínsecos determinan su liderazgo personal, puede desarrollar eficazmente los valores, principios y ética que conducen a un fuerte carácter. El carácter es mucho más que meras reglas y regulaciones para la conducta. Si no entendemos la relación existente entre liderazgo y propósito, el desarrollo de nuestro carácter puede verse interrumpido o bloqueado. Puede que siempre batallemos con ciertos defectos éticos, porque estaremos operando según una base "no natural".

En los capítulos siguientes descubriremos el grado hasta el cual el poder del carácter en el liderazgo está vinculado con el propósito personal. Comencemos investigando cómo se desarrollan los líderes.

Cómo se forman los líderes

He formado a miles de líderes en seminarios, conferencias e institutos de formación por todo el planeta. Durante más de tres décadas de investigación, experiencia y enseñanza sobre liderazgo, he leído multitud de libros sobre liderazgo. De ellos he obtenido cientos de definiciones de liderazgo; sin embargo, nunca he sido capaz de encontrar una definición que incorpore todos los ingredientes esenciales de un liderazgo basado en el carácter.

Hace algunos años, mientras buscaba una descripción global del liderazgo, desarrollé la siguiente definición práctica. Me sigue resultando muy útil para ayudar a las personas a entender la naturaleza de los verdaderos líderes y para formarles en liderazgo, de modo que ellos, a su vez, puedan formar a otros.

Liderazgo es la capacidad de influenciar a otros mediante la inspiración motivada por una pasión, generada por una visión, producida por una convicción, impulsada por un propósito.

Para entender el proceso mediante el cual un individuo se convierte en un verdadero líder, capacitándole para establecer un fuerte fundamento para su carácter, revirtamos el orden de los conceptos en la definición anterior según la siguiente secuencia:

Propósito

—

Convicción

—

Visión

—

Pasión

—

Inspiración

—

Influencia

—

Liderazgo

El proceso sucede del siguiente modo:

+ Un individuo descubre su propósito.

+ Como resultado de ese descubrimiento, desarrolla una convicción sobre lo que debería estar haciendo con su vida, al igual que convicciones, o creencias fundamentales, acerca de cómo debería vivir.

+ Sus convicciones le impulsan a conceptualizar una visión clara de un futuro preferido que le permitirá seguir su propósito de una manera práctica.

+ Esa visión le da la pasión para desempeñar su propósito.

+ Su pasión inspira a otros a unirse a su visión.

+ A medida que otros son inspirados, son guiados para emprender acción y ayudarle a cumplir su visión.

La evidencia de la influencia positiva de un líder sobre otros es la manifestación de su liderazgo.

Veamos más de cerca cada una de estas etapas. A medida que lo hacemos, le aliento a evaluar la base sobre la cual ha construido usted su liderazgo y el modo en que lo ejercita. ¿Cuál es su fundamento? ¿Cuál es su significado? ¿Qué le da energía?

1. Propósito

El liderazgo no se ejercita sencillamente implementando técnicas o métodos, utilizando las capacidades de la persona o mostrando un estilo de dirección en particular. Es la expresión de una mentalidad que resulta de conocer para qué nació usted.

Vivimos nuestra vida basándonos en quiénes pensamos que somos y por qué creemos que existimos. Por lo tanto, nuestro desarrollo de liderazgo hasta este punto ha estado influenciado por nuestro sentimiento del significado de la vida y de nuestra relación con ella.

Descubrir su propósito inherente

Un verdadero líder reconoce que tiene un propósito especial para estar en el mundo. Ese propósito determina el área de liderazgo en la cual debe servir. Su reconocimiento de su propósito particular no es una indicación de orgullo indebido; más bien es una evaluación realista de sus talentos y fortalezas.

Cada persona en la tierra debe ejercitar el liderazgo en un área particular de talento. Una de las maneras de descubrir nuestro propósito es reconociendo el talento que podemos aportar al mundo y/o el problema que nacimos para solucionar. Este proceso implica hacernos preguntas a nosotros mismos, como las siguientes:

+ ¿Cuales son mis talentos?
+ ¿Qué me gustaría hacer con mi vida?
+ ¿Qué me gusta más hacer?
+ ¿Cuál ha sido el sueño de toda mi vida?

+ ¿Qué idea tengo que se niega a irse o que sigue llegando a mi mente?

+ ¿Qué es lo que siempre quise hacer pero nunca pensé que sería capaz de hacerlo?

+ ¿Qué injusticias me hacen enojar tanto que debo hacer algo para aliviarlas?

El rey Salomón, el hombre más sabio y más rico de su tiempo, dijo: "La dádiva del hombre le ensancha el camino y le lleva delante de los grandes".[1] Su talento singular hará espacio para usted en el mundo, abriendo puertas de oportunidad a la vez que atrae la ayuda de los recursos que necesita para cumplir su propósito.

Cada persona en la tierra debe ejercitar el liderazgo en un área particular de talento.

Interiormente motivado

Quizá haya estado utilizando su talento hasta cierto grado, pero realmente no lo haya aplicado con un sentimiento de propósito personal. O puede que haya estado enterrando su sueño, conformándose con una existencia menor. Puede que ya sea muy diestro en cierto campo, pero en secreto desee estar haciendo algo diferente con su vida.

Si sigue su verdadero propósito, estará interiormente motivado para ejercitar su talento inherente. Como contraste, si hace algo para lo cual no nació, tendrá que hacer un esfuerzo para realizarlo. Mantener su posición de liderazgo o su empleo se convertirá en una carga para usted.

Cuando alguien está en el lugar equivocado, algunas veces tiene que impulsarse a sí mismo con una dosis extra de personas de apoyo y recursos, pero cuando encuentra el lugar para el cual nació, su vida comienza a fluir de modo natural. Ya no necesita construir motivación, porque no puede esperar a comenzar cada día e iniciar el siguiente paso que le llevará más cerca de ver su propósito cumplido. Ha encontrado lo que ha estado buscando en la vida. Ni siquiera está motivado por un sueldo, porque un verdadero líder tiene la necesidad de cumplir su propósito, reciba o no compensación por ello. Aun así, descubre que llega la provisión cuando se enfoca en ofrecer su talento al mundo.

Si aborrece usted las mañanas de los lunes, si no puede esperar a que llegue el fin de semana, entonces es usted un "avión". Pero si después de un fin de semana anhela regresar a su trabajo (su empresa, tareas artísticas, actividades voluntarias, y otras), es usted un "ave"; y no sólo cualquier ave, sino un águila.

Evitar dificultades éticas

Puede ser mucho más difícil ejercitar carácter en el liderazgo si está usted en el campo, lugar o posición equivocados en la vida. Eso se debe a que si ha llegado a frustrarse y está inseguro en su liderazgo, puede decir y hacer cosas que no sean honestas o claras, con el propósito de proteger su posición o evitar que sus inseguridades salgan a la luz. Si está usted motivado no por su propósito inherente sino por otros impulsos, como deseo de fama, dinero y cosas similares, querrá hacer todo lo necesario para lograr esos fines, y el carácter ocupará el asiento trasero.

En un discurso a aspirantes a abogados, Abraham Lincoln escribió algunos sabios consejos, que podemos aplicar a cualquier campo:

> Existe una vaga creencia popular en que los abogados son necesariamente deshonestos... Que ningún joven, al escoger la ley como llamado, por un momento ceda a esta creencia popular. Resuelvan ser honestos en todas las situaciones; y si, según su propio juicio, no pueden ser un abogado honesto, resuelvan ser honestos sin ser abogados. Escojan alguna otra ocupación, en lugar de que en la ocupación a la que se dedican, de antemano, consientan en ser unos granujas.[2]

El mismo principio se aplica a cualquier área de emprendimiento. Si usted sabe que no puede tener un buen carácter a la vez que sigue cierta meta o trabaja en cierto campo, entonces debería dejar de seguir esa meta o vocación y encontrar su verdadero propósito. Debería usted seguir algo que pueda hacer con honestidad e integridad. Incluso cuando estamos operando según nuestro propósito, aun así tenemos que edificar y mantener nuestro carácter, pero podemos evitar algunos de los problemas éticos que surgen de las motivaciones incorrectas, el aburrimiento o la apatía, y el temor a que otros se enteren de nuestras debilidades.

Cuando estamos operando según nuestro propósito,
podemos evitar problemas éticos.

Cuando está establecido usted en su propósito, las inseguridades comenzarán a disiparse. No se agotará intentando agradar a otras personas, ni tampoco necesitará que otros le digan constantemente que le aprueban a usted y también lo que hace. Se gustará a usted mismo porque experimentará su propia aprobación interna a medida que desempeña aquello para lo cual nació. También será más libre al abrirse a otras personas a medida que trabajan juntos para cumplir propósitos mutuos.

El principal enfoque de su liderazgo, por lo tanto, no debería ser liderar a personas, pues este resultado se desarrollará de modo natural. Más bien debería ser discernir su verdadero yo y seguir su propósito. Al ejercitar su talento único, descubrirá su liderazgo personal y encontrará significado, realización y contentamiento en su trabajo. Y el carácter necesario para sostener su talento y su liderazgo es de lo que trata este libro.

Usted nació para lograr algo que ninguna otra persona puede lograr. Nació para hacer algo que el mundo no será capaz de ignorar. Por lo tanto, busque con diligencia sus talentos, propósito, identidad, potencial y destino.[3]

2. Convicción

Una vez que el líder descubre sus talentos y liderazgo personales, eso enciende convicción en su corazón. En el proceso del desarrollo de liderazgo, la *convicción* tiene una doble connotación. El primer sentido de la palabra es una creencia en el significado propio. No es sólo conocimiento mental; es la *certidumbre* de que usted tiene algo esencial que aportar a la humanidad. Es una dedicación al 100 por ciento a su propósito, que es más fuerte que cualquier oposición que pudiera encontrarse. Como líder, debe estar convencido de que usted existe por una razón digna y que es capaz de lograr aquello para lo cual nació.

El segundo sentido de la palabra se refiere a las convicciones (plural), o profundas creencias basadas en un compromiso con el propósito propio. Las convicciones le dan un sentimiento de dirección en la vida. Guían sus actividades y les dan significado. Sus convicciones son fundamentales para el desarrollo de su carácter. Le conducen a llegar a dedicarse a principios concretos, o a un código de ética, por el cual usted promete vivir a medida que lleva a cabo su propósito.

Un individuo puede tener las otras cualidades enumeradas en la anterior definición de liderazgo, como influencia o pasión, sin tener convicción. Pero los verdaderos líderes manifiestan cada una de las cualidades, y el ingrediente que extrañamos dolorosamente entre los líderes hoy día es el de las convicciones personales. Tener convicciones es lo que permite a la persona permanecer estable y ser confiable, incluso en medio de las dificultades o tentaciones.

Sinceramente, si usted no tiene convicciones sólidas, no merece tener seguidores. Si sigue vacilando a fin de agradar a las personas, si sigue sacrificando su sistema de creencias a fin de ser aceptado, no es usted un líder; es una persona que hace concesiones. Necesitamos líderes que estén dispuestos a soportar la desaprobación de sus propios amigos y del público en general por causa de algo que es noble y verdadero. En la actualidad, es difícil encontrar líderes que tengan tal compromiso con sus convicciones.

Si sacrifica su sistema de creencias a fin de agradar a los demás, no es usted un líder; es una persona que hace concesiones.

---

3. Visión

La convicción del líder acerca de su importancia le impulsa a desarrollar una visión personal, a medida que comienza a formular el modo concreto en que desempeñará su contribución a su generación. Yo defino visión como "propósito en imágenes" o "el futuro en imágenes". Es ver su propósito tan claramente con los ojos de su mente que ya es una realidad para usted. Todos los verdaderos líderes tienen una visión clara. Pueden "ver" el objetivo que esperan lograr o el producto que quieren producir.

Cuando Martin Luther King Jr. dio su famoso discurso "Yo tengo un sueño", declaró: "Yo tengo un sueño, que mis cuatro hijos algún día vivirán en una nación donde no serán juzgados por el color de su piel sino por el contenido de su carácter".[4] Por el modo tan claro en que expresó su visión, muchas de las 250.000 personas que le oyeron hablar desde el Lincoln Memorial en Washington, D.C. aquel día —al igual que las multitudes que desde entonces han oído o leído sus palabras— deben haber visto prácticamente el futuro que él imaginaba.

La visión influencia toda su vida, inclusive sus prioridades: cómo usa usted su tiempo, aquello en lo que gasta su dinero, las oportunidades sobre las que actúa, y otras cosas.

¿Cuál es su visión personal? Cuando usted comienza a "ver" su sueño y a entender cómo su talento puede ser ofrecido al mundo, comienza a formular una visión para su vida. Y es mediante su visión como será capaz de comenzar el proceso práctico de cumplir el propósito de su vida.

4. Pasión

La mayoría de las personas tienen un interés en su futuro, pero carecen del impulso para lograr lo que verdaderamente desean lograr en la vida. Sin embargo, quienes han descubierto su propósito, han formulado profundas convicciones y han captado su visión con los ojos de su mente, tendrán entusiasmo y energía naturales. El trabajo duro y la diligencia siempre participan a la hora de llevar a cabo el propósito personal, pero pueden ser difíciles de mantener sin motivación interna. La pasión proporciona esa motivación.

Su sentimiento de importancia es lo que ayuda a un verdadero líder a proteger su pasión para que no se degenere convirtiéndose en mera hambre de poder. Trágicamente, hay líderes en nuestro mundo que parecen no tener problema alguno en matar o bien eliminar a sus oponentes y a otros que están "en su camino" —incluso a muchas personas inocentes— a fin de lograr sus fines. Pero no están dispuestos a morir por algo noble. Como contraste, la pasión asociada al verdadero liderazgo proviene de un compromiso personal a sacrificarse uno mismo para cumplir el propósito, incluso hasta el punto de estar dispuesto a morir por ello.

La pasión en el liderazgo es, por lo tanto, un deseo más fuerte que la muerte. Vemos evidencia de esta cualidad en las vidas de grandes líderes. Abraham Lincoln habló sobre su inequívoco compromiso con el principio de libertad para todos los hombres que está personificado en la Declaración de Independencia, afirmando: "No he dicho otra cosa sino aquello por lo que estoy dispuesto a vivir y, si le place al Dios Todopoderoso, a morir".[5] Nelson Mandela dijo: "He atesorado el ideal de una sociedad libre y democrática en la cual todas las personas viven juntas en armonía y con igualdad de oportunidades. Es un ideal por el cual espero vivir y lograr. Pero si es necesario que así sea, es un ideal por el cual estoy preparado para morir".[6]

Mahatma Gandhi medía solo 1,60 metros y era de constitución delgada, pero ganó una notable victoria política sobre el Imperio Británico, liberando a India del gobierno colonial. Él tenía una visión de igualdad y justicia en India y una convicción acerca de la protesta no violenta. Fue encarcelado y estuvo dispuesto a morir por esa visión. Su pasión avivó a cientos de miles de personas y causó un amplio cambio. Ese es el poder de la pasión en el liderazgo.

5. Inspiración

En el proceso del desarrollo de liderazgo, la inspiración es el punto donde el líder conecta con otros individuos; es donde su propósito se entrelaza con los propósitos de ellos. La pasión de un líder por su propósito es como una llama, que enciende nuevas posibilidades en las mentes y los corazones de otras personas, haciendo que piensen de maneras nuevas y avivando y revelando las convicciones y las visiones en su interior. De este modo, la visión del líder da significado a las vidas de otros e invita al compromiso colectivo a una causa noble. La visión personal de las personas siempre se encontrará dentro de una visión colectiva mayor.

La pasión de un líder por su propósito enciende nuevas posibilidades en las mentes y los corazones de otras personas.

Despertar el sentimiento de propósito en otros

Cuando usted inspira a personas mediante su pasión por su propósito, no necesitará reclutarlas para que le ayuden, obtener su "voto de confianza", o esperar a que ellas le aprueben. Cuando usted despierta el sentimiento de propósito en ellas, voluntariamente se unirán a usted a fin de realizar su propia contribución al mundo por medio de participar en la visión de usted. Ofrecerán su tiempo, energía, recursos y capacidad creativa para ser parte de un propósito mayor con el cual está conectada su visión. De igual modo, otros líderes inspirarán a diferentes personas que se unirán a ellos, basándose en sus propósitos y talentos innatos. Hay lugar para que cada uno manifieste sus capacidades de liderazgo personales.

Tenga en mente que aunque los verdaderos líderes atraen a otras personas a su visión, no los "clonan" para que sean iguales a ellos mismos; no buscan reproducirse ellos mismos en otros. Más bien, permiten que otros usen sus propios talentos y capacidades para cumplir sus propios propósitos inherentes. Debería estar claro que las personas no reciben sus visiones personales del líder con el que están conectadas; son capacitadas para cumplir su propia visión a medida que ayudan al líder a llevar a cabo la de él.

Por ejemplo, supongamos que la visión de un líder es manufacturar un aparato de seguridad que ayude a evitar que los aviones se estrellen bajo severas condiciones climatológicas. Él tiene la idea y suficiente conocimiento de ingeniería para creer que ese aparato puede desarrollarse; sin embargo, no puede diseñarlo y producirlo por sí mismo. Cuando comience a compartir su visión y pasión por ese aparato de seguridad, atraerá a otros hacia él cuya visión personal es participar en el diseño de aviones y que tienen los talentos innatos para desarrollar y producir un aparato así.

Libre de manipulación

Al igual que los verdaderos líderes no buscan clonarse en sus seguidores, tampoco intentan "coleccionar" seguidores y partidarios a fin de que eso les haga sentirse bien. Puede que identifiquen a personas en particular de las que les gustaría ser mentores, y las inviten a ayudar a desempeñar la visión general después de que ellos se hayan ido, pero nunca intentan activamente reclutar admiradores.

De igual modo, un líder que esté motivado por su propósito, convicciones, visión y pasión nunca usa o abusa de otras personas. Los líderes genuinos buscan facilitar las visiones personales de sus colegas, ejecutivos miembros del equipo, gerentes, empleados y familiares. Al mismo tiempo, el modo en que practican su visión y su código de ética es un ejemplo positivo para quienes les rodean.

Inspiración es lo contrario a intimidación, y está ausente de manipulación. Cuando los líderes no inspiran a otros, con frecuencia recurren a la manipulación para forzar a las personas a participar en sus planes y hacer lo que ellos quieren que hagan. He estudiado a muchos individuos que se han retratado a sí mismos al público como líderes, pero que son realmente manipuladores profesionales. Juegan con los temores de la gente, utilizan un enfoque de "palo y zanahoria", y amenazan y coaccionan. Eso no es liderazgo; es dictadura sofisticada.

Todo líder debe reconocer el peligro de caer en la manipulación. Cada día, en todo el mundo, personas manipulan a sus cónyuges, a sus hijos, a sus amigos, a sus colegas, a sus compañeros de trabajo, a sus empleados, a sus clientes o a sus votantes porque no entienden, o respetan, la cualidad de liderazgo de la inspiración. En el momento en que deje de inspirar a las personas y comience a manipularlas, deja de ser un verdadero líder.

Inspiración es lo contrario a intimidación, y está ausente de manipulación.

6. Influencia

En gran medida, liderazgo es influencia, y todos nosotros ya ejercemos alguna influencia, ya sea positiva o negativa. Si otra persona le está observando, es usted un líder. En el momento en que tiene un hijo propio al que criar, es usted un líder. Cuando conoce más sobre un tema en particular que otros y puede enseñárselo, es usted un líder. Cuando está situado en una posición de responsabilidad sobre sus iguales, es usted un líder.

Los líderes que ejercen influencia positiva no intentan demostrar a otros lo que valen. Están más interesados en "manifestarse", o revelar el propósito que nacieron para cumplir. Cuando usted inspira a otras personas mediante su pasión, nunca tiene que anunciar que es usted un "líder". Las personas pensarán de usted como líder, y le llamarán así, porque les habrá motivado a hacer algo: cambiar el status quo, crear algo nuevo, encontrar la solución a un problema, y cosas parecidas.

La esencia de la influencia es la capacidad de motivar a otras personas a emprender la acción y producir cambio. No puede usted liderar si no influencia; y no puede influenciar si no inspira. No puede inspirar si no tiene pasión; y no tendrá pasión a menos que esté convencido acerca de su propósito, convicciones y visión.

Como escribí en la introducción a este libro, nada es alterado o transformado sin liderazgo. Como son los líderes, así es el mundo. Por lo tanto, si no hacemos algo con respecto a la crisis global en el liderazgo que estamos experimentando en la actualidad, el estado de nuestras sociedades empeorará cada vez más. El liderazgo moral es urgente en los asuntos humanos porque el carácter de los líderes —para bien o para mal— afecta a las vidas de sus seguidores. Veamos algunas maneras concretas en que se produce esta influencia.

1. Los líderes influencian la mentalidad de los seguidores

Los líderes pueden transformar la opinión de las personas hasta el punto en que la perspectiva que tienen llega a ser completamente distinta a como pensaban antes. Tal influencia es un poder tremendo que todos los líderes necesitan reconocer y disciplinar en sus propias vidas, asegurándose de no abusar de él, especialmente porque un cambio de mentalidad casi siempre conduce a un cambio de conducta.

Un líder puede utilizar capacidades retóricas para convencer a las personas de que lo que ellos creían que era bueno es malo, y viceversa; alterando así sus valores y su conducta. En la obra de Shakespeare, *Julio César*, después de que Brutus y los que conspiraban con él matasen al César, creyendo que era un tirano, el personaje de Marco Antonio utiliza sus capacidades de comunicación para cambiar a la multitud y llevarlos de la admiración por Brutus a un hirviente deseo de matarlo a él y a sus cómplices. Los seguidores deben siempre sopesar las consecuencias de lo que oyen y reciben de sus líderes.

Como contraste, una perspectiva iluminada es un don que los verdaderos líderes pueden dar a sus seguidores. Por ejemplo, cuando Harriet Beecher Stowe escribió la novela *Uncle Tom's Cabin* (*La Cabaña del Tío Tom*), ella cambió la mentalidad de cientos de miles de personas que habían sido o bien neutrales hacia la institución de la esclavitud, o la aceptaban. Al poner un rostro personal al problema, ella mostró que los esclavos eran personas en lugar de ser "propiedad", de modo que muchos ciudadanos comenzaron a apoyar esfuerzos por abolir la esclavitud.

Una perspectiva iluminada es un don que los verdaderos
líderes pueden dar a sus seguidores.

---

2. Los líderes influencian las características y actitudes de los seguidores

Un líder que mantiene profundas convicciones puede transferir esas convicciones a otros. Por ejemplo, puede levantar a los temerosos de modo que emprendan una acción valiente y necesaria en medio de una crisis. Winston Churchill, mediante sus poderosos discursos, alentó al pueblo inglés a continuar aguantando contra la Alemania nazi después de la caída de Francia. En uno de esos discursos, está la famosa declaración: "...la Batalla de Francia ha terminado. Espero que la Batalla de Inglaterra esté a punto de comenzar... Por lo tanto, preparémonos para nuestra tarea, y resistamos para que, si el Imperio Británico y su Commonwealth perduran mil años, los hombres aún digan: 'Este fue su mejor momento'".[7]

Como contraste, un líder que carece de convicción puede transferir su complacencia o su timidez a sus seguidores. Hay un relato en uno de los libros de Moisés en el cual Moisés envió doce líderes a examinar la Tierra Prometida antes de que la nación de Israel entrase en ella. Cuando los líderes regresaron, diez de ellos expresaron su temor a los habitantes, declarando que eran demasiado fuertes para poder derrotarlos: "Y éramos nosotros, a nuestro parecer, como langostas; y así les parecíamos a ellos".[8] Dos de los líderes insistieron en que aun así saldrían victoriosos, pero el pueblo se quejó y adoptó la perspectiva de los diez que tenían temor y se sentían como "langostas" ante sus propios ojos. Como resultado, la victoria fue retrasada durante cuarenta años: casi dos generaciones. El pueblo perdió, en gran medida porque permitieron que la mentalidad temerosa de sus líderes les infectase.

3. Los líderes influencian la moralidad de los seguidores

La ética de un líder puede influir en quienes le siguen, ya sea directamente, mediante los valores corporativos que se fomentan por medio de su liderazgo, o mediante sus políticas. Si el líder es un oficial de alto rango sobre un país, su moralidad puede impregnar toda una cultura. Puede que usted provenga de un país en el cual los líderes tienen tremendos talentos, comunican bien y son competentes en varias técnicas de liderazgo, pero carecen de convicciones éticas. Muchos líderes no asumen responsabilidad de sus actos; sienten que no deberían experimentar ninguna consecuencia cuando traicionan la confianza de sus electores, ya sean sus empleados, sus familiares o el público.

Tales actitudes y conductas no pasan desapercibidas para los seguidores, de modo que muchas personas comienzan a pensar: *Él es un líder, e hizo tal y tal cosa y se salió con la suya, así que yo también puedo hacerlo.* Por eso es vital que los líderes reconozcan y evalúen los valores que actualmente sostienen y establezcan o restablezcan principios éticos que se comprometerán a mantener. Exploraremos este proceso en los siguientes capítulos.

4. Los líderes influencian el compromiso de los seguidores

Si un líder tiene fuertes convicciones, su pasión llegará a ser contagiosa entre sus seguidores, guiándoles a comprometerse con la visión de él. Anteriormente hablamos de Martin Luther King Jr. en relación con el modo en que los líderes desarrollan visión. La visión de King le dio una pasión que inspiró e influenció a personas "promedio", como amas de casa, carpinteros, albañiles, maestros y líderes religiosos, para marchar en protesta no violenta contra la negativa de ciertos estados en el país a reconocer y permitir el derecho a voto para las personas de raza negra. Varios de ellos afrontaron personalmente la resistencia de policías armados con palos, perros, mangueras de agua y gas lacrimógeno. ¿Por qué estaría cualquiera dispuesto a arriesgarse a ser golpeado con un palo o ahogado con gas lacrimógeno? ¿Qué tipo de hombre influenciaría a las personas para que hicieran eso? Alguien con genuina convicción.

El compromiso del líder puede ser transferido a suficientes personas para que su convicción personal finalmente se convierta en un movimiento nacional. Sus principios pueden iniciar un irresistible proceso de reforma. Si, como líder, intenta usted evitar un problema o una consecuencia, las personas no le seguirán; pero si lo aborda de cara y permanece constante en sus convicciones, otros se unirán a usted.

> *Los principios del líder pueden iniciar*
> *un irresistible proceso de reforma.*

5. Los líderes influencian el destino de los seguidores

La influencia de alguien que tiene convicción puede conducir a personas a un destino que de otro modo puede que no hubieran alcanzado. El dramaturgo y disidente Václav Havel, que desde hace mucho había denunciado los elementos deshumanizadores del comunismo, ayudó a precipitar la Revolución del Terciopelo en Checoslovaquia en 1989 que condujo efectivamente al fin del gobierno comunista allí. Havel y otros disidentes formaron el Foro Cívico para planear el desmantelamiento del comunismo en su país. Timothy Garton Ash, un historiador que fue testigo del foro, dijo: "Era extraordinario el grado hasta el cual todo finalmente giraba en torno a este hombre… En casi todas las importantes decisiones y declaraciones del foro, él era el árbitro final, la persona que podía de algún modo equilibrar las muy distintas tendencias e intereses en el movimiento".[9] Havel llegó a ser el último presidente de Checoslovaquia y el primer presidente de una nueva República Checa.

Por el contrario, la influencia de un líder que carece de carácter puede condenar a sus seguidores a un destino horrible. En la década de 1970, Jim

Jones, el líder de una secta, convenció a personas para que abandonasen a sus seres queridos y vivieran con él en las junglas de Guyana. Varios años después, condujo a 909 de sus seguidores a la muerte induciéndolos a beber cianuro; y después se suicidó de un disparo.

Adolf Hitler era un dotado político y comunicador, ejerciendo una tremenda influencia sobre el pueblo alemán. Dejaba encantados a miles de ciudadanos mientras escuchaban sus discursos en persona o en la radio. Su oratoria era tan poderosa que algunas personas pensaban que él era un dios. Hitler tenía muchas características de un líder eficaz, pero su filosofía, su código de ética personal, era inmoral. Convirtió sus fortalezas de liderazgo en aterradoras herramientas de abuso.

Hitler no valoraba toda la vida humana, sino tan sólo un pequeño segmento de ella. Su retorcido sistema de valores creó desastre para su país y para muchos otros países del mundo. Millones de personas murieron como resultado directo o indirecto de su gobierno. Murieron de hambre, murieron por enfermedades, o fueron exterminados en campos de concentración, campos de prisioneros y guetos en cuarentena. Mientras luchaban en la Segunda Guerra Mundial —una guerra instigada por Hitler—, muchas personas fueron muertas en batalla o murieron cuando sucumbieron a enfermedades o accidentes; otros fueron heridos, lisiados, o marcados emocionalmente para toda la vida. Multitudes perdieron a seres queridos y posesiones, viendo que todo su modo de vida se desvanecía. En la actualidad, el pueblo alemán sigue intentando dar respuesta a la pregunta: "¿Cómo pudo nuestro pueblo permitir que eso sucediera, e incluso haber participado en ello?".

La lección para nosotros es que cualquier cosa que acomodemos, finalmente la aceptaremos o seremos destruidos por ella. No estamos seguros en ningún nivel —social, económico, emocional, físico o espiritual— si no conocemos a la persona a la que seguimos. No podemos permitirnos el ser complacientes o ingenuos.

Estudie y evalúe a sus líderes

Nuestra cultura nos enseña a ser impresionados por el poder de un líder, sus capacidades de oratoria, sus títulos académicos y/o su riqueza, pensando que esas características constituyen un gran liderazgo. Sin embargo, no debe usted imaginar que su país seguirá siendo fuerte y establecido si vota por alguien sólo porque le gusta el modo en que habla o su aspecto, o incluso si usted aprueba algunos de sus logros.

Antes de seguir a alguien, debe usted saber lo que esa persona cree realmente y por qué camino le está llevando. Podría descubrir demasiado tarde que no quiere usted ir donde esa persona va. Le aliento a no poner una confianza indebida en lo poderoso que es un líder, en cuánto conocimiento tiene o en quién fue su mentor. Evalúe continuamente lo que defienden sus líderes, al igual que las políticas que promueven. Estudie sus vidas y sus convicciones; descubra lo que realmente piensan y valoran, y cómo sus creencias afectan a sus políticas.

Hágase preguntas como las siguientes acerca de líderes individuales:

+ ¿Sigue teniendo las mismas convicciones que me inspiraron a seguirle en un principio?

+ ¿Comparte mis creencias y valores?

+ ¿Demuestra que tiene normas éticas?

+ ¿Cuál es su visión de la vida?

+ ¿Cuál es su actitud hacia otros seres humanos?

+ ¿Qué ve como el futuro de esta compañía/organización/comunidad/nación?

+ ¿Qué dirección cree que el mundo debería tomar?

Incluso si las creencias de un líder parecen buenas, aun así debe seguir observando su vida para ver si sus palabras y sus actos son coherentes: si vive de acuerdo a las convicciones que declara.

"Si el ciego guía al ciego…"

Yo considero que Jesús de Nazaret fue el mayor líder de la historia, y Él advirtió: "Si el ciego guiare al ciego, ambos caerán en el hoyo".[10] Notemos que el líder ciego no cae en el hoyo él solo. Tanto él como el hombre ciego al que guía caen juntos en el hoyo. Tenemos que asegurarnos de que nuestros ojos estén totalmente abiertos, para poder saber dónde nos están llevando nuestros líderes, y poder evitar un potencial desastre. No debemos permitirnos a nosotros mismos caer en un hoyo con ellos.

Además, como todos somos líderes o aspirantes a líderes en nuestras áreas únicas de talento, tenemos una responsabilidad con aquellos cuyas vidas influenciamos. Por eso es esencial para nosotros entender la prioridad del carácter antes de pasar a otros aspectos del liderazgo. Podríamos entender muchos de los principios y las claves necesarios para ser un líder, pero al mismo tiempo, aceptar una filosofía negativa o destructiva que minará nuestro liderazgo y dañará a nuestros seguidores.

La influencia del liderazgo es un potente instrumento, y siempre debemos ser conscientes de su potencial para causar bien o dañar a otros. Los líderes sin carácter demuestran poder carente de principios; con frecuencia manipulan a las personas para conseguir sus propios fines. Pero los verdaderos líderes tienen un compromiso con la ética y los principios; edifican a los demás y les ofrecen una vida mejor.

Las marcas distintivas de un verdadero líder

Las personas buscan líderes que tengan las cualidades que están en la lista de la que hemos hablado. En la progresión del desarrollo del liderazgo, la etapa en la cual se desarrolla convicción es la clave para los líderes si quieren pasar del reconocimiento de su propósito a establecer un fundamento sólido para llegar a ser un líder genuino. No es suficiente con saber que usted tiene un talento especial que le dará un lugar único en el mundo. Debe ser capaz de emplear ese talento en consonancia con principios éticos que está comprometido a seguir mientras va tras su visión.

Convicción y carácter son, por lo tanto, las marcas distintivas de un verdadero líder. Son lo que separa a quienes meramente tienen títulos, posiciones y talentos de aquellos que marcan una diferencia positiva en sus familias, comunidades y naciones; de aquellos que hacen historia, cambiando el curso de acontecimientos humanos para mejor.

Por consiguiente, el líder del siglo XXI no debe procurar solamente buscar su propósito o desarrollar su visión. También debe desear ser introducido, o reintroducido, a principios éticos, y debe comprometerse a desarrollar carácter a lo largo de toda su vida, demostrando su confiabilidad a aquellos que le siguen.

Nuestras actitudes y motivaciones siempre se corresponden con nuestro carácter. En la parte III de este libro veremos cómo desarrollar cualidades de carácter específicas de los verdaderos líderes. Por ahora, tengamos en mente los siguientes puntos:

+ El liderazgo, y los talentos que lo capacitan, son legados inherentes.

+ El liderazgo no se trata de ganar seguidores; se trata de perseguir propósito.

+ El liderazgo no se trata de manipular a personas; se trata de inspirar a personas.

+ El liderazgo no se trata de tener poder sobre personas; se trata de capacitar a personas.

+ El liderazgo no se trata de controlar a otros; se trata de servirles.

+ El liderazgo no se trata de hacer; se trata de llegar a ser una persona de nobles aspiraciones.

¿Será usted un líder de convicción? ¿Guiará el camino para que otros lleguen a ser líderes de convicción al seguir su ejemplo?

Parte II:

La fuente del liderazgo moral

3

Cómo se desarrolla el carácter, parte I: Lo que creemos

"Lideramos según nuestras creencias".
—Dr. Myles Munroe

Mientras observaba la campaña presidencial de 2012 en América, noté que los candidatos declaraban: "Ustedes pueden elegir qué América quieren". No dejaban de usar la palabra *elegir*. Otras campañas presidenciales han utilizado lenguaje parecido. Los candidatos presentaban dos ideas diferentes, o filosofías, a los votantes. Para expresarlo muy sencillamente, la elección que ellos ofrecían estaba entre el "gran gobierno" y el "gran negocio". Las creencias personales de los candidatos se convirtieron en la política pública que buscaban como líderes.

El mismo principio es cierto para todos los líderes. Lideramos según nuestras creencias.

La progresión del desarrollo del carácter

Todas las personas siguen generalmente el mismo curso cuando desarrollan el carácter, ya sea que el carácter finalmente termine siendo positivo o negativo. El proceso se produce del siguiente modo:

- Nuestras creencias conducen a nuestras convicciones.
- Nuestras convicciones producen nuestros valores (que están ligados a nuestras actitudes y percepciones).
- Nuestros valores forman nuestra moralidad, o principios.

+ Nuestros principios/moralidad conducen a la correspondiente conducta personal. Especialmente en el caso del carácter positivo, la moralidad y los principios también nos impulsan a ejercitar disciplina personal con el propósito de seguir estando en consonancia con nuestras convicciones.

+ Nuestra conducta/acciones disciplinadas se manifiestan como nuestra ética.

+ Nuestra ética resulta en nuestro carácter.

+ Nuestro carácter determina nuestro estilo de vida.

En el capítulo 2 examinamos el proceso por el cual una persona se convierte en líder, incluyendo el desarrollo de convicciones basadas en su propósito. En este capítulo veremos más de cerca el modo en el cual formamos nuestras creencias y convicciones. Y durante los tres capítulos siguientes exploraremos percepciones tradicionales de líderes y del liderazgo, y también el modo en que podemos dirigir el desarrollo de nuestro carácter de modo que podamos llegar a ser, y seguir siendo, líderes éticos.

Filosofía, o creencias

Nuestra filosofía, o sistema de creencias, ha sido formulada a lo largo de nuestras vidas mediante nuestras respuestas a diversas influencias sobre nosotros. Esas influencias incluyen nuestra familia, nuestros amigos, nuestra herencia/trasfondo, nuestro ambiente físico y social, nuestra educación, nuestra afiliación religiosa, nuestro conocimiento, los medios a los que hemos sido expuestos, nuestros asociados, nuestros compañeros de trabajo, y muchas otras cosas. Nuestras creencias provienen de las ideas a las que hemos sido expuestos o que hemos desarrollado por nuestras observaciones y análisis, y las cuales, y esto es lo más importante, hemos recibido como verdad.

Algunas de las ideas que aceptamos puede que sean falsas o incompletas; pero si creemos que son ciertas, llegarán a incorporarse a nuestra filosofía personal, ayudando a construir el fundamento sobre el cual edificamos nuestra vida. Por eso, si una persona quiere cambiar su sistema de creencias tiene que cambiar sus ideas acerca de sí misma y/o sus ideas acerca del mundo.

Desarrollamos carácter, por lo tanto, como un resultado de nuestra filosofía personal, incluyendo lo que creemos sobre el significado de la vida, la naturaleza del mundo y cómo deberíamos relacionarnos con otras personas.

Si una persona quiere cambiar su sistema de creencias, tiene que cambiar sus ideas acerca de sí misma y/o sus ideas acerca del mundo.

¿Qué ideas hemos aceptado?

Estoy convencido de que una de nuestras mayores debilidades como líderes hoy día es que nuestra formación filosófica acerca de quiénes somos como seres humanos, incluyendo nuestro propósito inherente como líderes, ha sido gravemente deficiente. Nuestro ambiente y otras influencias han producido defectos en nuestro pensamiento debido a las filosofías erróneas que han sido perpetuadas por nuestra cultura, las cuales hemos aceptado. Si queremos llegar a ser líderes de carácter que marquen una diferencia positiva en el mundo, debemos echar una seria mirada a las ideas que hemos recibido, el modo en que esas ideas han dado forma a nuestra filosofía de la vida, y qué creencias y actitudes puede que necesitemos cambiar.

Por ejemplo, si un líder ha aceptado el concepto "Cada uno se defiende solo en este mundo", siempre se pondrá a sí mismo por delante de otras personas, con el resultado de que puede que desprecie, trate mal o incluso abuse de sus seguidores. Los verdaderos líderes siempre dan el más elevado valor a la dignidad de toda la humanidad. Personalmente, creo que si no respeta usted a otras personas, no debería estar en el liderazgo. El mundo ya tiene demasiados problemas como para hacerse cargo de otro líder que menosprecia el valor intrínseco de los seres humanos.

Las creencias personales del líder acerca de sí mismo y de la naturaleza del mundo inevitablemente serán reveladas en su política pública. Con "política pública" no me refiero solamente a programas y leyes gubernamentales. Utilizo el término en un amplio sentido, para indicar las políticas, directivas, instrucciones y dirección de los líderes hacia aquellos que les siguen. La política pública del líder refleja el modo en que considera, se relaciona y afecta las vidas de otras personas a medida que desempeña su liderazgo.

"Porque cual es su pensamiento en su corazón, tal es él"

Veamos otro proverbio del perceptivo rey Salomón: "Porque cual es su pensamiento en su corazón, tal es él".[1] Muchas personas citan mal este dicho dejando fuera la palabra "corazón". Pero Salomón no dijo: "Cual es su pensamiento, tal es él". Para mí, la palabra "corazón" es la palabra más importante en esta frase. Denota el centro de nuestro razonamiento. Creo que el "corazón" es equivalente a lo que los psicólogos denominan actualmente la "mente subconsciente". Por lo tanto, podríamos parafrasear el dicho de Salomón del siguiente modo: "Cual es su pensamiento en su mente subconsciente, tal es él".

Como el término indica, nuestra mente subconsciente existe más allá de nuestras funciones mentales conscientes. Es donde todo lo que creemos está "almacenado", muy semejante al modo en que la información se almacena en el disco duro de una computadora. Cuando usted está usando un programa en particular en su computadora, no ve todos los programas y archivos que existen en su disco duro; solamente ve aquello con lo que está trabajando en el momento, ya sea un sistema de procesador de texto, una hoja de cálculo o un juego; o varios programas al mismo tiempo. El resto de los programas y archivos existen, y algunos puede que incluso estén activos, pero usted no se da cuenta conscientemente de ellos. Sin embargo, si abre intencionadamente un nuevo archivo o maximiza una pantalla para ver un programa en el que está trabajando (por ejemplo, para comprobar el estado de un sistema de actualización), lleva esa otra parte del disco duro a la atención de su mente consciente, donde pueda usted considerarlo.

De manera parecida, podemos llevar los pensamientos que están en nuestro "corazón", o mente subconsciente, a la superficie de nuestra mente consciente para su reflexión y evaluación, de modo que podamos comenzar a evaluar lo que realmente creemos, y por qué.

La mayoría de las personas viven según las ideas que residen en su mente subconsciente. Por eso es tan importante para nosotros entender no sólo lo que otra persona está diciendo, sino también lo que hay almacenado en su sistema de creencias. Por ejemplo, puede que usted haya tenido la experiencia de pensar que una persona tenía todo lo necesario para un buen líder, ¡hasta que fue ascendido! Entonces, las cualidades negativas comenzaron a manifestarse. Abraham Lincoln dijo: "Si quiere conocer el verdadero carácter de una persona, entréguele poder". Yo ampliaría ese adecuado comentario diciendo que si quiere usted conocer el verdadero carácter de una persona, entréguele uno o todos los siguientes puntos: (1) poder, (2) posición, o (3) dinero. El modo en el cual el individuo utilice cualquiera de esos recursos revelará lo que existe en el centro de su vida interior.

Podemos resumir lo que hemos planteado hasta ahora del siguiente modo: nuestras creencias gobiernan quiénes somos, al igual que el camino por el cual vamos viajando en la vida. No es lo que decimos, sino lo que creemos genuinamente, lo que dirige nuestras vidas y nuestro liderazgo.

Hágase la pregunta: "¿Qué creencias fundamentales dirigen mi vida?".

Convicciones

Nuestro sistema de creencias establecido da lugar a nuestras convicciones. Este punto es similar a lo que dijimos en el último capítulo con respecto a descubrir el propósito personal: que cuando un líder cree plenamente en su propósito inherente y sus talentos, eso conduce a la convicción. No podemos "recibir" carácter de algo fuera de nosotros. El terreno del carácter se establece cuando personalmente nos aferramos a una idea de modo tan completo que, para nosotros, se convierte en un profundo principio por el cual vale la pena sacrificarse.

El carácter se mide por la profundidad de lo que afirmamos creer. Repito: puede usted aprender todas las capacidades, métodos y estilos de liderazgo, pero no significarán mucho si no tiene verdaderas convicciones que guían su vida, o si vende sus convicciones. Si su sistema de creencias es débil, se encontrará siendo incoherente en sus normas y vacilante en su ética. Puede que escoja el curso honorable un día, pero al día siguiente participa en una conducta éticamente cuestionable.

Hágase la pregunta: "¿Qué fuertes convicciones sostengo?".

El carácter se mide por la profundidad de lo que afirmamos creer.

Conceptos tradicionales de liderazgo: legados de la filosofía

Basándonos en el proceso que hemos estado viendo, podemos entender cómo, mediante las creencias compartidas, ciertos conceptos de liderazgo han echado raíces en nuestras naciones e inundan las culturas del mundo. Las imágenes generalmente aceptadas de líderes y del liderazgo que muchas personas tienen hoy día están derivadas de ideas filosóficas particulares. Hemos absorbido esas ideas de modo tan natural como hemos absorbido otros modos de pensamiento y de vida de nuestra cultura, como el modo en el cual celebramos las vacaciones y los coloquialismos que utilizamos. Sin embargo, la mayoría de nosotros no nos hemos detenido a considerar cómo nuestras creencias sobre liderazgo han sido afectadas por ideas culturales prevalecientes.

El fundamento teórico para muchas de nuestras creencias sobre liderazgo, especialmente en países occidentales, fue derivado de las ideas de varios filósofos de renombre de la antigua Grecia. Esas ideas fueron difundidas ampliamente mediante la influencia del vasto imperio romano.

El imperio romano existió durante casi ochocientos años, desde aproximadamente el año 250 a.C. hasta el 476 d.C. Fue el imperio más poderoso de la historia. En su punto álgido, Roma gobernaba prácticamente todo el mundo conocido. Ningún país o imperio desde entonces ha igualado su poder e influencia. Los romanos admiraban a los griegos, y su pensamiento fue muy influenciado por la filosofía griega. Los griegos sostenían la idea de que había razas superiores e inferiores. Cuando Roma invadió Grecia y conquistó ese gran imperio, los romanos adoptaron esta filosofía. Gobernaban con la idea de que los romanos eran superiores al resto de los pueblos del mundo. Como veremos, la base de su superioridad percibida estaba en que tenían ciertas características distintivas, y que habían sido escogidos por los "dioses" para ser los líderes.

La filosofía de los romanos les condujo a aceptar la idea de que subyugar a otros pueblos era una práctica buena y aceptable. A medida que su imperio se extendía por todo el mundo, sus ideas sobre las razas y los pueblos influenciaban en el modo en que trataban a sus súbditos y el modo en que sus súbditos llegaban a pensar sobre sí mismos. La esencia de esas ideas nos sigue afectando en la actualidad.

He leído los escritos de Platón y Aristóteles, y los pensamientos de Sócrates. Aunque ellos dijeron muchas cosas útiles, me sorprende que las personas sigan aceptando gran parte de lo que ellos creían sobre liderazgo, porque, según mi perspectiva, sus teorías básicas tienen errores.

Examinemos algunas de nuestras teorías ampliamente aceptadas de líderes y del liderazgo que provienen de la filosofía griega.

1. La teoría del "rasgo de nacimiento"

Esta teoría sostiene que algunos seres humanos nacen con cualidades únicas que les marcan para el liderazgo, mientras que la mayoría de personas, que no poseen esos rasgos, están destinadas solamente a seguir y estar subordinadas. Aristóteles decía que desde el momento del nacimiento de una persona, estaba marcada para el liderazgo o para la sujeción. Aristóteles promovía el concepto que a veces expresamos hoy en día en estas palabras: "Los líderes nacen, no se hacen".

He investigado los rasgos que los griegos y los romanos valoraban, y eran cosas como el tamaño de la nariz, el color de los ojos y del cabello, la blancura de la piel y la altura. Si uno resulta que no tenía las manifestaciones preferidas de esos rasgos mediante la genética, era automáticamente relegado a un estatus menor: la servidumbre.

Anteriormente hablamos del modo en que las personas con frecuencia escogen a los líderes basándose en el aspecto y la estatura del líder, en lugar de hacerlo por su carácter o incluso por sus capacidades. Varios estudios han indicado claramente que los rasgos personales, al igual que las circunstancias, sí contribuyen al tipo de liderazgo que ejercita una persona; sin embargo, aunque el liderazgo de la persona puede ser afectado por sus rasgos físicos y otros factores, estos no constituyen el cuadro completo del liderazgo.

Además, algunas personas hoy día tienen la idea de que únicamente individuos con ciertos rasgos pueden ser líderes, reforzando la antigua creencia en que los líderes son superiores al resto de la población. Sin embargo, como hemos comentado en el capítulo 2, cada persona ejercita el liderazgo en un área en particular de talento. Todos tenemos un talento o talentos únicos, y ninguno de nosotros es intrínsecamente "superior" a los demás, incluso cuando estamos bajo su autoridad o supervisión.

2. La teoría de "escogido por los dioses"

Otra teoría grecorromana que se corresponde con la teoría del "rasgo de nacimiento" es que el liderazgo está reservado para unos pocos favorecidos a quienes los "dioses" escogieron para posiciones de élite por encima de las masas. Los "escogidos" han de controlar, administrar y dirigir las vidas, aspiraciones, fortunas y futuros de aquellos que "no son escogidos".

Para las personas que vivían en el imperio romano, esto significaba que si los dioses no te escogían para ser un líder, uno estaba destinado a pasar toda la vida como esclavo o sirviente. Por lo tanto, si no se era romano —un miembro de la raza de élite—, la suerte de esa persona en la vida era ser de segunda clase. Nunca podía elevarse hasta el calibre de alguien digno de verdadero liderazgo.

Esta teoría apoya la idea de un sistema de clases. Si uno creía que los dioses escogían a algunas personas para ser gobernantes y a otras para ser esclavos, entonces si resultaba que uno estaba entre los esclavos, no importaba si obtenía cinco títulos académicos y sabía más que todos los demás líderes juntos, pues esa persona siempre sería considerada inferior y existiría principalmente para el beneficio de aquellos que nacieron líderes. En la mayoría de países, hasta tiempos modernos, las personas no pasaban de una clase más baja a otra más alta. Si nacían de padres que pertenecían a la nobleza o a la clase superior, se quedaban en esa posición durante toda la vida. Si nacían de padres que eran sirvientes, no podían aspirar a ser otra cosa sino un sirviente.

Seguimos viendo esta actitud en la actualidad en muchos países entre aquellos que piensan que el "pedigrí" de la persona, el estatus social y su educación únicamente en escuelas exclusivas le califican para ser un líder de élite. Aquellos cuyos linajes provienen de orígenes "menores", y cuyo estatus social y educación no son tan prestigiosos, no pueden aspirar a los papeles de liderazgo más elevados y más influyentes.

3. La teoría de la "personalidad carismática"

Esta teoría promueve la idea de que solamente ciertos individuos que poseen una medida única de "carisma" —que son extrovertidos y encantadores, tienen magníficas capacidades de comunicación, y otras cosas—, son líderes.

Carisma es una palabra griega que significa "favor" o "don". Por lo tanto, repito: la idea era que a ciertas personas los dioses les otorgaron dones que les hacían ser superiores a los demás. En la actualidad, cuando se encuentran con alguien que tiene carisma y encanto, muchas personas automáticamente suponen que esa persona es un líder o está destinado a llegar a ser un líder.

Una persona con personalidad carismática puede utilizar su don natural a la vez que ejercita su liderazgo, pero no le hará ser un verdadero líder, ni tampoco le sostendrá como líder. Notemos que cada una de las anteriores teorías no tiene nada que ver con el carácter del líder, solamente con sus rasgos o capacidades naturales. Además, según estas teorías y sus derivaciones, muchas personas hoy día que son líderes activos en los negocios, la economía, la educación, la religión, la ciencia y muchos otros campos, nunca podrían haber sido líderes.

4. La teoría de los "factores externos"

Además de las ideas anteriores de los griegos y los romanos, nuestra cultura tiene otras perspectivas de liderazgo tradicionales que se enfocan principalmente en factores externos. Una de tales perspectivas es que los líderes son formados a medida que aprenden a tratar circunstancias particulares: si se pone a una persona en cierta situación con criterios y estímulos concretos, emergerá como líder.

Aunque las circunstancias externas desempeñan un papel crítico a la hora de dar forma al carácter y las capacidades de los líderes (un tema que exploraremos más adelante), esta teoría generalmente no hace hincapié en el propósito interior del líder, sus creencias y convicciones, todas las cuales son esenciales para un liderazgo exitoso.

Otra idea es que los líderes se desarrollan estudiando liderazgo en una universidad, o participando en otros cursos y formación de liderazgo. Muchas personas creen que si una persona ha obtenido un título o ha asistido a conferencias sobre liderazgo, está cualificada para liderar a otros.

Yo no me opongo a la formación de liderazgo; doy formación a líderes todo el tiempo. Sin embargo, muchos cursos de liderazgo no cubren algunos de los elementos esenciales del desarrollo de liderazgo, como hemos discutido en el capítulo 2. Además, solamente la educación y la formación no son medios suficientes para llegar a ser un líder, especialmente si la persona no une su formación con el conocimiento de su propósito único y el ejercicio de sus talentos intrínsecos.

Una influencia perpetua

Veamos brevemente el modo en que las ideas griegas y romanas sobre liderazgo se hicieron camino hasta nosotros. Cuando el imperio romano finalmente cayó, se convirtió en muchos estados y reinos locales, los cuales se desarrollaron hasta llegar a ser los países que conocemos en la actualidad. Gran parte de Europa está constituida por anteriores colonias del imperio romano, y mediante la influencia de varias naciones europeas sobre sus propias colonias, filosofías grecorromanas, incluyendo aquellas acerca del liderazgo, se difundieron aún más.

Supuesta superioridad

Cuando algunas de esas naciones europeas comenzaron a obtener sus colonias, aceptaron la idea de la superioridad de ciertas razas, en la cual el opresor cree que es superior al oprimido. Con el paso de los años, este concepto se consolidó como la idea de que un líder es superior a sus seguidores. Esta dañina filosofía se sigue enseñando en varias de nuestras universidades, seminarios y escuelas de formación en liderazgo, las cuales producen muchos de los líderes de nuestras naciones.

Por eso, cuando graduados universitarios y profesionales obtienen puestos de liderazgo, muchos de ellos automáticamente se sienten superiores a los demás. Puede que no se den cuenta conscientemente de que tienen esta actitud; quizá existe en su mente subconsciente. Sin embargo, se manifiesta en sus actitudes hacia sus papeles de liderazgo y en sus relaciones con otras personas, especialmente con sus seguidores, empleados o subordinados.

A veces, lo peor que podemos hacer es darle a alguien un título, porque de repente piensa: *Yo soy mejor. Soy privilegiado.* Sea el título el de presidente, ejecutivo, socio principal, supervisor, director, gerente, pastor o cualquier otra cosa, se convierte en un problema para muchas personas porque sus mentes siguen estando influenciadas por estas falsas filosofías del liderazgo.

Creo que ese es el caso entre personas en todo el mundo. Con frecuencia hablo a grupos en países en desarrollo. De los aproximadamente 7 mil millones de personas que hay sobre la tierra, unos 5 mil millones de ellas viven en países que fueron anteriormente colonias de potencias europeas. En esos países, el sistema de creencias sigue siendo que solamente unas personas en particular tienen derecho a liderar, y el resto de las masas, que no tienen características especiales, carisma y otras cosas, nunca pueden ser líderes.

A veces, lo peor que podemos hacer es darle a alguien un título, porque de repente piensa: Yo soy mejor. Soy privilegiado.

El "síndrome del cangrejo negro"

El triste hecho es que aquellos que han sido oprimidos no parecen adoptar una mentalidad diferente cuando se liberan de su opresión y experimentan una medida de libertad. De repente adoptan la misma filosofía y actitudes hacia su propio pueblo que la que fue utilizada contra ellos. Por ejemplo, puede que piensen: *Mi color de piel es más claro que el tuyo, así que yo debo de ser mejor.* ¿Por qué hace eso la gente? Porque es el modelo de autoridad y poder que han aprendido de su cultura y mediante sus experiencias personales, de modo que está arraigado en su pensamiento y sus actitudes.

Por lo tanto, actúan según el "síndrome del cangrejo negro", que evita que sus sociedades emergentes lleguen a ser lugares donde todas las personas sean valoradas y alentadas a mejorarse a sí mismas. El síndrome del cangrejo negro es un fenómeno que obtiene su nombre de la conducta de los cangrejos verdaderos. Supongamos que usted obtuviese o comprarse algunos cangrejos negros vivos para servirlos en una fiesta. Planea prepararlos más adelante ese día, y tiene que almacenarlos en alguna parte. Sencillamente podría poner los cangrejos juntos en un barreño, y ni siquiera tendría que poner una tapa encima. Podría estar seguro de que ninguno se escaparía. ¿Por qué? Porque los otros cangrejos no permitirían que un solo cangrejo suba por encima del resto para llegar a la apertura en la parte superior. Si un cangrejo quisiera subir de modo que se acercase a la parte de arriba, los otros le arrastrarían de nuevo hacia abajo. Sin embargo, si los cangrejos se permitiesen unos a otros llegar a la parte superior, muchos podrían quedar libres.

Esta mentalidad de no querer que otra persona vaya por delante de uno y, por lo tanto, de no ayudarle e incluso trabajar activamente para mantenerle abajo —o para arrastrarle hacia abajo cuando comience a tener éxito—, es también prevalente entre las personas en países en desarrollo. Todos tienen temor a que otra persona llegue a estar mejor que ellos u obtenga más ventajas de las que ellos tienen.

Así, las mentalidades de liderazgo de los griegos y los romanos nos siguen gobernando. Creemos que necesitamos ser superiores a otros a fin de sentirnos especiales, escogidos y seguros.

Prioridades desenfocadas

Debido a las anteriores perspectivas que hemos heredado mediante nuestra cultura, los profesores y otros instructores que enseñan cursos y seminarios de liderazgo en nuestras universidades, institutos y talleres normalmente se enfocan en aspectos del liderazgo tales como los siguientes: poder, posición, títulos, capacidades, talentos, cualificaciones educativas, conocimiento y personalidad. Lo hacen porque estas son las ideas que les enseñaron o que de otro modo asimilaron en sus sistemas de creencias.

Por lo tanto, tanto en ambientes formales e informales de formación y práctica de liderazgo, seguimos haciendo demasiado hincapié en ciertos conceptos de liderazgo a la vez que descuidamos el más importante: el carácter. Repito: muchas de las anteriores ideas son factores en el liderazgo, pero no definen lo que significa ser un verdadero líder. Lo más importante es que no *producen* un verdadero líder.

Quizá el 90 por ciento de las personas a las que consideramos líderes se hicieron camino hacia su posición de liderazgo basándose en las tradicionales teorías de liderazgo de las que hemos hablado. Poseen notables dones y talentos, tienen impresionantes credenciales académicas, nacieron en familias acomodadas y/o prestigiosas, ejercitan cierta forma de influencia y poder naturales, o tienen rasgos físicos atractivos. Aunque directores, gerentes, personal de recursos humanos y electores puede que hayan considerado el carácter de los líderes al contratarlos o votar por ellos, probablemente no fue la primera, segunda o quizá tercera consideración para muchos de ellos.

Quiero hacer hincapié de nuevo en que los atributos naturales y las capacidades adquiridas no han evitado que numerosos líderes fracasen en sus responsabilidades y caigan de sus anteriores alturas debido a la indiscreción, la avaricia o la arrogancia, destruyendo así su propio potencial. En la introducción a este libro, vimos varias personas famosas que poseían características que, según el pensamiento tradicional, deberían haber garantizado su éxito como líderes, y sin embargo cayeron. Probablemente usted conozca de otros líderes que tenían todas las indicaciones de vidas y carreras prometedoras, pero perdieron sus posiciones.

"Educar a un hombre en la mente y no en la moralidad es educar
a una amenaza para la sociedad".
—Theodore Roosevelt

El camino hacia el carácter

Lo que creemos acerca de los líderes y el liderazgo tiene un tremendo efecto sobre qué tipo de líder llegaremos a ser y si cumpliremos nuestro propósito de liderazgo inherente. Determina si el camino en que nos embarcamos, guiado por nuestras creencias y convicciones personales, nos conducirá a desarrollar un carácter honorable que apoyará nuestro liderazgo o nos conducirá a desarrollar fallos de carácter que lo minarán.

En el capítulo siguiente seguiremos estudiando el proceso del desarrollo del carácter viendo la naturaleza y el papel de los valores.

4

Cómo se desarrolla el carácter, parte II: Lo que valoramos

"Un pueblo que valora sus privilegios por
encima de sus principios pronto pierde ambos".
—Dwight D. Eisenhower, 34a presidente de los Estados Unidos

El tipo de carácter que finalmente se produce en la vida de la persona está determinado por la naturaleza de sus creencias y el enfoque de sus convicciones, que se expresan ambos en sus valores.

Muchas personas hoy día están confundidas acerca de los valores. En varias naciones los valores han estado cambiando, y las personas no están seguras de qué valores deberían seguir manteniendo en alta estima y cuáles deberían soltar. Algunos de los cambios en los valores han sido beneficiosos, mientras que otros han sido perjudiciales, contribuyendo a un derrumbamiento de las normas éticas en varias sociedades.

Además, debido a que muchas personas no se detienen a considerar lo que realmente creen y qué convicciones sostienen, puede que no sean plenamente conscientes de cuáles son sus valores. En lugar de establecer su propio sistema de valores, actúan primordialmente según los puntos de vista y sentimientos de otras personas, como familiares, amigos, compañeros de trabajo y celebridades u otras personas que crean opinión.

Determinar los valores propios

Todos comenzamos la vida necesariamente guiados por las perspectivas y los consejos de otros. Sin embargo, a medida que crecemos físicamente,

emocionalmente, mentalmente, socialmente y espiritualmente, debemos tomar nuestras propias decisiones acerca de lo que creemos, cuáles son nuestras
convicciones y lo que valoramos. Si no lo hacemos, no seremos capaces de con-
vertirnos en líderes de carácter que sean guiados por motivaciones internas.

En cualquier etapa de nuestras vidas, es una práctica sabia que bus-
quemos el consejo de dos o tres personas de confianza antes de tomar una
decisión importante; sin embargo, supongamos que recibimos consejos
contradictorios. Si no tenemos ningún parámetro establecido sobre el cual
llegar a una conclusión o decisión final, nunca tendremos una base sólida
en la vida y continuamente titubearemos entre opiniones. Nuestros valores y conducta estarán basados principalmente en las preferencias de otras
personas. Aunque es importante mantener una mente abierta con respecto
a temas complejos, tenemos que establecer un sistema de creencias y decidir qué valores defenderemos.

¿Qué son valores?

Para ayudarnos a comprender la naturaleza de los valores, veamos dos
definiciones relacionadas. Los valores son...

+ *Ideas, principios y cualidades a las cuales usted personalmente asigna
un gran valor.* Un valor es una creencia, en algo o en alguien, que
usted estima, por sus propios méritos. Por ejemplo, puede que valore la idea de dar ayuda caritativa a familias en las que la persona
que gana el salario ha sido despedida del trabajo, o el principio de
"justicia social bajo la ley", o la cualidad de la valentía.

+ *Normas o ideales que determinan su conducta o su política.* Para utilizar un ejemplo sencillo, supongamos que usted posee un anillo
de diamantes, y conoce el valor de los diamantes en el mercado y
quiere proteger su propiedad. El valor que usted asigne a su anillo
de diamantes predecirá y también afectará a su conducta hacia ese
anillo. Si verdaderamente lo valora como una posesión, lo mantendrá limpio y lo situará en un lugar seguro cuando no lo lleve puesto.
Incluso puede que acuda a revisarlo periódicamente para asegurarse de que no haya sido perdido o robado.

Las propiedades de los valores

A continuación, destaquemos varias propiedades relacionadas con los valores.

1. Los valores que surgen de la filosofía personal o colectiva

Repito: nuestras creencias y convicciones son siempre el lugar de comienzo para el desarrollo de nuestro carácter, el cual es establecido mediante nuestros valores.

2. Los valores son más importantes que las reglas

Si un individuo tiene valores fuertes y positivos, no requiere una gran cantidad de leyes y reglas externas para gobernar su vida. No necesita ser monitoreado por otra persona que se asegure de que haga lo que debería estar haciendo. Esa persona se monitorea a sí misma. Y debido a que sus valores están basados en sus motivaciones internas, tienen estabilidad y también longevidad.

El mejor tipo de reglas tienen intención de hacernos conscientes de normas que son correctas y beneficiosas para nosotros, de modo que podamos tomar una decisión personal de cumplirlas. No tienen intención de ser un fin en sí mismas. Por otro lado, las reglas arbitrarias que las personas se ven forzadas a cumplir carecerán de poder porque no serán interiorizadas por esas personas.

> *Si un individuo tiene valores fuertes, no requiere una gran cantidad de leyes y reglas externas para gobernar su vida.*

3. Los valores pueden edificar a otros o derribarlos

Dependiendo de si los valores de la persona están derivados de creencias positivas o negativas, serán útiles o dañinos para aquel que los sostiene; y para los demás. Este punto puede parecer obvio, pero muchas personas no consideran el efecto que tienen sus valores en su vida cotidiana.

Por ejemplo, un líder puede valorar la idea de que el "balance" financiero es lo único que importa. Por lo tanto, en lugar de inspirar a sus empleados, les acosa en un intento de obtener una mayor productividad.

La organización Leadership IQ realizó un estudio en el que estaban implicados más de cinco mil líderes durante el período de agosto de 2012 a enero de 2013. Cuando se les preguntó sobre su estilo de liderazgo, el 39 por ciento de los líderes prefería utilizar un estilo "intimidante", un factor que el estudio atribuyó a "fatiga económica" relacionada con la crisis financiera global. Parece que en un intento por impulsar a los trabajadores a hacer más dinero para la empresa, muchos gerentes empleaban la intimidación.[1]

Otro estudio que examinaba las implicaciones del liderazgo de la crisis económica llegó a la conclusión de que el liderazgo basado en los principios de carácter era "predominante en las firmas que resistieron e incluso prosperaron durante la crisis".[2] Este estudio indica que valores diferentes pueden producir resultados diferentes. Una buena productividad es una meta legítima para un líder; sin embargo, el camino para lograrla es liderar con carácter, valorando las aportaciones de cada participante y alentándolo a utilizar sus talentos al máximo.

Los valores finalmente motivan nuestra conducta, y muchas de nuestras acciones no son moralmente neutrales; tienen consecuencias positivas o negativas para nosotros mismos y para los demás.

4. Los valores son personales, pero nunca son privados

Este punto, que mencioné brevemente en el capítulo 1, se corresponde con el punto anterior. Destaca el hecho de que nuestros valores inevitablemente tienen cierto impacto sobre otras personas.

Muchas familias, comunidades y países están siendo destruidos actualmente a medida que los valores negativos de las personas son manifestados en el mal trato que dan a los demás. Por ejemplo, si un individuo no considera muy valiosa la institución del matrimonio, y su propio matrimonio en particular, puede que piense que es aceptable participar en una aventura amorosa extramatrimonial. Al hacerlo, puede destruir las vidas de su cónyuge y de sus hijos; en el proceso, puede que también experimente pérdidas: de sus amistades, su hogar y otros aspectos importantes de su vida.

Como contraste, si una persona considera muy valiosa la institución del matrimonio y se ha comprometido con este valor, eso evitará que tenga una aventura amorosa extramatrimonial, incluso si es tentado a hacerlo. Su dedicación a su matrimonio tendrá impacto no sólo en su propia vida sino también en las vidas de su cónyuge y de sus hijos.

5. Los valores perduran más que las metas

Las metas son objetivos temporales que un líder ha decidido que son necesarias para permitirle llegar a un objetivo mayor. Los valores, por otro lado, son temporales. Cuando un líder alcanza una meta específica en el proceso de seguir su visión, puede establecer otras metas que están en consonancia con sus valores.

6. Los valores envían un mensaje

Los valores que usted sostiene comunican lo que afirma defender; pero los valores que usted demuestra por sus acciones revelan lo que verdaderamente defiende y si los valores que afirma tienen verdadera sustancia y significado.

Deberíamos tomar tiempo para considerar qué mensajes éticos estamos enviando a los demás. Por ejemplo, mediante sus palabras y sus actos, un individuo puede indicar a otras personas que está abierto a participar en una conducta poco ética. Como resultado, alguien que esté buscando un "compañero de delito" que participe en una conducta deshonrosa, como mentir o engañar, se sentirá cómodo al acercarse a esa persona. Sin embargo, si el individuo ha dejado claro mediante sus palabras y sus hechos que es una persona de carácter que no mentirá ni engañará, la persona deshonesta no se acercará, sino que pasará de largo y buscará a otra persona a la que poder reclutar.

7. Los valores atraen valores similares

De la misma manera, generalmente se da el caso de que personas que tienen valores particulares son atraídas hacia otras personas que sostienen esos mismos valores. Aplicando este punto a las relaciones personales, sabemos que las amistades se forjan entre personas que tienen intereses y preferencias similares.

Mis buenos amigos y socios comparten mis valores. Hay otras personas con las cuales no puedo asociarme. Mis experiencias con ellas han revelado que no valoran las cosas que yo valoro; de hecho, ellos valoran cosas que yo creo que son perjudiciales. Eso no significa que intencionalmente yo los menosprecie; sin embargo, como líder tengo que proteger mi carácter, y un vínculo cercano con ellos no sólo sería éticamente poco sano para mí, sino que también podría dar la impresión a otros de que yo apoyo sus valores.

Los valores son tan importantes que deberían ser la base de nuestras relaciones clave. El mismo punto se aplica a las relaciones empresariales; por ejemplo, empresas que hacen negocios entre ellas y gobiernos que hacen acuerdos y tratados con otros países y apoyan diversas causas internacionales. Al estar pensando en una asociación, los líderes deberían hacerse la pregunta: "¿Qué valores manifiestos o subyacentes están implicados en esta decisión? ¿Qué alianzas vinculantes estoy estableciendo?".

El terrorismo global está en las mentes de muchas personas en la actualidad, y los terroristas utilizan varios métodos para promover sus causas. Cuando un terrorista se ata una bomba a su cuerpo y la detona en medio de una plaza pública llena de gente, matando a personas inocentes (al igual que a sí mismo), eso indica que valora su mensaje más de lo que respeta la vida humana. Algunas personas en el mundo apoyarían su acción, porque comparten una prioridad similar; sin embargo, la demostración del terrorista no me conduce a ser compasivo con su causa, y no puedo aceptar su justificación para sus acciones, porque no respeta lo que yo valoro.

Los valores deberían ser la base de
nuestras asociaciones clave con otros.

---

8. *Los valores dan forma a entidades corporativas*

Las normas sociales y el ambiente de una entidad corporativa quedan establecidos por los valores de sus líderes y los valores compartidos de sus miembros, creando así una cultura corporativa. En un capítulo posterior hablaremos del papel que desempeñan los valores centrales con respecto a un negocio, una organización, una nación o cualquier otro grupo.

9. *Los valores se manifiestan en la vida corporativa o pública*

Los valores de la persona finalmente quedarán revelados por el modo en que se conduce, y la manera en que trata a los demás, dentro del grupo del cual forma parte. Por ejemplo, si uno de sus valores es honrar los propósitos y talentos inherentes de otras personas, no murmurará acerca de otros o intentará minar su éxito. Si otro de sus valores es respetar la propiedad ajena, no robará a su empresa, sus compañeros de trabajo o sus conciudadanos. Y si otro de sus valores es estimar la cualidad de la honestidad, no mentirá a los demás ni exagerará los hechos de un asunto para su propio beneficio.

Cómo funcionan los valores en nuestras propias vidas

Todos los verdaderos líderes se adhieren a un sistema de valores mediante el cual consideran opciones para la conducta, toman decisiones y emprenden la acción. Un líder de carácter es identificado por los valores positivos que considera dignos, y mediante los cuales ha decidido vivir. Para que los valores positivos marquen una diferencia en su vida y su liderazgo, debe usted progresar por los siguientes pasos:

1. Identifique sus valores

Piense con detenimiento lo que verdaderamente valora y después exprese sus valores por escrito. Escribir las ideas y las conductas que usted tiene en alta estima le ayudará a identificarlos y aclararlos. Además, si sus valores están registrados en forma escrita, puede situarlos en un lugar accesible (como una carpeta en su escritorio o una carpeta en su computadora), de modo que pueda referirse a ellos continuamente a medida que ejerce su liderazgo.

Tenga en mente que identificar y expresar sus valores no se logra normalmente de una sola sentada. Requiere una cuidadosa evaluación de su propósito, sus convicciones y su visión para el futuro. Y a medida que llega a entender cada vez más su propósito y talentos inherentes, debería refinar la declaración escrita de sus valores.

2. Crea en sus valores

Los valores no son ideales a los cuales un líder da un mero asentimiento mental, porque son una parte indispensable de su capacidad para vivir una vida de propósito y carácter. Por lo tanto, debería usted abrazar valores en los que pueda creer verdaderamente y en los que tenga confianza; los que afirma y por los cuales desea vivir.

3. Reciba sus valores

Un líder cree en sus valores hasta el punto de que los "recibe". Eso es lo mismo que decir que los interioriza, de modo que puedan convertirse en una parte vital de quién es él o ella. Usted recibe sus valores al repasarlos con frecuencia, pensar en ellos y afirmar el lugar que ocupan en su vida. Como dijo el rey Salomón: "Porque cual es su pensamiento en su corazón [mente subconsciente], tal es él".

4. Practique sus valores

Como un resultado de los pasos anteriores, el verdadero líder se *adhiere a* sus valores. Se convierten en sus parámetros, o marco, para la vida. Una persona de carácter mide todo según esos parámetros. Por ejemplo, si alguien le pide que haga algo o participe en una causa, evaluará si hacerlo estaría en consonancia con su propósito y sus valores. Si no es así, declinará la oferta.

Como líder, usted no sólo debe creer e interiorizar sus valores, sino también ponerlos en práctica, si quiere que guíen su vida. Tome tiempo periódicamente para evaluar si está viviendo de acuerdo a los valores que afirma.

5. Comparta sus valores

Un líder debe ser capaz de compartir sus valores con otros en la entidad corporativa de la cual es parte, ya sea una familia, un negocio, una organización, una nación u otro grupo. Recuerde que una visión personal puede cumplirse solamente en conjunción con las visiones de otras personas a medida que comparten un propósito común. De modo similar, los valores corporativos son eficaces solamente cuando se convierten en los valores personales de todos los miembros. Cada miembro de una organización necesita estar en un acuerdo general con los valores corporativos. Hablaremos de este punto con más profundidad en un capítulo posterior.

Por lo tanto, si es usted el líder que establece una visión corporativa, debería recordar con frecuencia a las personas lo que es valioso para la comunidad y lo que es valioso para usted personalmente. Esos valores no deberían ser un secreto para todos los que están implicados. Los valores no sólo han de ser escuchados sino también "vistos"; en otras palabras, demostrados, especialmente por usted.

Si estudia la vida de Jesús de Nazaret, observará que Él reafirmaba continuamente sus valores a sus discípulos y a las multitudes que acudían a oírle hablar; valores con respecto a la vida humana y la dignidad humana; valores acerca de lo que Él consideraba de gran importancia. Él dijo cosas como: "Buscad primeramente el reino de Dios y su justicia".[3] Al utilizar la palabra "primeramente", estaba indicando prioridad. El reino de Dios, o la influencia del cielo sobre la tierra, era lo que Él valoraba por encima de todo lo demás. Él creía que el reino de Dios produciría la restauración de los seres humanos y el restablecimiento de la dignidad de cada vida humana.

Un líder debe recordar con frecuencia a sus seguidores lo que es valioso para la comunidad y para él personalmente.

6. Permita que sus valores motiven y regulen su conducta y sus políticas

El marco de valores de un líder se convierte en su medida no sólo de *si* hará algo sino también de *cómo* se conducirá él mismo mientras lo hace. Independientemente de cuáles puedan ser nuestros valores, dirigen nuestra conducta y nuestras políticas, tanto privadas como públicas.

Hoy día, muchos líderes carecen de un marco para evaluar la idoneidad y las consecuencias de su conducta y sus políticas. Ya que los valores crean carácter, un líder que no tenga valores fuertes y positivos será vulnerable a caer éticamente y producir políticas erróneas. Sin embargo, un líder que haya establecido fuertes valores para sí mismo ejercerá un liderazgo que sea éticamente sano, al igual que inspirador.

Un compromiso personal con creencias y valores

Consideremos de nuevo el caso de Mahatma Gandhi. Él desafió las poderosas y bien establecidas políticas del Imperio Británico, mediante las cuales habían convertido India en su territorio colonial, y finalmente posibilitó que India se convirtiera en una nación independiente, libre del gobierno británico. Gandhi sostenía ciertos valores que se negaba a abandonar —incluyendo su compromiso a la igualdad de todas las personas y una política de no violencia— a pesar de una gran presión a ceder, al igual que otras presiones y demandas. Él no estaba motivado por la aprobación que otras personas dieran de él, y estuvo dispuesto a sacrificar su vida por sus creencias.

¿Sabe cuando comenzó la lucha por la igualdad de Gandhi? Él nació y se crió en India, y estudió derecho en Gran Bretaña. Después, viajó a Sudáfrica para trabajar como abogado. Cuando llegó, compró un billete de tren en primera clase, se subió a un tren y se sentó en su cabina.

El siguiente es un relato parafraseado de lo que ocurrió después. Cuando llegó el revisor para comprobar los billetes de los pasajeros, miró a Gandhi y preguntó: "¿Qué está haciendo usted aquí?". Gandhi respondió: "¿Qué quiere decir? Pagué para sentarme aquí". El revisor dijo: "No, no puede usted sentarse aquí". Cuando él preguntó por qué, el hombre respondió: "Porque personas como usted no deben sentarse en primera clase". Él protestó: "Pero yo tengo un billete en primera clase". "No importa lo que usted tenga", le dijeron. "No debe usted sentarse aquí. En Sudáfrica, la primera clase es solamente para personas de raza blanca".

En realidad, el revisor estaba diciendo: "No le valoramos como igual a nosotros". Era un problema de valores. Cuando Gandhi se negó a irse, el revisor llamó a seguridad. Sacaron a Gandhi del asiento que él había pagado, y le arrastraron hasta bajarlo del tren.

Esa negación de un valor que él atesoraba fue el comienzo del viaje de Gandhi hacia llegar a ser un líder inspirador que efectuó un gran cambio mediante el poder moral de sus creencias y convicciones. Repito: es difícil encontrar líderes en nuestro tiempo que se nieguen a renunciar a sus valores ante la presión a ceder.

Hoy día, muchas personas abandonan sus valores porque quieren caer bien a la gente o porque tienen temor a la recriminación o incluso al daño físico. Somos muy "conscientes de la seguridad"; no queremos molestar a nadie, y no queremos tener que sacrificar nuestro tiempo, nuestros placeres temporales, o la reputación que creemos tener. Como consecuencia, aceptamos circunstancias y políticas con las que estamos en desacuerdo. Nos quejamos, pero no actuamos; como resultado, somos de poca utilidad para nuestra generación.

El liderazgo no se trata de comodidad. Se trata de incomodidad: incomodidad con un status quo ineficaz, incompleto o injusto, y con las propias tendencias de la persona hacia la comodidad y la complacencia. Recuerde que cualquier cosa a la que nos acomodemos, terminaremos aceptándola o siendo destruidos por ella.

Los verdaderos líderes tienen un compromiso personal con sus creencias y valores, y por eso están dispuestos a actuar cuando ven que son violados esas creencias y valores. ¿Recuerda las citas de Abraham Lincoln y Nelson Mandela en el capítulo 2, en las cuales ellos declaraban que estaban dispuestos a morir por sus creencias? Tristemente, muchos de nosotros ni siquiera estaríamos dispuestos a levantarnos un poco más temprano en la mañana para seguir lo que decimos que creemos y lo que queremos lograr, y mucho menos a morir por ello.

El liderazgo no se trata de comodidad sino de incomodidad con nuestro deseo de comodidad y complacencia.

Pregúntese con sinceridad: "¿Cuál es la motivación más fuerte en mi vida y mi liderazgo en este momento?". ¿Es quizá la fama o el estatus? ¿Qué valora usted más que sus convicciones? ¿Es el dinero? Permítanme asegurarle que sería mucho mejor para usted comer una rebanada de pan con sus convicciones éticas intactas que comerse un jugoso filete con concesiones. Mucho después de que ese filete haya sido olvidado, usted seguiría recordando la rebanada de pan que se comió porque se mantuvo firme en lo que creía.

La vida es breve; ¡bien podría usted vivir por algo valioso!

¿Qué valores sobre el liderazgo hemos aceptado?

En el capítulo anterior hablamos de filosofías tradicionales que han contribuido a los conceptos de liderazgo que muchas personas tienen hoy día. Para resumir, fueron (1) la teoría de "rasgo de nacimiento", (2) la teoría de "escogido por los dioses", (3) la teoría de la "personalidad carismática", y (4) la teoría de los "factores externos": que los líderes nacen principalmente mediante la educación o al tratar ciertas situaciones con criterios y estímulos específicos.

Ahora examinaremos tres valores que nuestra cultura ha adoptado con respecto al liderazgo, como resultado de nuestra aceptación de esas filosofías tradicionales. De modo consciente o subconsciente, con frecuencia consideramos los siguientes valores de liderazgo de mayor importancia que el carácter y los elementos del carácter.

1. Valoramos talento por encima del carácter

Muchas personas regularmente sitúan su confianza en los talentos del líder, por encima de todas las demás consideraciones. Para entender las implicaciones de este valor mal situado, vamos a aclarar la diferencia entre talento y carácter.

+ Talento son los dones y capacidades inherentes de la persona, al igual que sus capacidades, conocimiento y experiencia.

+ Carácter es la sumisión personal de la persona a la disciplina de adherirse a principios que protegen sus talentos y dones.

Como hemos discutido, cada ser humano nace con un don o conjunto de dones únicos. Obtenemos capacidades, conocimiento y experiencia adicionales a medida que utilizamos los dones y nos relacionamos con el mundo, pero los dones en sí mismos son innatos. Como contraste, no nacemos con carácter. La personalidad de algunas personas puede que incluya una inclinación natural hacia ciertos atributos positivos, como la paciencia; pero el carácter debe ser valorado y desarrollado de modo intencional.

Impresionados por el glamur

Con demasiada frecuencia nos permitimos llegar a estar tan impresionados con el talento de una persona que decidimos pasar por alto sus fallos de carácter cuando hacemos una inversión en esa persona como líder. Debemos aprender a no impresionarnos por el talento espectacular. Podemos disfrutar y agradecer los talentos de otra persona, pero no deberíamos esperar que su talento sea un reflejo de la persona total.

Parece haber ciertas celebridades y políticos que siguen recibiendo la aprobación y el favor del público, a pesar de lo indigna que sea su conducta. En tales momentos, por lo general hay varias razones para ese apoyo continuado. Por ejemplo, en el caso de un político, una razón probable serían los fuertes vínculos de la gente con un partido político en particular. Sin embargo, vivimos en una cultura tan enamorada de las personas famosas que el público con frecuencia escoge pasar por alto sus defectos de carácter, aunque hacerlo es éticamente poco sano tanto para ellos mismos como para la sociedad.

Desgraciadamente, cuando pasamos por alto el asunto del carácter, con frecuencia reforzamos en las mentes de esos líderes la percepción de que nunca se les pedirá responsabilidad por sus acciones o por los malos ejemplos que están estableciendo. Esos líderes ven que la mayoría de personas se interesan solamente por su talento o su aspecto, y no se preocupan de si tienen normas morales. De este modo, el público les alienta a descartar el desarrollo de su carácter, y puede que incluso contribuya a su posterior caída.

Un público veleidoso

Por otro lado, los líderes deberían entender que el público puede ser a veces muy veleidoso acerca de a quién admira. Ciertos individuos podrían ser talentosos, famosos y ricos, pero cuando sus defectos de carácter salen a la luz, pueden instantáneamente perder popularidad y favor. De repente, la gente ya no quiere pagarles dinero para que ejerciten sus talentos, o votar por ellos para cargos públicos, o comprar entradas para ser entretenidos por ellos. ¿Por qué? La gente se siente traicionada cuando se da cuenta de que la vida privada de la persona talentosa no se correspondía con su persona pública. La gente con frecuencia se siente asombrada y engañada cuando se producen tales revelaciones, porque han hecho un énfasis excesivo en el valor del talento, el carisma y el glamur de la persona. Creen erróneamente que las personas que tienen esas cualidades deberían también tener carácter automáticamente.

Es más importante ser fiel que ser famoso.

Algunas personas adoptan la postura de que la vida pública de una persona no está relacionada con su vida privada (con frecuencia porque no piensan con suficiente detenimiento su postura). Exploraremos los problemas de esta postura en un capítulo posterior. Por ahora, deberíamos recordar que el carácter es quiénes somos cuando no hay nadie observando. Si usted quiere marcar un impacto en el mundo con sus dones de liderazgo, es esencial que apuntale sus dones con un fuerte carácter que pueda manejar las presiones y las tentaciones de la vida.

Talento sin carácter

Una persona que tenga talento pero carezca de carácter puede ser inestable y poco confiable. Algunas personas tienen capacidad, pero no tienen "disponibilidad". Son talentosas, pero no se puede contar con que aporten su talento regularmente. No hay nada más frustrante para personas que están participando en una empresa conjunta —como un negocio, un equipo deportivo profesional, un equipo de rodaje, una organización civil o un grupo de estudio universitario— que tratar con alguien que tiene mucho talento pero no se puede confiar en él. No se puede predecir si la persona estará presente en los momentos designados para desempeñar sus responsabilidades. Si esa persona no aparece, su empresa puede verse en peligro.

Talento sin carácter es como una estrella fugaz, que brilla con fuerza durante un momento pero después ya no está. A veces, pasan a la escena pública personas que tienen un intelecto brillante, una personalidad centelleante o un aspecto muy bueno. Parecen tener todos los ingredientes correctos para el éxito, pero entonces, algún tiempo después —pueden ser dos semanas, un año o varios años— parecen desaparecer de la vista, y nos preguntamos dónde se fueron. Descubrimos que rápidamente se "quemaron" debido a un problema de carácter que destruyó su reputación y su potencial.

Como contraste, el carácter es como el sol: brilla regularmente y es confiable. En la noche, el sol ilumina otra región del mundo aunque no podamos verlo. En días en que tenemos cielos nublados o llueve con fuerza, el sol sigue brillando desde su posición regular en el sistema solar. Las personas con carácter tienen estas cualidades de regularidad y confiabilidad y, como consecuencia, tienen un efecto positivo en las vidas de quienes les rodean.

Distraído y descarrilado

Cuando los líderes se enfocan únicamente en su talento, ignorando problemas de carácter, eso puede hacer descarrilar su propósito y distraer a otras personas de asuntos de verdadera importancia. La mayoría de personas reconocen que el expresidente de E.U. Bill Clinton era un buen administrador y un estupendo comunicador. Ya sea que estén de acuerdo o no con sus políticas, reconocen sus capacidades de liderazgo. Dos de sus logros fueron equilibrar el presupuesto federal y reducir la deuda nacional.

Clinton era el hombre más influyente de la tierra; un jugador en la escena mundial. Tiene una buena educación y también talento y capacidades. Yo me he reunido con él en varias ocasiones. Si se encontrase usted en su presencia, quedaría desarmado porque él tiene un potente carisma. Creo que si alguien que le aborreciera hablarse con él durante tres minutos, terminaría cayéndole bien.

Sin embargo, mientras Clinton era presidente, su fallo de carácter hizo que la gente perdiese el respeto por él como líder y le produjo ridículo. Incluso pudo haberle costado su posición. No sólo tuvo relaciones sexuales con una interna de la Casa Blanca, sino que también mintió al respecto bajo juramento, lo cual condujo a su impugnación por la Cámara de Representantes. La credibilidad del hombre más poderoso del mundo quedó muy dañada por su implicación con una joven interna. Debido a la conmoción en el Congreso y entre el público debido a su vida personal, al igual que la consiguiente histeria en los medios de comunicación, algunas de las políticas y los planes de Clinton se vieron obstaculizados, y él y el país fueron distraídos innecesariamente de metas y preocupaciones nacionales.

Según mi opinión, Clinton sucumbió a uno de los mayores peligros del poder y el éxito en el liderazgo; en esencia, él creyó que estaba por encima de su propio carácter. Estaba en tal posición de poder y autoridad que pensó que sus indiscreciones quedarían escudadas de salir a la luz y protegidas de cualquier consecuencia. Aquello fue un gran engaño personal. Él no entendió que estaba solamente tan seguro como su carácter, y que proteger su carácter debería haber sido una de sus principales prioridades.

Debido a que permitió que su fallo de carácter le controlase, a pesar del mucho tiempo que pase, y a pesar de qué otros logros alcance, las personas siempre recordarán el escándalo que se produjo durante su presidencia. Su defecto de carácter y sus secuelas son parte de su legado permanente. Eso es lo que sucede cuando valoramos el talento por encima del carácter.

¿Cómo le gustaría ser recordado?

2. Valoramos la reputación por encima del carácter

Otro falso valor que hemos interiorizado es que una buena reputación es más importante que tener un genuino buen carácter. Hemos hecho de nuestra imagen pública una prioridad mayor que ser responsables corporativamente o personalmente y, al hacerlo, no hemos reconocido la necesidad crítica de salvaguardar nuestra integridad.

Examinemos las diferencias entre reputación y carácter:

+   Reputación es lo que otros piensan de usted. Carácter es la verdad acerca de usted.

+   Reputación es quién es usted en público. Carácter es quién es usted en privado.

Cada uno de nosotros tiene una reputación; es la percepción que otras personas tienen de nosotros. Las personas con frecuencia "venden" un cuadro mejorado de ellas mismas a los demás; promocionan una imagen pública que no representa quiénes son verdaderamente. Entonces, a veces comienzan a creer la invención en lugar de crear la realidad. Es éticamente peligroso llegar a estar más preocupados por lo que otros piensan de nosotros que por lo que sabemos que es verdad sobre nosotros mismos.

La mera reputación no tiene capacidad de sostenerle, porque no está basada en la realidad. Nunca deberíamos confiar en nuestra reputación, porque tiene la capacidad de engañarnos.

Debemos evitar también fomentar una falsa imagen de nosotros mismos, porque la vida tiene su manera de sacar a la luz finalmente nuestro yo privado a la escena pública. Quien sea usted verdaderamente se manifestará en algún lugar a lo largo del viaje de su vida, y puede destruir la imagen de "usted" que otras personas han creído. Por lo tanto, asegúrese de que no le importará si quien es usted en privado sale a la luz pública. Finalmente, recuerde lo siguiente: casi nadie es capaz de morir con su intimidad intacta.

Los líderes no deberían buscar proteger su reputación; deberían buscar proteger su carácter.

La reputación no es algo que tenga usted que perseguir; será un subproducto de su carácter. Las personas le respetarán por su carácter, de modo que nunca tiene que esforzarse por mantener o proteger su reputación. Si su meta es defender su reputación, se alejará de las consideraciones éticas. Repito: lo mejor es enfocarse en mantener su carácter y proteger su integridad. Cuanto más desarrolle su carácter, menos preocupado estará por su reputación.

3. Valoramos la posición más que el carácter

Un tercer valor erróneo que hemos aceptado es que la posición es más importante que el carácter; específicamente, nuestra disposición. Con *disposición* me refiero a la naturaleza y el aspecto de la persona, incluyendo su sentimiento de propósito y el concepto que tiene de sí misma. Como hemos dicho, la posición, el rango o el estatus del individuo en una organización no se iguala automáticamente al liderazgo genuino. Muchas personas están más interesadas en buscar una posición elevada en el gobierno, los negocios o el sector de la beneficencia que en tener una disposición honorable. Deciden enfocarse en el estatus externo en lugar de hacerlo en la calidad de su vida interior. Yo prefiero mucho más entender lo que motiva a una persona que escuchar cuál es su último título, porque su título realmente me dice muy poco acerca de la persona.

La definición que da un diccionario de *disposición* es "la tendencia de algo a actuar en cierta manera bajo circunstancias dadas". Esa es una buena descripción también del carácter, una que veremos más de cerca en un capítulo posterior. Cuando conocemos el verdadero carácter de alguien, por lo general podemos predecir lo que hará esa persona en una situación dada. Ese es un conocimiento vital acerca de un líder o un líder en potencia.

Por lo tanto, en lugar de buscar una elevada posición en la vida, deberíamos desarrollar una fuerte disposición. Podemos comenzar haciéndonos preguntas como las siguientes:

+ ¿He dado más valor a mi estatus o título que a mi carácter?

+ ¿Qué percepciones tengo sobre mí mismo, otras personas y el mundo? ¿Están en consonancia con mi propósito? ¿Reflejan los valores que afirmo tener?

+ ¿Cuál es mi verdadera naturaleza, aparte de mi reputación?

+ ¿Qué valores rehusaré negar porque hacerlo violaría mis ideales y mi ética?

Vivir vidas dirigidas por valores

Como resultado de las falsas ideas sobre el liderazgo que nuestra cultura ha aceptado, también nosotros hemos dado rápidamente papeles de liderazgo y responsabilidad a personas sin tener en cuenta las consecuencias de que resulten ser líderes sin principios. Por ejemplo, cuando buscamos a alguien para dirigir una organización, por lo general escogemos a alguien solamente sobre la base de su experiencia y su conocimiento. (Cuando reconocemos que somos competentes en un área concreta, con frecuencia creemos que ese hecho, por sí mismo, ¡nos califica también para el liderazgo!). Cuando votamos por alguien para un cargo político, frecuentemente escogemos a alguien sencillamente porque es muy conocido, se habla bien de él o es físicamente atractivo. Sin embargo, el enfocarnos exclusivamente en esos valores, en lugar de considerar seriamente el carácter de las personas, nos ha causado a nosotros y al mundo un gran perjuicio. Inevitablemente, ha desempeñado un papel en los escándalos éticos y morales que estamos viendo entre nuestro liderazgo.

Como líderes, tenemos una responsabilidad de vivir con la máxima integridad. Nuestras convicciones deben permanecer intactas, independientemente de lo mucho que seamos tentados a poner en un compromiso nuestra honestidad o ceder a nuestros apetitos físicos. Debemos recordar que las personas nos están mirando y están poniendo su fe en nosotros. Por causa de nuestro liderazgo, debemos esforzarnos por vivir vidas responsables y basadas en fuertes valores. Podemos hacerlo a medida que identificamos, creemos, recibimos, practicamos y compartimos nuestros valores, y a medida que permitimos que ellos nos motiven y regulen nuestra conducta y nuestras políticas.

5

Cómo se desarrolla el carácter, parte III: A lo que servimos

"Porque donde esté vuestro tesoro,
allí estará también vuestro corazón".[1]
—Jesús de Nazaret

Hemos estado explorando el proceso del desarrollo del carácter, al cual también podríamos referirnos como nuestro "viaje filosófico": el modo en que nuestras creencias, convicciones y valores se desarrollan, al igual que hacia dónde nos llevan en la vida. Cuando formulamos nuestros valores, los traducimos a normas morales personales, o principios, que expresan de qué manera nos comprometeremos a vivir. La combinación de nuestros valores comprende nuestro punto de vista personal, del cual se deriva nuestra moralidad.

Normas morales, o principios

Una definición que da el diccionario de *moral* es "de o relativo a principios de bueno y malo en la conducta". *Principio* puede definirse como "una ley, doctrina o suposición global y fundamental". Las normas morales, por lo tanto, tienen que ver con nuestras creencias acerca de la conducta buena y mala, basadas en las suposiciones o leyes fundamentales que hemos adoptado.

Los verdaderos líderes estiman las normas morales honradas por el tiempo. Muchos líderes contemporáneos puede que reconozcan normas morales, pero no las estiman; no las tienen en alta consideración. ¿Cuántos líderes se preguntan verdaderamente: "¿Es moral esta decisión u oportunidad que se me abre?" o "¿Es ético esto que estoy a punto de hacer?"?

Desgraciadamente, los conceptos que tienen las personas de "bien" y "mal" se han vuelto más difusos hoy día, contribuyendo a la crisis ética entre nuestros líderes. Sin embargo, como veremos en el capítulo 7, esta confusión con frecuencia se produce como una respuesta mental o emocional, más que como una respuesta desde lo profundo del ser interior de la persona: el asiento de su conciencia, el cual responde a los absolutos morales.

Debemos hacer un compromiso a seguir principios honorables. Los líderes de carácter viven por normas, y no por intereses. Muchas personas hoy día están bajo una gran presión para ser interesadas: para servir a las necesidades o demandas de una situación o momento dados, en lugar de servir a su propósito único en la vida y hacerlo según normas morales. Según mi punto de vista, lo que denominamos "corrección política" es con frecuencia una forma contemporánea de interés que conduce a las personas a poner en un compromiso sus valores.

Los líderes de carácter viven por normas, y no por interés.

Los líderes son individuos que viven por un conjunto de principios en los que no harán concesiones, incluso por causa del interés. Son capaces de hacer eso porque han declarado la independencia de las expectativas de los demás. Están más interesados en manifestar su verdadero yo que en "demostrar lo que valen" a los demás. A este respecto, podríamos referirnos al compromiso del líder con principios honrados por el tiempo como la "corrección ética". Esa debería ser la norma para los líderes del siglo XXI.

Las normas morales vienen del interior

Jesús de Nazaret dijo:

> ¿No entendéis que todo lo que entra en la boca va al vientre, y es echado en la letrina? Pero lo que sale de la boca, del corazón sale; y esto contamina al hombre. Porque del corazón salen los malos pensamientos, los homicidios, los adulterios, las fornicaciones, los hurtos, los falsos testimonios, las blasfemias.[2]

Las acciones inmorales comienzan en el corazón, o la mente subconsciente. Por ejemplo, los individuos con frecuencia practican mentiras antes de decirlas. Las personas por lo general premeditan el robo, la mentira, el adulterio o la participación en otras conductas poco éticas. Entonces, esperan una oportunidad para hacerlo, y cuando surge la aprovechan. Algunas personas puede que no estén "esperando" concretamente una oportunidad; sin embargo, han imaginado el acto en su mente, y eso debilita su fuerza de voluntad. Como consecuencia, cuando se presenta la oportunidad tienen muchas más probabilidades de sucumbir, y realmente lo hacen.

En este sentido, un ladrón era un ladrón antes de robar nada; un mentiroso era un mentiroso antes de decir algo incierto. Todo lo que hace una persona es ensayado antes de ser manifestado, porque proviene de los valores centrales y la moralidad que esa persona ha construido para sí misma.

Las normas morales son decisiones personales

Ser intencionales acerca de las normas morales por las cuales viviremos siempre implica tomar *decisiones personales*. Las normas no son solamente principios que pensamos que son "buenas ideas" que haríamos bien en seguir. ¿Por qué? Porque podemos vivir toda nuestra vida pensando que algo es una buena idea, pero nunca seguirlo. Por lo tanto, las normas morales no son sólo lo que afirmamos intelectualmente que es correcto y beneficioso; son principios que hemos decidido activamente seguir.

Nuestras creencias determinan nuestras acciones a medida que llegan a ser nuestras normas para la vida. Cualquier cosa en la que creamos verdaderamente, a eso serviremos. Este es un punto crucial que cada uno de nosotros necesita apropiarse: debemos determinar de antemano a lo que serviremos. Si no lo hacemos, permitiremos que nuestros impulsos, nuestras circunstancias o las opiniones de otras personas nos controlen. Nunca cumpliremos nuestro propósito de liderazgo y nuestras convicciones si no hemos decidido ya servir a los valores y normas morales que estén de acuerdo con ellos y mediante los cuales pueden lograrse.

Es fácil para los líderes quedar atrapados en la trampa de mantener un doble estándar: no seguir los principios que ellos requieren o esperar que otros los sigan. Por ejemplo, si los padres quieren ejercer un liderazgo moral en sus hogares, deben establecer un ejemplo para sus hijos. Muchos jóvenes en la actualidad están frustrados porque sus padres esperan que se comporten según principios éticos a la vez que los padres mismos participan en una conducta poco ética e inmoral: competencia desleal, murmuración, mentira, engaño, consumo de alcohol, y cosas similares. Entonces los padres se preguntan por qué, por ejemplo, su hija se queda embarazada a los trece años de edad, o su hijo es arrestado por conducir borracho a los diecisiete años de edad. Ellos intentan corregir a sus hijos, cuando ellos mismos han permitido que los hijos lleguen a corromperse porque no les han enseñado en valores ni han establecido un claro ejemplo de lo que significa ser un líder ético.

El liderazgo moral no siempre requiere muchas palabras. Un líder honesto puede entrar en una sala llena de personas y cambiar todo el ambiente únicamente al estar allí. El carácter tiene una atmósfera que le acompaña. Por eso he dicho que el carácter, o la fuerza moral, es la clave para el liderazgo inspirador. Cuando usted tiene fuerza moral, inevitablemente inspirará a las personas. Y esa fuerza moral proviene de sus convicciones, las cuales se traducen en valores y normas morales que establecen un ejemplo para los demás.

Un líder honesto puede entrar en una sala llena de personas y cambiar todo el ambiente únicamente al estar allí.

Ejemplos de normas morales personales

¿Cómo puede establecer normas morales para usted mismo? Después de haber desarrollado una declaración de sus valores por escrito, también debería escribir sus principios personales para la vida. En el capítulo anterior hablamos del ejemplo de una persona que valore la institución del matrimonio. A continuación tenemos cómo ese valor personal podría traducirse en una norma moral escrita para alguien que esté casado: "Yo valoro la institución del matrimonio, y por eso mi correspondiente norma moral personal, o principio para vivir, es que seré fiel, y permaneceré fiel, a mi cónyuge".

También utilizamos el ejemplo de estimar la cualidad de la honestidad. A continuación tenemos cómo ese valor podría traducirse en una norma moral para una persona de negocios: "Yo estimo la cualidad de la honestidad; por lo tanto, mi correspondiente convicción moral, o principio, es que siempre diré la verdad a mis clientes y nunca les cobraré en exceso o les facturaré por servicios que no se realizaron".

Aquí está otro ejemplo con respecto a un individuo que valora los beneficios de tener un cuerpo físico fuerte y sano: "Yo valoro tener un cuerpo fuerte que me capacite para vivir más tiempo, ser más productivo y disfrutar mejor de la vida. Mi correspondiente convicción moral, o principio, es que mantendré un cuerpo en buena forma al comer regularmente comidas saludables y hacer ejercicio, y al no abusar del alcohol, las drogas u otras sustancias adictivas".

Disciplina

Cuando hemos determinado nuestras normas morales, las hemos escrito y las hemos declarado a otros, ¿qué es necesario para mantenerlas? Exploraremos este tema con mayor profundidad en un capítulo posterior sobre cómo el carácter es probado; pero primero, ser intencionales acerca de nuestro carácter —seguir nuestras normas establecidas— requiere ejercitar disciplina personal. Si tenemos convicciones genuinas, seremos motivados a disciplinarnos a nosotros mismos con el propósito de permanecer en consonancia con esas convicciones.

Establecer prioridades y tomar decisiones

Al igual que las normas morales comienzan con nuestro pensamiento, la disciplina comienza con nuestra mente. Ser disciplinado implica establecer prioridades para uno mismo que determinan las decisiones y dirigen la conducta. Dos definiciones del diccionario para *disciplina* son "una regla o sistema de reglas que gobiernan la conducta o la actividad", o "conducta o patrón de conducta ordenado o prescrito". Cuando tiene usted una "norma" que gobierna su actividad, o cuando tiene una conducta "prescrita" para usted mismo, significa que previamente ha tomado algunas decisiones que ha decidido que guiarán sus actividades y su conducta.

Las prioridades son la clave para una toma de decisiones eficaz. Debe identificar las prioridades con respecto a lograr su visión y establecer los principios por los cuales dirigirá toda su vida, incluyendo cómo empleará su tiempo y su dinero. Establecer prioridades sitúa límites útiles en sus decisiones, límites que le capacitarán para llegar a ser el líder que debía usted ser. En primer lugar, determina lo que es beneficioso para usted, y después ordena su vida de maneras que le formen y le preparen, y contribuyan al cumplimiento de su propósito.

Parámetros autoimpuestos

La clave para ser disciplinado es establecer parámetros autoimpuestos para su vida con respecto a sus normas morales y a sus actividades diarias: lo que aceptará y no aceptará para usted mismo, y aquello en lo que participará y no participará. ¿Son las actividades en las que actualmente participa beneficiosas para su propósito de liderazgo y su visión? Las decisiones que debemos tomar no están siempre entre lo que es bueno y lo que es malo. A veces están entre lo que es "bueno" y lo que es "mejor" o "lo mejor". Establecer prioridades le protege de intentar hacerlo todo. Evita que emplee demasiado tiempo en empresas secundarias.

A menos que establezca normas morales y prioridades para usted mismo, no tendrá verdaderos límites beneficiosos en su vida. Por lo tanto, hágase preguntas como las siguientes:

+ ¿En qué estoy empleando mis energías?

+ ¿En qué estoy empleando mi dinero? ¿Dónde estoy invirtiendo mis finanzas?

+ ¿Con qué estoy alimentando mi mente y mi corazón (programas de televisión, películas, libros, música, páginas Web) como dieta regular? ¿Está lo que estoy viendo, leyendo o escuchando ayudándome u obstaculizándome en la búsqueda de mi propósito y visión? (Todos los anteriores tipos de recursos son neutrales en valor; el modo en que sean utilizados por otros, y el modo en que prioricemos su uso en nuestras propias vidas, es lo que marca la diferencia desde un punto de vista moral).

+ ¿Qué pasatiempos estoy siguiendo?

+ ¿Qué alimentos u otras sustancias estoy tomando en mi cuerpo?

+ ¿Qué estoy arriesgando mediante mis actitudes y mi conducta?

+ ¿Qué estoy descuidando hacer y que debería estar haciendo?

Ya que la disciplina personal le permitirá mantenerse en consonancia con sus convicciones, las anteriores preguntas le ayudarán a establecer prioridades y tomar buenas decisiones para cómo vivir su vida.

Formarse a usted mismo y establecer el patrón para su vida

Veamos dos definiciones adicionales de *disciplina* que se aplican directamente a nuestro tema: "formación que corrige, moldea o perfecciona las facultades mentales o el carácter moral", y "dominio propio". En el capítulo 1 pregunté: "Si fuese usted juzgado en el tribunal de su creencia, ¿habría evidencia suficiente para condenarle?". Hice esa pregunta porque cuando usted tiene fe en una idea o en una norma moral hasta el punto de estar dispuesto a sacrificarse por ella, entonces podríamos decir que es usted un "condenado" de ella. Su sistema de creencias crea parámetros autoimpuestos para su vida, de modo que usted se aferrará a sus principios.

Una persona de carácter se "controla" a sí misma, ejerciendo dominio propio de acuerdo con sus creencias. Cuando usted tiene convicción genuina, se asegura de no desviarse del sendero que ha escogido. Cuando ha establecido normas fuertes, no permite que sus creencias organicen una "fuga de la cárcel" y se escapen, sin importar cuánto dinero le ofrezca alguien para que ceda en sus convicciones, o sin importar qué otro beneficio a corto plazo podría usted recibir como resultado.

Hay muchos ejemplos de líderes que llegaron a ser "condenados" de sus ideas filosóficas, cuyo sistema de creencias creó sus convicciones, las cuales se convirtieron en la fuente de sus posiciones y su conducta moral. Rick Hodes, un médico estadounidense, fue por primera vez a Etiopía en 1984 como trabajador de ayuda humanitaria para el hambre. Mientras estaba allí, desarrolló la fuerte convicción de que él pertenecía a ese país para servir al pueblo etíope mediante sus capacidades como médico. Se mudó a Etiopía y, muchos años después, sigue comprometido con esa visión. Se dice que Hodes "ha servido a cientos de miles de personas mediante vacunación, planificación familiar, salud comunitaria, apoyo nutricional y su campo de especialidad: deformidades de la columna". También ha adoptado a cinco niños etíopes.[3]

Cuando ha establecido parámetros morales para su vida, no permite que sus creencias organicen una "fuga de la cárcel" y se escapen.

Por lo tanto, como líder, debe usted proteger su moralidad, porque la moralidad produce disciplina con respecto a mantener sus convicciones. Le impulsa a imponer límites sobre usted mismo por causa de un propósito mayor. Cuando usted está comprometido con sus creencias y normas, ninguna otra persona tiene que poner restricciones sobre usted, pues se restringe a usted mismo de aquello que le obstaculizará o le hará daño. Usted entiende que hay propósitos y metas en la vida que son inmensurablemente mayores que los placeres temporales, los objetivos secundarios y las distracciones cotidianas.

Los verdaderos líderes viven una vida muy estrecha con respecto a su propósito. No dejan espacio para mucha pereza; son duros consigo mismos. Pablo de Tarso, el líder del primer siglo, escribió a su audiencia corintia:

¿No saben que en una carrera todos los corredores compiten, pero sólo uno obtiene el premio? Corran, pues, de tal modo que lo obtengan. Todos los deportistas se entrenan con mucha disciplina. Ellos lo hacen para obtener un premio que se echa a perder; nosotros, en cambio, por uno que dura para siempre. Así que yo no corro como quien no tiene meta; no lucho como quien da golpes al aire. Más bien, golpeo mi cuerpo y lo domino, no sea que, después de haber predicado a otros, yo mismo quede descalificado.[4]

Pablo ejercitaba el dominio propio, y alentó a quienes lideraba a que hicieran lo mismo. Él habló de ser intencional acerca de "entrenar con mucha disciplina". Notemos que lo hizo con el propósito de lograr su meta, la cual describió como "el premio". Él sabía que no cumpliría su propósito a menos que disciplinara su vida. Por lo tanto, le aliento a añadir una afirmación de sus prioridades, decisiones y parámetros autoimpuestos a su registro escrito de sus creencias, convicciones, valores y normas morales.

Recuerde que una de las definiciones de *disciplina* es "patrón de conducta prescrito". La disciplina personal en línea con las normas morales se manifiesta en un patrón de conducta ética. De modo similar, la conducta inmoral o poco ética por parte de un individuo —en la cual, por ejemplo, un individuo ignora sus convicciones por causa del placer temporal— es evidencia de falta de disciplina en su vida. Cuando la ausencia de disciplina se convierte en un *patrón* negativo en la vida del líder, está en peligro de consecuencias tales como frustración constante, ineficacia, reveses personales y económicos y fracaso moral. Nuestras normas morales, o principios, no pueden llegar a establecerse en nuestro interior a menos que nos disciplinemos, de modo que se conviertan en un patrón de conducta positivo en nuestras vidas.

Ética

Esto nos conduce a la siguiente etapa del desarrollo del carácter, en la cual nuestra conducta y/o acciones disciplinadas se manifiestan como nuestra ética. Echemos un vistazo a varias definiciones que da el diccionario de *ética*, en las cuales he subrayado ciertas palabras en negrita: "un **conjunto** de principios morales: una teoría o **sistema** de valores morales", "los **principios** de conducta que gobiernan a un individuo o a un grupo", o "una **filosofía que guía**".

En capítulos anteriores hemos hablado de que los líderes establezcan un "código de ética". Un código de ética reúne lo que hemos estado discutiendo en los tres últimos capítulos. Es la síntesis de las creencias, convicciones, valores y normas morales del líder, al igual que las prioridades y decisiones que determinan su disciplina personal. Un código de ética es una filosofía que guía y está claramente delineada, y un sistema de principios morales a los cuales el líder se compromete a fin de ejercitar un liderazgo eficaz y ético.

La experiencia del individuo del ejercicio del liderazgo será mucho más fácil, y mucho más satisfactoria, si establece fuertes creencias y convicciones, y determina sus valores, normas morales y prioridades al comienzo del proceso de su desarrollo de liderazgo. Sin embargo, todos nosotros debemos trabajar continuamente para fortalecer las áreas de debilidad ética que haya en nuestras vidas, y desarrollar las cualidades de líderes honestos. Nuestro código de ética es como una brújula, que nos señala la meta hacia la cual avanzamos. Al final, la calidad de nuestro carácter depende de la naturaleza y durabilidad de nuestro código ético.

Nuestro código de ética es la síntesis de nuestras creencias,
convicciones, valores, normas morales, prioridades y disciplina.

El carácter controla el estilo de vida

Por último, la conducta que manifestamos, como resultado de nuestro compromiso a nuestro código de ética (o nuestra falta de tal), define nuestro carácter; y nuestro carácter controla nuestro estilo de vida. Es ahí donde finalmente conduce nuestro viaje filosófico: determina toda la forma y el ámbito de nuestras vidas. En este sentido, podríamos decir que nuestro carácter *es* nuestra vida.

Abordar deficiencias en el desarrollo del carácter

Ahora que hemos explorado el proceso del desarrollo del carácter, hablemos de lo que puede hacerse cuando nos damos cuenta de que hemos permitido que ciertos rasgos de carácter negativo lleguen a estar establecidos en nuestras vidas. Si tenemos defectos en nuestro sistema de creencias (y todos los tenemos), algunas de nuestras convicciones y valores serán erróneos, dando como resultado brechas o fracasos en el curso de nuestro desarrollo personal. Como hemos visto, ninguno de nosotros "recibe" problemas de carácter de otra persona o de otra cosa fuera de nosotros mismos. Proceden de nuestro interior, de nuestro corazón, o mente subconsciente.

Cuando haya identificado fallos de carácter en su vida, debe comenzar inmediatamente a corregirlos. Para identificar la fuente de un fallo de carácter, necesita descubrir dónde se produjo el defecto en el proceso de su desarrollo. Por lo general, esto significa reconstruir áreas de su filosofía, sustituyendo sus creencias y convicciones erróneas por otras sólidas.

Idealmente, los defectos que aparecen durante el proceso del desarrollo de carácter del individuo deberían ser corregidos amorosamente pero con firmeza por parte de sus padres o abuelos, o quizá maestros u otras personas adultas y maduras en su comunidad. Si no se abordan esos defectos, se agrandarán en la vida de la persona, y puede que finalmente se manifiesten como un masivo desastre de carácter. Cuanto antes aprenda la persona a desarrollar intencionalmente fuertes valores, normas morales y disciplina, mejor, por causa de sí mismo y para beneficio de la sociedad.

Como escribí anteriormente, los defectos de carácter del líder frecuentemente se manifestarán cuando se le dé poder, posición y/o riqueza. En cualquier nivel de liderazgo, la mayoría de líderes tienen uno o más de estos recursos, hasta cierto grado. La frase "el poder absoluto corrompe absolutamente" no es totalmente correcta. No es el poder en sí mismo sino algo en el interior de la persona lo que le corrompe y hace que utilice mal su poder y abuse de otras personas.

Si una persona tuviera poder absoluto, podría utilizarlo para ser una bendición para otras personas. Algunos líderes que han tenido un gran poder lo han utilizado con ese propósito. El poder no es un problema a menos que sea utilizado por alguien que carece de carácter. El mismo principio se aplica a la riqueza. No hay nada de malo en el dinero en sí mismo; el problema es el modo en el cual una persona lo maneja y lo controla, lo cual está vinculado a su carácter. Poder, autoridad, posición, dinero, influencia y similares han de ser herramientas que capaciten al líder para lograr un propósito noble, y no para ir tras fines egoístas o deshonrosos.

Una paradoja de fortalezas y debilidades

Mencioné anteriormente que la mayoría de personas tienen ciertos rasgos positivos y ciertos rasgos negativos: fortalezas y debilidades de carácter. La Biblia proporciona algunos estudios de carácter muy interesantes a este respecto. La vida del rey David es una fascinante paradoja que manifiesta fortalezas y debilidades morales por igual. Cuando era joven, David sostenía fuertes convicciones que le elevaron a la mayor posición de liderazgo y le convirtieron en un gran gobernante. Sin embargo, después de recibir poder, se manifestaron ciertos defectos de carácter en el modo en que utilizó ese poder.

Veamos primero un incidente que revela una de las convicciones de David, la cual le condujo a ejercitar un liderazgo ético. David había sido ungido para ser el siguiente rey de Israel. Anteriormente había estado cerca del rey presente, Saúl, pero el rey se había vuelto cada vez más celoso de él y buscaba matarle. David se había visto obligado a huir para salvar su vida.

En cierto momento, las circunstancias le ofrecieron a David una oportunidad de matar a Saúl cuando el rey entró en una cueva, sin darse cuenta de que David y sus hombres estaban escondidos entre las sombras en lo profundo de la cueva. Los hombres de David le instaron a que matase a Saúl, y David se acercó sigilosamente hasta el rey y cortó un trozo de su manto (quizá como símbolo de quitarle el reinado a Saúl). Inmediatamente, David lamentó su acción. La idea de que él incluso hubiera llegado a pensar en matar al rey hizo que le remordiera la conciencia, a pesar del hecho de que Saúl estaba intentando matarle. Eso se debía a que David sostenía una profunda convicción de que Saúl era el "ungido del Señor", y David seguía siendo el súbdito de Saúl.

Cuando Saúl salió de la cueva, David le siguió y le llamó, diciéndole que le había salvado la vida y que no tenía intención de hacerle ningún daño. Citó una vieja frase al rey cuando le explicó: "De los impíos saldrá la impiedad; así que mi mano no será contra ti".[5] Saúl continuó persiguiendo a David, y David tuvo una segunda oportunidad de matarle una noche cuando el rey y sus hombres estaban profundamente dormidos en su campamento. Sin embargo, volvió a salvar la vida de Saúl.

Saúl resultó finalmente muerto en la batalla contra la nación filistea. David entonces se convirtió en rey sobre todo Israel, sin tener que forzar su camino hasta ese puesto, lo cual habría establecido su reinado sobre el fundamento equivocado desde el principio.[6] Para citar un proverbio escrito posteriormente por Salomón, hijo y sucesor de David: "Tales son las sendas de todo el que es dado a la codicia, la cual quita la vida de sus poseedores".[7]

La respuesta de David a Saúl destaca en marcado contraste con la conducta posterior del hijo de David, Absalón, que tenía hambre de poder e intentó derrocar del trono a su padre. Absalón finalmente resultó muerto (contrariamente a las órdenes de David), y David lamentó la pérdida de su hijo.[8]

Ser dado a la codicia quita la vida de sus poseedores.

Debido a sus convicciones y normas morales, David había ejercitado dominio propio a la hora de preservar la vida de Saúl; sin embargo, algún tiempo después de haber sido establecido como rey, puso en un compromiso sus normas morales a causa del placer temporal una tarde cuando se encaprichó de una hermosa mujer. Aunque él sabía que ella estaba casada con uno de sus leales soldados, envió mensajeros para que la llevasen a su palacio, y tuvo relaciones sexuales con ella. Más adelante, cuando ella le envió un mensaje diciendo que estaba embarazada, él organizó las cosas para hacer que su esposo resultase muerto en batalla. Entonces, la llevó al palacio permanentemente como su esposa.[9]

En algún lugar en el camino de su desarrollo de carácter, permitió que se formase un error que se manifestó en adulterio cuando él estuvo en posición de poder organizar todo para permitirlo, y después cometer asesinato para encubrirlo, pensando que sus acciones podrían mantenerse en secreto. Pero finalmente salieron a la luz. Cuando David fue confrontado con respecto a sus actos, los admitió plenamente, reconociendo el sendero que le había llevado a su conducta inmoral. Aunque siguió siendo rey, sufrió consecuencias.[10]

Como vimos anteriormente, se produjo un defecto similar en algún momento durante el viaje filosófico del presidente Clinton que influenció sus valores y dio como resultado un fallo en su carácter. Él no se había comprometido con el principio de que el adulterio es una violación moral, e incluso después, siguió justificando sus acciones poco éticas en su propia mente.

Cuando serpientes que duermen son despertadas

Los defectos de carácter son como serpientes que duermen y que se despiertan y muerden a las personas cuando ellas pasan a posiciones de liderazgo y reciben el boato del poder. Como escribí anteriormente, con frecuencia se produce un fracaso en el carácter cuando una persona está en mitad del éxito. En muchos aspectos, el éxito es la mayor prueba de carácter. Eso se debe a que la mayoría de personas no pueden manejar el éxito: no están preparadas para ello, y su peso se vuelve demasiado pesado para ellas. Como resultado, algún área de su carácter se derrumba. Muchas personas maravillosas y dotadas se han derrumbado bajo el peso del éxito.

Sin embargo, cuando un líder se ha comprometido a un código de ética, le protegerá eliminando "serpientes que duermen". Se convertirá en un continuo recordatorio de su conducta prescrita y parámetros autoimpuestos, en los que él ha decidido permanecer por causa de lograr y preservar su visión.

¡Usted aún no ha terminado!

Los conceptos de estos últimos capítulos, y de todo el libro, son conceptos en los que he pensado e investigado por más de treinta años. Le insto a no tomar a la ligera lo que he escrito, ya que podría salvar su liderazgo y su vida durante los siguientes diez o veinte años. Recuerde que independientemente de lo grande que pueda llega usted a ser como líder, podría perder todo lo que ha obtenido debido a la falta de carácter.

A pesar de lo que ya haya logrado, usted aún no ha terminado. Nunca llegue a quedar impresionado por sus anteriores logros, porque pueden refrenarle a la hora de lograr otros incluso mayores. El mayor enemigo del progreso es su último éxito. Alégrese por él durante unos días, y después siga adelante. Avance hacia nuevas alturas, aferrándose fuerte a sus principios, de modo que su liderazgo no se vea recortado por un fracaso moral o ético.

No pierda su liderazgo en medio de su crecimiento y éxito como líder. Asegúrese de prepararse a usted mismo desarrollándose moralmente y éticamente como ser humano. El éxito es parte del liderazgo, pero debe ser sostenido por el carácter.

6

El papel de los valores en la vida corporativa

"Liderazgo es el uso sabio del poder. Poder es la capacidad de traducir intención en realidad y sostenerla".
—Warren G. Bennis, experto en liderazgo y escritor

Un popular programa de televisión representa lo que sería la vida en el mundo, particularmente en los Estados Unidos, si de repente nos quedásemos sin electricidad; y nadie pudiera volver a encenderla. Aunque el programa de televisión es ficción, el problema que describe es una realidad para muchas personas en ciertas regiones del mundo, incluido el país de Nigeria.

Hace varios años, mientras estaba en un viaje a Nigeria para dar unas conferencias, estaba hablando con un destacado abogado en esa nación que era uno de mis anfitriones. Le dije: "Nigeria es el séptimo mayor productor de petróleo en el mundo, pero la mayoría de nigerianos no tienen electricidad. Dondequiera que voy, la gente usa generadores para obtener electricidad. No hay ninguna red nacional establecida para hacer llegar la electricidad a la gente. Explíqueme eso". Él me dijo: "Bueno, no va a favor de los mejores intereses de los políticos que el pueblo tenga electricidad. Cada vez que hablan de ese tema en el parlamento, votan en contra".

Cuando pregunté por qué los líderes del gobierno votarían en contra de dar a la gente acceso a la electricidad, él respondió: "La mayoría de políticos son dueños de empresas de generadores o de empresas que los preparan o proporcionan combustible para ellos". Debido a que los políticos tenían un interés de negocio en particular, a la mayoría de los ciudadanos de su país se les negaba un recurso clave para sus vidas.

Quizá también usted viva en un país donde la corrupción o la mala gestión está reteniendo recursos o mejoras para su gente. Cuando fui consciente del problema subyacente en Nigeria, supe que no podía abordar el asunto directamente, porque era un síntoma de un problema mayor: una aparente falta de valores entre muchos de los líderes de la nación. Por lo tanto, cuando tuve la oportunidad de hablar con varios de esos líderes, hablé sobre carácter y el modo en que afecta a la vida nacional. Yo sabía que cuando los líderes captan una visión del carácter, comienzan a cambiar sus valores y su conducta. Por consiguiente, sus valores se convierten en sus políticas.

Lentamente, la situación ha comenzado a cambiar en Nigeria. Ha habido esfuerzos para reformar y privatizar la industria eléctrica; pero sigue habiendo muchos retos internos, y ha habido reveses. Se dice que 120 millones de personas en esa nación, o *tres cuartas partes* de la población, siguen sin tener acceso a la electricidad.[1] Pero los líderes siguen trabajando en el problema. Tales asuntos requieren compromiso y perseverancia, al igual que el desarrollo de valores compartidos entre los líderes y los ciudadanos.

Cuando los líderes captan una visión del carácter,
comienzan a cambiar sus valores y su conducta.
Por consiguiente, sus valores se convierten en sus políticas.

Influencia corporativa

Como líder, sea siempre consciente de esta realidad: sus valores personales y principios morales tienen una significativa influencia en aquellos que participan con usted en su esfuerzo corporativo, al igual que en otros que son afectados por sus políticas y su conducta. Utilizo aquí la palabra *corporativo* para referirme a cualquier forma de asociación o esfuerzo conjunto, en cualquier nivel: familias, organizaciones sin ánimo de lucro, iglesias, negocios, comunidades locales, gobiernos de condado o regionales, estados o provincias, naciones, coaliciones de naciones, y otros.

Usted establece el tono para sus seguidores. Su papel de liderazgo y su influencia incluyen algunos o todos los puntos siguientes:

+ Maximizar la visión corporativa.

+ Transformar la cultura corporativa hasta el punto de que sus creencias personales, actitudes, normas y conducta sean adoptados por sus seguidores o electores.

+ Establecer política, o las regulaciones y leyes que gobiernan a sus electores.

+ Determinar la dirección, seguridad y prosperidad del grupo.

+ Establecer normas con respecto a la ética corporativa y los resultados deseados.

+ Efectuar cambios.

Estas son responsabilidades sustanciales, y es esencial saber cómo los valores corporativos que usted establece y fomenta impactarán el ambiente ético y el éxito de su empresa. Además, aunque sea usted un líder en el ámbito de sus propios talentos, es también un miembro de otras entidades corporativas cuyos valores ejercen influencia sobre usted. ¿Es consciente del impacto que tienen sobre usted? Además, ¿qué responsabilidades tiene usted como participante en esos grupos?

Por ejemplo, usted es el ciudadano de una nación. ¿Conoce la visión y los valores de su país? ¿Son sus valores constantes, o cambian? ¿Qué influencia ejercen esos valores sobre usted? ¿Cuáles son sus compromisos con su nación?

Puede que sea también usted un miembro de una organización comunitaria, como un grupo de voluntarios. ¿Es usted consciente de su propósito y sus valores? ¿Podría expresarlos a otra persona? ¿Está de acuerdo con ellos? ¿Cuáles son sus responsabilidades con respecto a ese grupo?

En este capítulo veremos el papel vital que desempeñan los valores en la vida corporativa. También exploraremos cómo aplicar a nuestras situaciones particulares de liderazgo lo que hemos aprendido sobre valores y moralidad en los últimos capítulos, y descubriremos cómo los valores corporativos influencian nuestras propias vidas.

Valores y la vida corporativa

Como escribí en el capítulo 1, los líderes siempre han desempeñado un papel central en la vida humana. Organizaciones, comunidades, sociedades y naciones están fundadas, establecidas y mantenidas por líderes. Las personas miran a los líderes en busca de dirección, y escuchan sus perspectivas. Incluso cuando un líder está equivocado, muchas personas siguen pensando que tiene razón, simplemente porque es un líder. Además, lo que un líder valora, por lo general determina cómo funciona un grupo.

Las entidades corporativas tienen carácter

Cada cuerpo corporativo manifiesta un carácter distintivo, al igual que lo hace cada ser humano. Y, como es el caso con los individuos, ese carácter puede ser positivo o negativo. Todo depende de qué valores sostenga el grupo. Si un individuo lidera un grupo el tiempo suficiente, su carácter finalmente impregnará la comunidad. Como una entidad corporativa es dirigida por su líder/ejecutivo/supervisor/administrador, manifiesta particulares creencias, convicciones, valores y principios morales. También puede manifestar fallos éticos y sus consecuencias, a veces a gran escala. Por ejemplo, la motivación de un negocio para crear sus productos, al igual que el modo en que los crea, están relacionados con sus valores corporativos. Valores, moralidad y ética son claramente importantes en un nivel corporativo, al igual que lo son en la vida de un individuo.

Si un individuo lidera un grupo el tiempo suficiente,
su carácter finalmente impregnará la comunidad.

Los valores corporativos deberían ser intencionales

Los líderes ocupan un papel indispensable en el desarrollo de una cultura corporativa. Cada líder de una empresa común debería ser intencional sobre establecer valores positivos que gobernarán cómo operan los miembros: con honestidad, respeto por los demás, diligencia con la calidad, un compromiso a proporcionar un excelente servicio, deseo de ser productivos, y otros. El buen carácter puede ser desarrollado mediante una formación detallada, pero también puede deteriorarse mediante el descuido. Un líder debería no sólo adoptar personalmente fuertes valores, normas morales, disciplina y un código ético, sino también debería alentar a los miembros del grupo a que lo hagan.

Principios de valores corporativos

En el capítulo 4 definimos valores de esta doble manera:

+ Ideas, principios y cualidades a los cuales usted personalmente asigna un gran valor.

+ Normas o ideales que determinan su conducta o política.

Veamos cómo se aplican esas definiciones en un contexto colectivo al ver varios principios de valores corporativos.

1. Los valores son el fundamento de una entidad corporativa

Los valores corporativos dan forma a las vidas y las experiencias cotidianas de los miembros, a veces de maneras profundas. Estos valores pueden adoptar la forma de (1) valores éticos centrales que se convierten en normas morales y disciplinas; (2) ideas y enfoques específicos a los que la organización asigna un gran valor y en los que ha decidido enfocarse.

Valores éticos centrales

Sabemos que los valores del individuo se derivan de sus creencias y convicciones. De modo similar, los valores de una entidad corporativa se desarrollan a partir de las creencias y convicciones del líder y de los miembros del grupo, los cuales se basan en su propósito. Los valores de un grupo son la fuente de su carácter. Por ejemplo, las leyes de una nación, que reflejan su carácter, deberían derivarse de los valores centrales de su gente; esas leyes deberían entonces ser cumplidas y ejecutadas por sus líderes.

Los valores centrales de una organización son los principios rectores mediante los cuales se compromete a cumplir su visión. El "centro" de una persona o cosa es el lugar del cual emana su energía. Por lo tanto, los valores centrales de una organización, un negocio o un país son su centro de control. Ellos controlan sus asociaciones, normas morales, disciplina y entorno.

Si los ideales y las normas de una entidad corporativa están basados en sólidos principios, minimizarán y contendrán situaciones de corrupción dentro de la organización. Por el contrario, en entidades corporativas sin principios, la corrupción no tendrá freno. En el caso de una nación, si los líderes no valoran la honestidad, la justicia y el respeto por los más débiles entre sus ciudadanos, habrá corrupción y abuso mediante el sistema de gobierno del país.

La Cruz Roja es un ejemplo de una organización cuyos fuertes valores están basados en sus convicciones. Su declaración de misión es "cuidado compasivo de quienes lo necesitan... previniendo y aliviando el sufrimiento, aquí en casa y en todo el mundo". Sostiene la convicción de que vale la pena salvar, proteger y ayudar a toda vida humana. No importa quién sea la persona; si tiene necesidad, la Cruz Roja quiere ayudarle. La organización ha demostrado sus valores, entre otras campañas, al proporcionar asistencia internacional en setenta países y trabajar para "satisfacer las necesidades de las comunidades más vulnerables del mundo".[2]

Los valores centrales de una organización son los principios rectores mediante los cuales se compromete a cumplir su visión.

Ideas y enfoques específicos

Veamos ahora la segunda definición de valores corporativos, en la cual una organización tiene ideas y enfoques específicos que considera de elevado valor, y en los cuales ha decidido enfocarse. Por ejemplo, en el mundo de los negocios, cada compañía refleja características distintivas. Rolls-Royce es único entre los fabricantes de automóviles. Su visión no es sólo producir autos; más bien es crear una "experiencia" de la conducción. Para alcanzar esta visión, la compañía construye cada auto de modo artesanal. "Un espíritu pionero y un sentimiento de aventura definen Rolls-Royce", dice la compañía en su sitio web, donde los consumidores pueden leer historias del trasfondo de sus "legendarios" modelos.[3]

Las personas pueden adquirir un auto funcional en casi todas las empresas automovilísticas. Si quieren ser puramente pragmáticas —y muchos consumidores lo son—, pueden comprar un auto mucho menos caro que funcione bien. Pero si un consumidor está buscando un rendimiento único y características artesanales, irá a un concesionario de Rolls-Royce o a otra compañía de automóviles de lujo debido al valor específico que le da al trabajo hecho a la medida.

La calidad de un auto es una manifestación del carácter de los individuos que lo construyeron; y el carácter de esos individuos refleja los valores globales y el carácter de la compañía para la que trabajan. Quienes son empleados de una compañía en particular siguen valores corporativos que puede que sean distintos de los valores corporativos de otras compañías. Por ejemplo, si su trabajo fuese supervisar la instalación de asientos en autos Rolls-Royce, no podría enfocarse únicamente en la mecánica de la instalación; tendría que asegurarse de que su rendimiento contribuyese a la "experiencia" para el consumidor, mediante su atención personal al producto y su meticulosa atención a los detalles.

De modo parecido, los valores corporativos pueden indicar ideas que son importantes para un grupo pero no para otro grupo relacionado. Para utilizar de nuevo el ejemplo de los automóviles, una compañía puede que valore la velocidad de producción más que la calidad de los bienes producidos. El primero fue un valor que muchas empresas estadounidenses de automóviles parecían abrazar hace algunos años. Su principal valor parecía ser producir el mayor número posible de autos mediante la cadena de montaje, tan rápidamente como fuese posible. La calidad estaba en el "asiento trasero". Esencialmente, la idea era: "Queremos producir vehículos con mayor rapidez y con menor costo. Por lo tanto, utilizaremos partes más baratas, y no nos preocuparemos tanto por la calidad, a fin de hacer más dinero".

Como contraste, los valores de las compañías japonesas parecían incluir la producción de autos bien hechos que durasen mucho tiempo, funcionasen bien y requiriesen menos reparaciones. Las industrias automovilísticas de dos países diferentes estaban fabricando el mismo modelo de transporte, pero bajo distintos sistemas de valores. Al final, las compañías que valoraban la calidad ganaron entre los consumidores, forzando a sus compañías rivales también a enfocarse más en la calidad. Esto dio a los consumidores más opciones a la hora de buscar transporte confiable.

Con respecto a todas las compañías, podemos —y debiéramos— hacernos la pregunta: "¿Cuáles son los valores y el carácter de este negocio?

¿Cómo se compara su carácter con otras compañías que hacen un producto similar?". Podemos hacer preguntas parecidas de todas las formas de entidades corporativas.

2. Una entidad corporativa debe promover valores positivos para funcionar bien

Los cuerpos corporativos tienen que promover y proteger valores positivos en su comunidad si quieren funcionar bien, mantener su viabilidad y prosperar.

La sociedad, o la "comunidad nacional"

Por ejemplo, la sociedad —la "comunidad nacional" de un país— debe apoyar valores como cooperación, honestidad y confianza, o se debilitará. Para el bienestar de la comunidad, esos valores tienen que encontrarse entre sus ciudadanos y aquellos con quienes los ciudadanos se relacionan. La comunidad nacional debe trabajar para preservar los valores que atesora, y sus líderes deben esforzarse por proteger esos valores de diversas maneras para bien de sus miembros. La comunidad llega a apoyarse en esos valores positivos a fin de funcionar. (Cuando los líderes y/o los ciudadanos de una nación no estiman y protegen valores positivos, la comunidad llegará a estar oprimida y desmoralizada; una situación que ha ocurrido en diversas naciones a lo largo de la Historia, como en la anterior Unión Soviética y Corea del Norte). Veamos algunas ilustraciones relacionadas con valores de confianza y seguridad en el contexto de comunidades que estiman valores positivos.

Cuando un miembro de una sociedad compra una botella de agua a un negocio dentro de esa sociedad, pone fe en ese negocio, al igual que en el fabricante, de que es seguro para él beber esa agua. El consumidor no ha sido testigo presencial del proceso de embotellado, y la botella está cerrada, de modo que no puede hacer pruebas para ver si está contaminada antes de comprarla. Tiene que confiar en que el negocio está ofreciendo agua embotellada de una compañía de confianza. Y tiene que tener fe en que esa compañía tiene carácter: que lo que afirma en su etiqueta con respecto al contenido de su producto es veraz.

Algunos países tienen ordenanzas de seguridad instituidas, que hacen a las compañías responsables de estar a la altura de las normas que la comunidad nacional ha establecido para el bienestar y la protección de sus ciudadanos. Como entidad corporativa, los Estados Unidos de América ha creado agencias como el Food and Drug Administration (FDA) [Departamento de Control de Alimentos y Medicamentos], cuyo lema (valor) es "proteger y fomentar la salud *de usted*"[4] y cuya tarea es supervisar la calidad de los alimentos y las bebidas que se ofrecen a la venta a las personas del país.

La "comunidad nacional" de un país debe apoyar valores como cooperación, honestidad y confianza, o se debilitará.

Otro ejemplo de confianza corporativa es la confianza que los miembros de una sociedad ponen en sus bancos. Cuando las personas realizan depósitos, tienen fe en que su dinero seguirá estando ahí cuando quieran hacer un reintegro. Si un banco tiene una buena reputación, su garantía de que el dinero estará seguro y disponible es uno de sus valores corporativos, el cual se extiende a sus depositantes. Hay una transacción legal y moral entre un individuo y su banco siempre que hace un depósito o utiliza los otros servicios financieros del banco.

Muchas comunidades nacionales mantienen programas para asegurar que los valores de la sociedad sean sostenidos en tales tratos financieros. Hace años, el gobierno de los Estados Unidos creó el Federal Deposit Insurance Corporation (FDIC) [Fondo Federal para la Protección de Depósitos]. Si los fondos de un depositante están un banco participante, su dinero tiene un seguro de hasta 250 mil dólares; esos fondos están garantizados en caso de que la institución financiera quebrase. Aunque el FDIC fue establecido por el gobierno, no recibe fondos de él; se financia principalmente por las primas de seguros que los miembros del banco pagan a la agencia. Los bancos participan en este programa a fin de mostrar buena fe a sus depositantes y proteger sus propios valores y reputación en la comunidad.[5]

Aun así, los grandes bancos u otros prestamistas experimentan a veces inmensos fracasos, como lo que vimos suceder durante la crisis económica global de 2007–2008 y los años posteriores. El derrumbe de una institución de préstamos puede ser el resultado de inversiones de alto riesgo o de prácticas poco éticas de sus ejecutivos. Sin embargo, incluso en esos casos, el gobierno de E.U. puede que siga autorizando "rescates" financieros de bancos, a fin de cubrir los fondos de los depositantes que están por encima de la cantidad asegurada. (Otros gobiernos han adoptado acciones parecidas). Lo hace con el propósito de proteger la economía; y finalmente, los valores de confianza y seguridad de la comunidad.

Estos rescates son por lo general controvertidos, ya que el dinero para ellos *sí* proviene del gobierno: mediante el dinero de los contribuyentes. De este modo, ciertos miembros de la comunidad nacional a veces terminan pagando los errores y la conducta poco ética de otros miembros de la comunidad nacional, causando con frecuencia que el primer grupo sienta que se han aprovechado de ellos. Bajo tales circunstancias, el vínculo de la comunidad nacional —basado en la cooperación mutua, la honestidad y la confianza— puede comenzar a desmoronarse. Líderes de todos los campos e industrias deben, por lo tanto, seguir fuertes valores centrales, manteniendo fuerte la crucial relación de confianza mutua en sus sociedades.

Negocio

No son solamente las comunidades nacionales sino también otros cuerpos corporativos, como organizaciones civiles y negocios individuales, los que dependen de valores como integridad, honor, justicia y respeto a fin de funcionar. Veamos algunos ejemplos del mundo de los negocios. Supongamos que usted es contratado por una compañía, con el acuerdo de que le pagarán cada dos semanas. Para entrar en ese acuerdo, usted tiene que aceptar la palabra de la compañía de que le compensará por su trabajo. Tiene que confiar en que su patrón le dará un salario por la cantidad negociada cada dos viernes. De igual modo, la compañía tiene que confiar en que usted desempeñará el trabajo acordado. Este es un intercambio de integridad y honor entre la compañía y su empleado. Usted ha entrado en un contrato mutuo sobre la base de valores de confiabilidad específicamente declarados o implícitos.

En otro ejemplo, cuando usted acude a un concesionario de autos para comprar un automóvil nuevo o de segunda mano, tiene que confiar en que lo que el vendedor le dice sobre el auto es cierto. Las personas confían en los vendedores todo el tiempo, aunque puede que bromeen sobre el estereotipo del "astuto vendedor de autos de segunda mano". En el caso de autos nuevos, los fabricantes proporcionan garantías que aseguran ciertas reparaciones y mantenimiento durante un número de años dado o un kilometraje específico. Esas garantías son reflejos del valor de la responsabilidad de las compañías. Son un método por el cual la compañía trabaja para mantener asociación con sus concesionarios y sus clientes, nuevos y antiguos igualmente.

En el caso de un auto de segunda mano, podría usted revisar el historial de servicio del auto, o podría organizar que un mecánico inspeccione el vehículo; pero aun así puede que siga sin saberlo todo sobre el estado del auto. Por lo tanto, si toma la decisión final de comprarlo, tiene que hacerlo con cierto grado de confianza. Independientemente de la confiabilidad final de un producto, la confianza es una parte necesaria de las transacciones de ventas.

Para fortalecer la confianza del consumidor, apoyando así valores de honestidad y ecuanimidad en su sociedad, los ciudadanos han creado varias organizaciones sin ánimo de lucro que promueven la confianza, la integridad y la ecuanimidad en los negocios. Una de tales organizaciones es Better Business Bureau [Oficina de Atención al Consumidor], cuya misión es "ser el líder en avanzar la confianza en el mercado".[6]

"Siete pecados sociales"

Debido a que las entidades corporativas deben apoyarse en valores para funcionar, es necesario que naciones, negocios, grupos sin ánimo de lucro, familias y otros trabajen para asegurar que sean promovidos y protegidos fuertes valores dentro de su propio grupo. Hemos visto algunos ejemplos del modo en que naciones y organizaciones han hecho esto; pero ¿qué sucede cuando fuertes valores éticos *no son* protegidos y promovidos dentro de una entidad corporativa? Mahatma Gandhi publicó una lista de "siete pecados sociales" en su periódico *Young India* en 1925 que proporciona una imagen gráfica de una sociedad deficiente en valores y moralidad.

1. Riqueza sin trabajo

2. Placer sin conciencia

3. Conocimiento sin carácter

4. Comercio sin moralidad

5. Ciencia sin humanidad

6. Trabajo sin sacrificio

7. Política sin principios

A estos siete, yo añadiría un octavo:

8. Acción sin rendir cuentas

Un problema perpetuo

Las anteriores maneras de conducir la vida pueden destruir una sociedad. Deberíamos entender que un colapso de la ética en una comunidad se convertirá en un problema perpetuo a menos que haya alguna intervención. Cuando los líderes no son éticos, influencian negativamente a las personas y, tarde o temprano, la cultura llega a infectarse de la conducta poco ética. Entonces, emergen nuevos líderes que se han criado en esa cultura y, por lo tanto, son un reflejo de su falta de ética. Ellos, a su vez, influencian negativamente a las personas, y así sucesivamente.

Es irónico que después de que esos nuevos líderes son elegidos o nombrados, sus electores con frecuencia esperan que ellos de repente sean más sabios y más éticos de lo que eran antes. Las personas en cierto modo esperan que se produzca un milagro de transformación entre la elección/nombramiento de la persona y el momento en que comienza a ejercitar las responsabilidades de su cargo. (Este fenómeno es una evidencia del sentimiento moral inherente de bien y mal de los seres humanos, el cual investigaremos en el siguiente capítulo). Sin embargo, los líderes producidos por una cultura que está inundada de falta de valores tendrán una similar falta de valores; no serán más sabios o más morales que el público general.

Ocasionalmente, hay excepciones a esta regla general. A veces, encontramos personas extraordinarias que casi parecen haber nacido con una fuerza de carácter que les hace elevarse más alto que la ética de su entorno. Pero tales líderes son raros, y es probable que todos afirmasen que seguían teniendo que trabajar intencionalmente en cultivar su carácter.

Supervisar y proteger valores

Considerando el declive moral y ético de las sociedades en todo el planeta actualmente, debemos tomar en serio la necesidad del desarrollo del carácter. Tiene que comenzar con líderes individuales, como nosotros mismos, y tenemos que fomentar el carácter a nivel de bases ya que, como hemos discutido, los líderes son producidos por su cultura. Por eso debemos alentar la enseñanza de desarrollo del carácter en nuestros cursos y escuelas de formación en liderazgo. La cultura misma tiene que ser cambiada —persona a persona— si el carácter moral ha de quedar plenamente establecido entre nuestros líderes.

Los valores son integrales al desarrollo nacional y social. Cuando los líderes y los ciudadanos de un país comienzan a dar menos valía a los valores fundacionales que anteriormente mantuvieron unida a su nación, el país empieza a perder su carácter. Todas las naciones deben decidir qué valores supervisarán, protegerán y mantendrán.

En los Estados Unidos y otras naciones en la actualidad, los líderes están manipulando valores centrales, ya sea ajustándolos o rechazándolos claramente. Al expresar su oposición a esos cambios, algunos de los líderes espirituales en el mundo occidental han dicho: "Nos estamos alejando de los valores tradicionales". Al usar el término "valores tradicionales" están expresando esta idea: "Hemos confiado en varios valores centrales durante cientos de años. Ahora, estamos considerando alejarnos de ellos y confiar en valores diferentes, lo cual significa que vamos a cambiar la esencia de nuestro país".

Cambiar un valor central nacional es beneficioso sólo cuando hacerlo volverá a poner en consonancia a un país con lo que es verdadero y justo. Con frecuencia, otros cambios son perjudiciales porque contribuyen al derrumbe de normas morales. A la hora de considerar el papel de los valores centrales, la pregunta es: "¿Quiere cambiar las creencias y valores centrales de su país hasta el punto de que se necesite un carácter totalmente diferente?". Si la mitad de los ciudadanos dicen sí a esta pregunta, y la mitad dicen no, una nación está en graves problemas, porque las personas no pueden ponerse de acuerdo en lo que consideran de mayor valía para la comunidad en conjunto.

Una sociedad debe supervisar y proteger lo que valora,
porque sus valores se convierten en su carácter.

3. Los valores de una entidad corporativa pueden no ser expresados y aun así reconocidos

Un tercer principio es que los valores no tienen que ser explícitamente declarados a fin de existir en una comunidad. Por ejemplo, en muchas naciones hay un valor no expresado de que los jóvenes que están sentados en un autobús o en otra forma de transporte público se levantarán y cederán el asiento a una persona anciana como cortesía. Este valor ya no se sigue universalmente en algunas sociedades; sin embargo, las personas que sí lo siguen probablemente lo aceptaron como un valor no expresado cuando eran niños, al observar la conducta de sus padres y de otros adultos. En algunas familias y sociedades, esta práctica se sigue enseñando de modo concreto.

Veamos otro ejemplo de un valor no expresado, en el contexto de las transacciones de negocios. Supongamos que alguien llevase su ropa a una tintorería. La tienda individual puede que tenga o no un cartel destacado garantizando su trabajo; sin embargo, incluso si no lo tiene, el cliente confía en el valor no expresado y que está relacionado con hacer negocios de que le van a devolver su ropa, y de que estará limpia. Si la tintorería quebrantase este valor no expresado, en especial más de una vez, la relación entre el cliente y la tienda quedaría rota. Este sencillo ejemplo demuestra que los valores compartidos —incluso los no expresados— son necesarios para una relación continuada en cualquier entidad corporativa.

Cómo operan los valores corporativos

Teniendo en mente los anteriores principios, exploremos lo que se requiere para que los valores operen exitosamente en un cuerpo corporativo.

1. Los valores centrales deben ser comunicados con claridad

Los miembros de una entidad corporativa deberían ser plenamente conscientes de los valores de la comunidad y que periódicamente se los recuerden, de modo que los valores sigan siendo claros y estén en un primer plano en su mente. En una sección anterior, hablamos del papel del FDIC [Fondo Federal para la Protección de Depósitos] a la hora de proteger a los consumidores de fracasos bancarios. En su página Web, el FDIC afirma claramente su misión, su visión y sus seis valores centrales. He incluido a continuación sus valores centrales como un buen modelo de cómo se ven los valores corporativos por escrito:

- **Integridad:** Nos adherimos a las normas éticas y profesionales más elevadas.

- **Competencia:** Somos una fuerza laboral altamente cualificada, dedicada y diversa que está capacitada para lograr resultados sobresalientes.

- **Trabajo en equipo:** Comunicamos y colaboramos eficazmente unos con otros y con otras agencias reguladoras.

- **Eficacia:** Respondemos rápidamente y exitosamente a los riesgos en instituciones depositarias aseguradas y en el sistema financiero.

- **Rendir cuentas:** Nos rendimos cuentas unos a otros y a nuestros depositarios para operar de manera financieramente responsable y operacionalmente eficaz.

- **Ecuanimidad:** Respetamos los puntos de vista individuales y nos tratamos unos a otros y a nuestros depositarios con imparcialidad, dignidad y confianza.[7]

Todas las entidades corporativas deberían establecer valores declarados que comuniquen su carácter y sus expectativas. Por ejemplo, una compañía podría poner un letrero en varios lugares destacados en su edificio que diga: "Como compañía, no estamos interesados sólo en sus talentos; estamos interesados en su buen carácter". Si un empleado tiene talentos excepcionales pero carece de carácter, puede que participe en actos poco éticos y/o ilegales, como robar a la compañía. Por ejemplo, un asistente personal podría ser capaz de teclear 100 palabras por minuto, pero si es deshonesto, puede que se lleve a casa una computadora un día y nunca la devuelva. He visto suceder cosas similares.

2. Los valores centrales requieren total compromiso corporativo

En cualquier entidad corporativa, tiene que haber un acuerdo general entre los miembros acerca de qué valores tienen mucha valía y, por lo tanto, deben ser mantenidos y preservados. De otro modo, habrá desorden y confusión, al igual que una ruptura de la unidad, como ya hemos hablado.

Cada miembro de una organización debería estar de acuerdo con los valores corporativos y ser gobernado por ellos.

3. *Los valores centrales deben convertirse en los valores personales de los miembros individuales*

Este punto está relacionado con el número 2, pero refleja la idea de que aunque la afirmación corporativa de valores es esencial, los valores pueden ser plenamente eficaces sólo cuando sean aceptados personalmente por los miembros individuales del grupo. Recuerde que la visión personal de un individuo se encuentra siempre en el contexto de una visión corporativa mayor. Si un miembro no ve cómo su visión personal puede cumplirse dentro de la visión corporativa —si lo que él más valora no está en línea con esa visión corporativa—, llegará a apartarse del grupo, y la calidad de su contribución disminuirá. En tal caso, no es necesariamente un problema de normas poco éticas. El individuo puede que tenga los mismos principios morales que el resto del grupo, pero lo que él valora en términos de su propósito, y cómo le gustaría cumplirlo, difiere de la visión y las metas del resto de la comunidad.

¿Cómo es protegida la visión de una entidad corporativa? Es protegida por los valores compartidos de los participantes, acompañados por normas morales comunes —ya sean escritas o implícitas—, disciplina y ética. Una norma corporativa no significará nada si los miembros no la aceptan como su norma personal. Cuando no lo hacen, se convierten en un perjuicio para la organización; comienzan a minar su propósito. Los valores siempre se originan en las creencias y convicciones de los individuos, y entonces son aplicados a entornos corporativos. Lo personal y lo corporativo deben estar en consonancia.

**Cuando un miembro no está en línea con
la visión corporativa, llegará a apartarse del resto del grupo,
y la calidad de su contribución disminuirá.**

Responsabilidad corporativa y responsabilidad personal

Recuerdo escuchar sobre un incidente en el cual un avión tuvo que hacer un aterrizaje de emergencia porque uno de los platos del motor no había sido anclado adecuadamente antes de un vuelo, causando una situación peligrosa y potencialmente amenazadora para la vida. Tal como lo entiendo, si un plato del motor se cae de un avión en vuelo a 300 millas por hora, puede ser como un cuchillo muy afilado capaz de cortar el acero.

Durante la investigación del incidente, las personas en los medios preguntaban: "¿De quién es el fallo?". Las discusiones que escuché en televisión eran interesantes a la luz de los valores corporativos. Una persona dijo: "Lo primero de todo es que el piloto debería haber comprobado eso mientras caminaba supervisando el avión". Es rutina que el piloto compruebe objetos específicos antes de un vuelo; por lo tanto, cuando un piloto camina por un avión, no sólo está estirando las piernas; está mirando varios aspectos del avión, comprobando de nuevo el trabajo que el equipo de mantenimiento ha realizado.

Los comentaristas televisivos preguntaron entonces: "¿Acaso el capitán no lo comprobó? ¿O fue culpa de mantenimiento?". Cualquier individuo que realice mantenimiento en un avión tiene que marcar una lista de comprobación de elementos. Las autoridades sabían qué individuos habían participado en el mantenimiento del avión. ¿Acaso no había anclado el plato del motor adecuadamente? Los comentaristas siguieron diciendo: "Después se supone que el supervisor debe refrendar lo que el personal de mantenimiento haya refrendado".

Mientras escuchaba esos continuados comentarios sobre el incidente del avión, mi conclusión fue que se debió a un problema de valores corporativos. Aunque quedó determinado que alguien en el equipo de mantenimiento había descuidado anclar el plato correctamente, el error se trató de un problema de la compañía, no de un individuo. Todos lo que estaban relacionados con la aerolínea debían aceptar personalmente aquello que la compañía había acordado como sus valores corporativos, incluyendo lo relacionado con la seguridad. Eso significa que el piloto tenía que hacer su parte durante su comprobación; el personal de mantenimiento tenía que hacer su parte y no refrendar hasta haber comprobado todos los detalles, como si los platos del motor habían sido anclados adecuadamente; el supervisor tenía que asegurarse de que el personal de mantenimiento hubiera hecho su trabajo; y así sucesivamente. Todos tenían que trabajar juntos hacia el éxito corporativo. Y trabajar juntos significa tener valores comunes.

Un realineamiento de valores

Cuando alguien se convierte en miembro de una organización, puede que encuentre necesario ajustar algunos de sus valores centrales para que estén en consonancia con los valores centrales del grupo. Supongamos que alguien que está buscando empleo hace una entrevista en una compañía y lee en la solicitud de empleo una lista de los valores centrales de la compañía, uno de los cuales es el trabajo en equipo. El candidato se da cuenta de que, hasta ese momento en su carrera, ha sido de mentalidad muy independiente. Uno de sus valores ha sido trabajar en solitario en lugar de hacerlo con un equipo.

El candidato tiene dos opciones. Puede retener su anterior valor de trabajar en solitario e intentar encontrar un puesto en el que pueda hacer eso en otra compañía diferente. O puede decidir que trabajar con otros hasta cierto grado es un componente necesario en cualquier empresa y es un valor que le gustaría desarrollar. En ese caso, puede decidir aceptar el valor de la compañía y seguirlo si es contratado.

En otro ejemplo, supongamos que un ciudadano de una nación emigra a un país diferente y quiere llegar a ser ciudadano allí. Los artículos de gobierno del nuevo país delinean ciertos valores centrales que reflejan su carácter. Debido a que el inmigrante quiere llegar a ser ciudadano de esa sociedad, se hace necesario que él acepte sus valores centrales declarados. De hecho, muchas personas son motivadas a trasladarse a un nuevo país y adoptar la ciudadanía allí porque son especialmente atraídos a sus valores.

Un nuevo ciudadano podría, desde luego, tan sólo fingir que tiene un compromiso con los valores de su país de adopción. Si lo hace, debilita la unidad entre los miembros de esa sociedad. Incluso podría llegar a ser un peligro para ellos, si quisiera atacar activamente esos valores. Para llegar a ser un miembro comprometido y significativo de su país, un nuevo ciudadano debe adherirse personalmente a sus creencias fundamentales. En relación con lo anterior, si todos los ciudadanos de un país hicieran el compromiso de aceptar activamente los valores éticos que la comunidad nacional apoya, entonces la corrupción ética y moral disminuiría rápidamente.

Cuando alguien se une a un grupo, puede que necesite ajustar sus valores centrales de modo que estén en consonancia con los valores centrales de la organización.

Veamos un tercer ejemplo. Supongamos que un joven se acaba de graduar de la universidad. Sus padres le permiten vivir en casa sin pagar renta, de modo que encuentra un empleo a media jornada en la tarde. Entonces, se pasa el verano quedándose hasta tarde con sus amigos cada noche y durmiendo hasta las once de la mañana. Al principio, él está feliz con ese plan; valora la falta de demandas en su existencia desestructurada; sin embargo, pronto se da cuenta de que su vida no conduce a ninguna parte. Después de considerar sus opciones, decide alistarse en el ejército. Al tomar esa decisión, tiene que cambiar su sistema de valores, de vivir una vida desestructurada a vivir otra muy estructurada. No podría sobrevivir en ese nuevo ambiente a menos que aceptase los valores de la nueva entidad corporativa de la cual se ha convertido en parte.

Los líderes, y también los seguidores,
deben comprometerse a los valores corporativos

Los líderes no están exentos de la necesidad de adherirse a los valores de la comunidad como sus propios valores personales. Los líderes son una parte de la entidad corporativa, pero no son la entidad misma. Ellos no están por encima de ser gobernados por los valores de la comunidad, aunque algunos líderes actúen como si lo estuvieran. Un líder nunca debería tener que decirle a un seguidor: "Haz lo que yo digo y no lo que yo hago". Tiene una responsabilidad y tiene que rendir cuentas a sus seguidores, y debe demostrar que personalmente mantiene los valores del grupo.

4. Cuando hay un colapso de valores centrales compartidos, algunos miembros operarán según valores negativos no declarados

En organizaciones donde los valores positivos no son comunicados, repetidos o demostrados por los líderes, pueden desarrollarse valores negativos entre los miembros como medio de supervivencia personal y/o avance. Los individuos puede que comiencen a buscar una ventaja competitiva, en lugar de usar sus talentos para beneficio de toda la comunidad.

Rara vez se habla de valores negativos entre los miembros de una entidad corporativa, excepto furtivamente. Esos valores puede que estén en directo conflicto con las políticas de la organización. A continuación tenemos algunas frases que se escuchan comúnmente en las cuales las personas comunican, especialmente a los nuevos empleados, los valores no declarados de una compañía, en contraposición a los formales:

+ "No contradigas al jefe".

+ "Nunca seas el mensajero de malas noticias".

+ "Cualquiera que esté más bajo en la escalera es inferior".

+ "No muevas la barca".

+ "Todo el mundo se aprovecha".

+ "Adopta ideas y recursos de otros grupos siempre que puedas".

+ "Siempre cúbrete las espaldas".

+ "Gana a toda costa".

El mensaje es que si uno quiere tener éxito en esa organización, esas son las cosas que debería hacer y no debería hacer. Ideas nuevas o diferentes no son bienvenidas. Muchas compañías tienen una cultura "bajo tierra" que puede tener un efecto negativo inmediato en los valores de los nuevos empleados. Estas son algunas realidades del mundo laboral que muchas personas tienen que tratar.

Cómo se desarrollan valores negativos

A veces, se desarrollan valores negativos en una organización cuando los miembros llegan a frustrarse por sus prácticas y procedimientos. Por ejemplo, puede que les resulte difícil o imposible hacer su aportación requerida al grupo debido a políticas erróneas o a una falta de cooperación de otros miembros. Supongamos que un negocio tuviera la política de que un empleado había de completar una tarea en particular únicamente por medio de cierto departamento. El empleado descubre que los miembros de ese departamento no trabajarán con él; por lo tanto, decide trabajar por medio de otra persona, en un departamento diferente, que esté de acuerdo en ayudarle.

Este modo de operar se convierte en un patrón para el empleado. Tiene un problema difícil, y sin embargo está estableciendo un valor negativo al ignorar la política de la compañía, una que originalmente se estableció para crear un proceso eficiente. Escenarios parecidos se encuentran en los negocios en todo el planeta.

Como resultado, ese empleado puede que le diga a un nuevo empleado: "Si necesitas que algo se haga, habla con fulano en lugar de pasar por el departamento designado", o "No sigas las reglas; en cambio, haz tu tarea de este modo".

Pueden también surgir patrones negativos cuando los miembros rechazan un valor corporativo debido a razones egoístas. Por ejemplo, puede que descarten el valor de la competencia y en su lugar hagan recortes para conseguir que una tarea se realice con mayor rapidez, con la esperanza de obtener elogios de un supervisor. O puede que descarten el valor de la competencia porque se han vuelto perezosos y ya no tienen pasión por buscar la excelencia.

Muchas compañías tienen una cultura "bajo tierra" que puede tener un efecto negativo inmediato en los valores de los nuevos empleados.

De valores negativos a positivos

Los líderes de empresas corporativas necesitan ser conscientes de los valores negativos no declarados entre sus seguidores. Deben descubrir por qué se desarrollaron esos valores no declarados, y entonces ayudar a los seguidores a volver a comprometerse, y realinearse, con los valores centrales declarados. Los líderes deberían hacerse preguntas como las siguientes: "¿He demostrado yo los valores corporativos mediante mis palabras y mis acciones? ¿O he mostrado una doble medida?". "¿Hay que actualizar cualquier política corporativa a fin de que esté más en consonancia con nuestros valores y/o ayude al grupo a operar mejor?". "¿He escuchado lo que los miembros me han estado diciendo acerca de sus dificultades para cumplir su parte de la misión corporativa? ¿Qué puedo hacer para ayudarles?".

Los miembros también deben reconocer valores negativos no declarados en su comunidad y evaluar si han aceptado alguno de ellos. Deberían hacerse preguntas como las siguientes: "¿Estoy en consonancia con los valores corporativos?". "¿He aceptado un valor negativo no declarado a fin de resolver un problema, en lugar de abordar el problema directamente?". "¿He menospreciado un valor corporativo debido al descuido, o a fin de seguir mis propios planes?". "¿Repaso los valores corporativos regularmente?". Además, si los valores negativos no declarados de un grupo implican conducta poco ética, los miembros individuales deben seguir comprometidos a operar según un sistema de valores y código de ética positivos, rechazando la presión de grupo a ceder.

Papeles vitales de los líderes corporativos

He recibido invitaciones de líderes en todo el planeta a quienes he presentado los principios contenidos en este libro. Ellos me han pedido que acuda a dar conferencias a todos los empleados de su compañía, o a los servidores civiles de cada departamento de su gobierno. Han organizado grandes reuniones para que esos empleados y funcionarios del gobierno pudieran aprender la importancia del carácter. Cuando fuertes valores son "captados" por los miembros de una organización, la organización será transformada de numerosas maneras positivas.

Sin embargo, cuando los líderes actuales intentan arreglar los problemas en sus familias, organizaciones, negocios, comunidades y naciones, con frecuencia se enfocan únicamente en poder, diplomacia o manipulación: de sus familiares, empleados, asociados, sistemas económicos, instituciones, etc. Hay una gran necesidad de líderes honestos que puedan...

+ Crear un ambiente que ayude a los individuos a descubrir, desarrollar, refinar y ejercitar sus capacidades, proporcionando una oportunidad de poner sus talentos al servicio de la comunidad y de otros. Los buenos líderes no sólo emplean a otros; los desarrollan.

+ Construir un equipo diverso pero unido, donde cada persona pueda aportar sus fortalezas únicas, y donde las debilidades de cada persona sean fortalecidas o hechas irrelevantes por las fortalezas complementarias de los demás.

+ Fomentar y demostrar fuertes valores, moralidad y ética, que hayan sido traducidos a normas operativas y relacionales: el modo en que las personas en el grupo se conducen a medida que aportan sus fortalezas, y cómo tratan a otros miembros de la comunidad y a sus electores/clientes.

¿Ha aceptado usted personalmente los valores centrales de su visión corporativa? ¿Demuestra esos valores en su vida y mediante sus políticas? ¿Ha comunicado claramente esos valores a sus seguidores? Esta es la comisión de un líder de carácter.

7

El origen de
nuestra conciencia moral

*"Si hemos de avanzar, debemos regresar y redescubrir estos
preciosos valores: que toda la realidad descansa sobre fundamentos
morales y que toda la realidad tiene control espiritual".*[1]
—Martin Luther King Jr.

Supongamos que pone usted su casa a la venta en el mercado, justamente después de haber remodelado varias habitaciones, creando un dormitorio principal tipo suite con un guardarropa y un baño tipo spa; instalando muebles hechos a medida, encimeras de mármol y nuevos electrodomésticos en la cocina; y convirtiendo el sótano en una enorme sala familiar. Esas mejoras le permitieron elevar considerablemente el precio que pedía.

Sin embargo, supongamos también que los cimientos de su casa no hubieran sido adecuadamente apuntalados, de modo que repentinamente comenzaran a salirle muchas grietas, haciendo que la casa se inclinase; o imaginemos que surgiera un socavón, de modo que su casa se colase por un profundo agujero. Bajo esas condiciones, ¡nadie querría comprarla! Ni siquiera podría vivir usted mismo en ella. Si la casa no pudiera ser salvada, sus mejoras en el interior habrían sido inútiles. En realidad, una casa es solamente tan valiosa como la fuerza de sus cimientos. Y sus cimientos son solamente tan fuertes como aquello sobre lo cual se han construido.

El fundamento por debajo del carácter

Un fundamento o cimiento ancla al suelo una casa. Sin embargo, ese fundamento no estará seguro si no se ha construido sobre roca sólida, dando estabilidad a la casa. De modo similar, el ancla de un barco no evitará que deambule por el mar si no está agarrada a la roca. Jesús de Nazaret relató la siguiente parábola, revelando un escenario parecido al que acabamos de plantear:

> Todo aquel que viene a mí, y oye mis palabras y las hace, os indicaré a quién es semejante. Semejante es al hombre que al edificar una casa, cavó y ahondó y puso el fundamento sobre la roca; y cuando vino una inundación, el río dio con ímpetu contra aquella casa, pero no la pudo mover, porque estaba fundada sobre la roca. Mas el que oyó y no hizo, semejante es al hombre que edificó su casa sobre tierra, sin fundamento; contra la cual el río dio con ímpetu, y luego cayó, y fue grande la ruina de aquella casa.[2]

Escribí anteriormente que una de nuestras mayores debilidades como líderes es que nuestra formación filosófica acerca de quiénes somos como seres humanos, inclusive nuestro propósito inherente, ha sido gravemente deficiente. Hemos aceptado filosofías erróneas perpetuadas por nuestra cultura. Esas filosofías erróneas fueron construidas sobre fundamentos que no estaban sostenidos por "roca sólida".

Ya que el carácter es el fundamento del liderazgo, hágase la pregunta: "¿Sobre qué he construido el actual fundamento de mis creencias, convicciones, valores, moralidad y código ético?". Aunque puede que acepte valores y creencias positivas, ¿las ha edificado sobre el fundamento que es lo bastante duradero para evitar que el fundamento de su carácter tenga grietas, se hunda o sea arrastrado? En este capítulo consideraremos la roca sólida a la que debe anclarse nuestro fundamento moral a fin de dar a nuestro carácter estabilidad duradera.

Una guía interna permanente

Al hablar del fundamento que hay por debajo del carácter, comencemos con un recurso innato que todos tenemos: la conciencia. Para mí, la conciencia es como un "modo por defecto" en una computadora. Cuando las personas no están seguras de qué hacer en una situación dada, puede que consulten con su conciencia para obtener dirección. O cuando están a punto de participar en cierta acción, su conciencia puede que se avive repentinamente en su interior, dándoles la convicción de que esa acción es moralmente equivocada y que no deberían realizarla.

La palabra *conciencia* se define como "el sentimiento o ser consciente de la bondad moral o de lo censurable de la propia conducta, intenciones o carácter juntamente con un sentimiento de obligación hacia hacer lo correcto o ser bueno". La conciencia es una guía interna permanente para el líder. Nuestros pensamientos y decisiones quedarán o bien confirmados o desafiados por los requisitos de nuestra conciencia. En nuestro corazón, o mente subconsciente, reconocemos dónde nuestras motivaciones y conducta están en consonancia con nuestra conciencia y dónde se han desviado de ella.

La conciencia se manifiesta en creencias y convicciones

Un líder honesto será guiado por su conciencia. Por eso los grandes líderes siempre han hecho afirmaciones como: "Tengo que hacer esto", o "Aunque me mates, no puedo hacer eso". (Recuerde que la pasión del liderazgo es un deseo más fuerte que la muerte). Estas afirmaciones son declaraciones de conciencia. Las conciencias de los líderes estaban hablando, y ellos las escuchaban y las seguían. Necesitamos hacernos la pregunta: "¿He estado escuchando a mi conciencia, o la he estado ignorando?".

Solamente cuando nuestras creencias estén en consonancia con nuestra conciencia pueden manifestarse en fuertes convicciones. Y como sabemos, las convicciones son lo que crean nuestros valores, los cuales se convierten en nuestras normas morales, nuestra ética y nuestro carácter. Al final, nuestra conducta externa es el producto de nuestra conciencia interna. Recuerde que carácter es quiénes somos cuando no hay nadie observando.

La conciencia no es lo mismo que las emociones

Otras personas puede que no sean capaces de observar nuestras acciones en todo momento, pero nuestra conciencia está siempre alerta a lo que estamos haciendo. Ya que es la parte de nosotros que nos aconseja con respecto a asuntos morales, con frecuencia me refiero a ella como nuestra *conciencia moral*.

La conciencia moral no tiene que ver con "sentimientos", como creen algunas personas que confunden la conciencia con diversas emociones que experimentan. Con frecuencia se apoyarán en sus sentimientos cuando toman decisiones, aunque las emociones pueden ser poco confiables a la hora de sopesar opciones. Más bien, la conciencia se trata de *convicción*. La definición anterior se refería a la *conciencia* como un "sentimiento o ser consciente". Es certidumbre moral acerca de lo correcto o erróneo de nuestros pensamientos o acciones. Así, la conciencia es distinta a las emociones, aunque un sentimiento de convicción puede *conducir* a diversas emociones. Debemos aprender a distinguir entre ambas cosas mediante un proceso de detallada evaluación y experiencia personal.

Además, un líder honesto no se permite a sí mismo ser aconsejado por las opiniones de la "multitud" acerca de las convicciones de su propia conciencia. Por ejemplo, un político que sigue su conciencia estaría dispuesto a mantener sus principios, aunque eso pudiera significar perder unas elecciones. Muchos líderes actualmente prefieren seguir a la multitud; como resultado, su carácter se ve comprometido. Puede que hayan desarrollado ciertas convicciones, pero sus convicciones no están basadas en asuntos éticos; están basadas en consideraciones egoístas como las que vimos anteriormente: obtener cierta posición, controlar a los demás, obtener riqueza, y otras cosas.

En tales casos, esos líderes han tomado una decisión, de modo consciente o subconsciente, de que otra cosa es más importante que lo que les dice su conciencia. Toman decisiones basándose en lo que les parece bien, o en una aspiración para obtener algo, o en un deseo de emoción. Toman tales decisiones porque no se detienen a pensar, a consultar con su conciencia y a reflexionar sobre las probables consecuencias de sus acciones.

La conciencia es esa parte de nosotros que
nos aconseja con respecto a asuntos morales.

Ignorar la conciencia

Al igual que la mayoría de formación en liderazgo actualmente no enseña a las personas sobre el carácter, tampoco forma a las personas para seguir su conciencia. Este punto crucial de la constitución humana se ignora por completo. Por lo tanto, producimos líderes hoy día a quienes no se enseña a valorar su conciencia y a escucharla. Debido a la confusión de la sociedad acerca de los valores y la naturaleza de la conciencia, muchas personas tienen una conciencia que se ha vuelto muy poco activa. Todos debemos entrenarnos a nosotros mismos para escuchar a nuestra conciencia. Quienes lo hacen, se protegerán de tomar decisiones equivocadas que les harían daño a ellos mismos y/o a otros.

Un líder que ignore activamente su conciencia cosechará graves consecuencias para sí mismo y para sus seguidores. Podemos ignorar nuestra conciencia hasta el punto de que se quede adormecida. Incluso es posible desarrollar una conciencia "abrasada": una conciencia que ha sido descartada y negada por tanto tiempo que esencialmente ha quedado silenciada. Por ejemplo, puede que esto sea lo que ocurre en las vidas de quienes realizan estafas económicas durante décadas, aunque saben la destrucción que están causando a los fondos de jubilación de sus clientes.

A veces, puede que nos preguntemos cómo las personas pueden cometer actos que son tan horriblemente malvados. Yo creo que la razón por la que Adolf Hitler pudo haber autorizado las muertes de más de 10 millones de personas en el Holocausto es que ignoraba su conciencia y decidió seguir una filosofía contaminada. No creo que nadie pudiera ordenar el exterminio de multitudes de personas y que su conciencia no se avivase en algún momento. Para hacer tales cosas, uno tiene que ignorar su conciencia, no permitirle hablar, y finalmente "abrasarla", para así no volver a escucharla.

¿Cuál es nuestro "verdadero norte"?

Nuestra conciencia moral es como una brújula; pero tiene un "verdadero norte" que evalúa y confirma su precisión de modo que podamos estar seguros de que estamos situados en el curso correcto. Es también la medida por la cual nuestros pensamientos y sentimientos deberían ser evaluados para comprobar si están en línea con las convicciones morales. Este autor identifica el "verdadero norte" como Dios. Y en este contexto, me estoy refiriendo al Dios de la Biblia. Fue Él quien nos dio la conciencia como un elemento de la parte divina de nuestra constitución humana.

Por lo tanto, una conciencia que funcione adecuadamente está en sincronismo con un código moral correcto. Incluso cuando una persona tiene poco conocimiento de Dios, tiene la conciencia como un regulador incorporado, que le dice: "Esto está mal", o "Esto está bien", o "Esto es beneficioso", o "Esto no es aceptable". He hablado con algunas personas que afirmaban que los actos inmorales en los que estaban implicados eran perfectamente aceptables; sin embargo, si su conciencia seguía estando despierta, no estaban siendo sinceros consigo mismos ni conmigo. Tenían una motivación concreta para querer participar en esa conducta inmoral, pero no estaba basada en su conciencia. Yo preferiría tener a alguien que admita ante mí que está actuando contrariamente a su conciencia que tener a alguien que afirme que su conducta es moral e intente convencerme también de ese punto de vista. Cuando es honesto conmigo acerca de sus actos, puedo reconocer de dónde viene esa persona, y podemos ser abiertos el uno con el otro.

Un entendimiento perdido del verdadero norte

Muchas personas ya no tienen un entendimiento acerca de Dios, o han hecho a un lado a propósito ese entendimiento. En el mismo discurso del que está tomada la cita que hay al principio de este capítulo, Martin Luther King Jr. sugirió que los estadounidenses habían "dejado atrás inconscientemente a Dios". Se habían enfrascado en disfrutar de nuevas tecnologías y abundancia de bienes materiales, y sin la intención de hacerlo, habían permitido que su conocimiento del Creador, y su interés en Él, se alejasen de sus pensamientos conscientes.

Yo creo que lo mismo es cierto de muchas personas en el mundo actualmente. Sin embargo, un conocimiento de Dios y de su naturaleza es la única "roca" sobre la cual podemos asegurar el fundamento del carácter. Este conocimiento debe ser restaurado en los individuos y en los países. Para ayudarnos a vivir de acuerdo a su naturaleza, Dios nos creó con una brújula moral: la conciencia. Sin embargo, Él también nos dio salvaguardas adicionales y guías para la vida: sus preceptos, o principios.

La palabra *principio* puede definirse como "una ley, doctrina o su posición global y fundamental", "una norma o código de conducta", y "una fuente principal". El Creador nos dio principios concretos a seguir que establecerían nuestro carácter en consonancia con el de Él, nos ayudarían a entender mejor su naturaleza y a estar en consonancia con sus propósitos, guiarían nuestra relación con Él y con otras personas, y nos permitirían ser exitosos en cumplir nuestro propósito inherente.

Anteriormente, hablamos de que los principios son cruciales para nuestro éxito en el liderazgo, que todos necesitamos establecer normas morales por las cuales viviremos nuestra vida. Al igual que nuestro carácter requiere una roca firme que lo mantenga seguro, nuestras normas y principios personales, mediante los cuales se desarrolla nuestro carácter, deben estar edificados sobre el fundamento de las normas y principios que nuestro Creador nos ha dado.

Los principios contenidos en el registro bíblico son probados por el tiempo, estables y cívicamente sensatos. Pueden asegurar el verdadero desarrollo humano; pueden permitirnos reconstruir nuestras sociedades y naciones sobre un fundamento de sólido valor y ética. Necesitamos una roca firme espiritual como ancla para nuestro carácter, de modo que cuando las tormentas de la vida nos sacudan, y los terremotos de los acontecimientos actuales choquen contra nuestras convicciones, permanezcamos fuertes y firmes.

¿Cuáles son algunas verdades básicas acerca de Dios que muchas personas han olvidado? ¿Cómo pueden estas verdades llegar a ser la roca firme para el desarrollo de nuestro carácter? Exploraremos algunas respuestas a estas preguntas.

Necesitamos una roca firme espiritual como ancla para nuestro carácter.

Somos la imagen y semejanza de nuestro Creador

Leemos en el primer libro de Moisés:

Entonces Dios dijo: "Hagamos a los seres humanos a nuestra imagen, para que sean como nosotros. Ellos reinarán sobre los peces del mar, las aves del cielo, los animales domésticos, todos los animales salvajes de la tierra y los animales pequeños que corren por el suelo". Así que Dios creó a los seres humanos a su propia imagen. A imagen de Dios los creó; hombre y mujer los creó.[3]

El pasaje anterior fue la primera declaración pública del Creador sobre los seres humanos. Él esencialmente dijo: "Creemos un ser llamado 'hombre' y démosle nuestro carácter: nuestra naturaleza y características". En este caso, la palabra "hombre" es un nombre plural; se refiere a la especie llamada *hombre*: tanto varón como mujer.

En hebreo —el idioma original en que se escribió este pasaje—, la palabra para "imagen" es *selem*, o *tselem*. Este término indica "estatura; imagen; copia... La palabra... significa 'imagen' en el sentido de naturaleza esencial... La naturaleza humana en sus características interna y externa...".[4] La palabra también significa "una figura representativa".[5] La naturaleza de la humanidad fue diseñada para ser una imagen de la propia naturaleza del Creador, o su carácter. Dios sopló su propia vida en el hombre: "Entonces... Dios... sopló en su nariz aliento de vida, y fue el hombre un ser viviente".[6] Así, el Creador dio a los seres humanos algo de su propio Espíritu. Todos los seres humanos han de ser representantes de Dios.

La palabra "semejanza" en este pasaje se traduce de la palabra hebrea *demut*. Tiene el sentido de "el original según el cual se forma una cosa".[7] Fuimos formados según nuestro Creador para manifestar su carácter mientras vivimos y trabajamos en esta tierra.

Carácter es la naturaleza intrínseca del Creador

¿Según qué "patrón" estamos cortados? ¿Cómo hemos de representar la naturaleza del Creador mediante nuestro carácter? Veamos varias de las cualidades del carácter de Dios como ilustraciones.

Siempre coherente

El Creador afirmó: "Yo, el SEÑOR, no cambio".[8] Él es coherente; Él es siempre el mismo. Dios cambia cosas y circunstancias, y también obra en personas para que puedan ser transformadas y llegar a ser más semejantes a Él. Pero Él mismo nunca cambia. En consecuencia, cuando un líder ha establecido su vida sobre principios sólidos y probados por el tiempo, debería seguir creciendo en conocimiento, en experiencia y en madurez, pero nunca debería alterar su buen carácter. Esto significa que aunque usted esté progresando en la vida y creciendo en el ejercicio de sus dones, su naturaleza fundamental debería seguir siendo la misma.

Por ejemplo, no debería importar si usted tiene sólo diez dólares a su nombre o un valor neto de diez millones de dólares; sus valores y sus normas morales no deberían deteriorarse tan sólo porque tenga usted riqueza (o poder, o estatus, u otras cosas). Debería ser capaz de decir algo como lo siguiente con respecto a su propia experiencia: "No robé los veinte dólares de fulano cuando se le cayó su cartera al lado de mi auto, y no voy a maquillar veinte millones de dólares ahora que tengo acceso a los fondos de pensiones de mi empresa. No pondré en un compromiso mi integridad".

Hay personas que me han conocido en público por más de treinta años, y el mayor cumplido que algunos de ellos me han hecho era parecido a las siguientes palabras: "Lo que me gusta de usted es que sigue siendo la misma persona. Tiene las mismas creencias fundamentales, y dice las mismas cosas". Prefiero escuchar eso sobre mí antes que ninguna otra cosa. Desde luego, he crecido personalmente, y me he desarrollado profesionalmente. Pero lo que esas personas me están diciendo en realidad es que tengo carácter. Están diciendo que he sido coherente; que con el paso de los años, no he cambiado la esencia de quién soy. Eso significa mucho para mí.

El cambio es, desde luego, una parte inevitable de nuestras vidas. De hecho, escribí un libro sobre el tema del cambio hace varios años porque creo que debemos aprender a responder positivamente a él y utilizarlo para nuestro beneficio a medida que cumplimos nuestro propósito en la vida. Sin embargo, subrayé que, en medio de todos los cambios en nuestras vidas, el Creador es nuestra única constante. Hay ciertas cosas que no pueden ser cambiadas: el carácter de Dios y los principios que Él estableció para que vivamos por ellos. Por lo tanto, podemos, y debemos, crecer. Pero no deberíamos cambiar nuestro carácter.

En medio de todos los cambios en nuestras vidas,
el Creador es nuestra única constante.

Siempre predecible

Debido a que la naturaleza del Creador no cambia, Él no es una cosa un día y otra cosa al día siguiente. Él es predecible: en el mejor sentido de la palabra. Usted sabe que puede confiar en Él. Santiago, un escritor bíblico del primer siglo, nos proporcionó una adecuada analogía para la constancia de Dios cuando escribió: "Toda buena dádiva y todo don perfecto desciende de lo alto, del Padre de las luces, en el cual no hay mudanza, ni sombra de variación".[9]

Como contraste, alguien que es impredecible en cuanto a cumplir con sus responsabilidades es como "sombra de variación"; confundirá y causará molestias a las personas, y con frecuencia los decepcionará de maneras importantes. Para ilustrarlo, supongamos que usted hubiera organizado que un familiar vaya a recoger a su hija de siete años de la parada del autobús escolar cada día a las 3:30 de la tarde y se quede con ella en su casa hasta que usted regrese del trabajo a las 5:45. Si su familiar fuese impredecible, podría decidir por capricho una tarde que no iría a recoger a su hija para poder irse de compras en cambio, y sin organizar un plan alternativo. Haría que su hija se asustase mucho cuando nadie fuese a recogerla. Usted se pondría histérico en cuanto a la seguridad de su hija cuando llegase a casa y descubriese que su hija no estaba allí, y que su familiar —con quien contactó a su teléfono celular en el centro comercial— no tenía idea de dónde estaría ella. Su hija podría haberse alejado y haberse perdido o resultar herida; o algo peor. También podría haber consecuencias legales por poner en riesgo a niños. La coherencia, en muchos niveles, es una cualidad de carácter esencial para cumplir con nuestras responsabilidades y mantener buenas relaciones con otros, y es un atributo que hemos de reflejar según nuestro Creador.

Siempre confiable

La coherencia y previsibilidad de Dios le hacen ser confiable. Si usted no está seguro de lo que alguien va a hacer, especialmente con respecto a su conducta hacia usted, es difícil confiar en esa persona. Pero cuando alguien ha demostrado coherentemente su buen carácter en el pasado, es fácil confiar en él.

En la Biblia, cuando Dios interactuaba con una persona, con frecuencia mencionaba sus fieles relaciones con aquellos que habían vivido en generaciones anteriores, o sus anteriores actos de poder a favor de su pueblo, a fin de asegurar al individuo su poder y confiabilidad en el presente. Por ejemplo, Él hizo afirmaciones como las siguientes: "Yo soy el Dios de tu padre, Dios de Abraham, Dios de Isaac, y Dios de Jacob"[10]; "Yo Jehová, que lo hago todo, que extiendo solo los cielos, que extiendo la tierra por mí mismo"[11]; "Porque yo soy Jehová, que os hago subir de la tierra de Egipto para ser vuestro Dios..."[12]. Con esta evidencia, Él atestiguaba de su absoluta confiabilidad.

Hemos de moldear nuestra propia conducta según la confiabilidad del Creador. Cuando un patrón pide referencias a un potencial empleado, lo que en realidad está pidiendo son los nombres de individuos de reputación que puedan proporcionar un informe de la competencia y confiabilidad del solicitante. Quiere ejemplos concretos del modo en que el solicitante ha demostrado esas cualidades en sus anteriores empleos o en otras experiencias de la vida.

Por lo tanto, de vez en cuando deberíamos hacernos la pregunta: "¿Cuán buenas son mis 'referencias' con respecto a mi confiabilidad? ¿Recibiría yo buenas recomendaciones de mis familiares, mis amigos, mis vecinos, mis compañeros de trabajo, los miembros de mi comunidad local, la institución financiera que tiene la hipoteca de mi casa, y otros? ¿En qué áreas de mi vida necesito trabajar en la confiabilidad?".

Siempre justo

La Escritura dice: "Jehová se ha hecho conocer en el juicio que ejecutó".[13] ¿Es usted conocido por lo mismo? ¿Trata a otras personas con imparcialidad, a pesar de cómo puedan tratarle a usted? ¿Busca justicia para quienes están en su comunidad? Veamos algunas de las instrucciones que el Creador nos ha dado con respecto a la justicia; instrucciones que se aplican a las relaciones cotidianas y también a asuntos legales:

No admitirás falso rumor. No te concertarás con el impío para ser testigo falso. No seguirás a los muchos para hacer mal, ni responderás en litigio inclinándote a los más para hacer agravios; ni al pobre distinguirás en su causa. Si encontrares el buey de tu enemigo o su asno extraviado, vuelve a llevárselo. Si vieres el asno del que te aborrece caído debajo de su carga, ¿le dejarás sin ayuda? Antes bien le ayudarás a levantarlo. No pervertirás el derecho de tu mendigo en su pleito.[14]

Ser "justo" significa considerar a todos de manera imparcial, sin mostrar favoritismo, ya sea que esté tratando con un amigo o con un enemigo. Que seamos conocidos por nuestra justicia, al igual que lo es nuestro Creador.

Siempre amoroso y compasivo

"Dios es amor".[15] Las cualidades del amor y la compasión son también fundamentales en el carácter del Creador: "Por la misericordia de Jehová no hemos sido consumidos, porque nunca decayeron sus misericordias. Nuevas son cada mañana; grande es [su] fidelidad".[16]

A muchas personas les gusta aliviar el sufrimiento de las personas en su propio país o en otros países que han experimentado una gran tragedia. Por ejemplo, si una organización benéfica hace una solicitud de finanzas para ayudar a las víctimas de un terremoto u otro desastre natural, el índice de respuesta es con frecuencia muy alto. Sin embargo, algunas veces es más fácil para nosotros ayudar a personas que no conocemos que mostrar continúa bondad y compasión a quienes sí conocemos personalmente, en especial después de que nos hayan decepcionado o fallado.

La coherencia a la hora de pasar por alto las faltas y perdonar las ofensas de nuestros familiares, amigos y asociados es un desafío. Deberíamos estar agradecidos de que el Creador tenga una provisión interminable de compasión para nosotros cada día, y deberíamos buscar emular sus cualidades en nuestras relaciones con los demás.

Desde luego, eso no significa que debiéramos ayudar a otra persona a dañarse a sí misma o a otros al capacitar su conducta destructiva o su adicción. Tampoco significa que deberíamos fingir que todo está bien cuando existen graves problemas en una relación. Sin embargo, cualesquiera que sean las circunstancias en que estemos, y sean cuales sean los problemas que han de ser resueltos, podemos acercarnos a los demás con el mismo principio de amor con el que el Creador se acerca a nosotros; un amor que valora su creación hecha a su imagen y busca lo que es mejor para ellos físicamente, mentalmente, emocionalmente y espiritualmente.

La naturaleza de Dios es el paradigma del carácter. Él manifiesta todas las cualidades positivas relacionadas con virtud, todo el tiempo. Por lo tanto, Él es nuestro modelo supremo de carácter. Y debido a que Él es perfecto en carácter, podemos contar con que Él es siempre coherente, predecible, confiable, justo, amoroso y compasivo hacia nosotros.

El carácter precedió al don de liderazgo

Regresemos al pasaje en el primer libro escrito por Moisés que describe la creación de los seres humanos, a medida que seguimos explorando los principios que el Creador ha establecido para que vivamos por ellos. "Entonces Dios dijo: 'Hagamos a los seres humanos a nuestra imagen…'". Notemos que lo primero en la mente del Creador con respecto a la humanidad fue dar carácter a hombres y mujeres, o la esencia de su naturaleza. Claramente, el carácter es su prioridad. Y como hemos visto, también debe ser nuestra prioridad, si queremos llegar a ser los líderes que habíamos de ser.

La siguiente afirmación del Creador fue: "Ellos reinarán…". Otra manera de traducir "reinarán" es "tengan dominio".[17] En otras palabras, Él estaba diciendo: "Tengan liderazgo —autoridad y poder— sobre la tierra". Ya que el carácter era la prioridad de Dios, Él dio el don de su imagen y semejanza *antes de* dar la capacidad de gobernar. Es significativo que Él no consideró sabio confiar a los seres humanos poder hasta que les hubo dado carácter.

Nosotros con frecuencia hacemos lo contrario con nuestros líderes: damos poder a las personas y entonces *esperamos* que tengan carácter. Si no lo tienen, el modo en que utilizan su poder sacará a la luz ese hecho. Pero desde el comienzo, el carácter siempre ha sido imperativo para los seres humanos. Y debería ser el requisito previo para los líderes en la actualidad.

El Creador no nos otorgó poder hasta que nos dio carácter.

El liderazgo es natural

La palabra "reinar" o "tener dominio" significa gobernar, controlar, administrar y dominar. Debido a que los seres humanos recibieron el don del liderazgo en la creación, era natural para ellos. Fuimos diseñados para gobernar e influenciar la tierra según el carácter del Creador. Por eso escribí anteriormente que todos nacimos para liderar en un área de talentos. Debemos crecer para llegar a ser los líderes que habíamos de ser, reconociendo y redefiniendo nuestros dones de liderazgo y desarrollando el carácter.

Muchas personas están frustradas porque no tienen un sentimiento de propósito en cuanto a por qué están en esta tierra. La mayor ignorancia del hombre es la de sí mismo. Con frecuencia hemos menospreciado u olvidado la realidad de Dios y de sus propósitos, al igual que el que hayamos sido creados a su imagen y lo que eso significa. Y como hemos visto, lo que creemos acerca de nosotros mismos crea nuestro mundo. Ningún ser humano puede vivir por encima de los límites de sus creencias. Tener un conocimiento del Creador y de lo que Él nos diseñó para ser nos dará un renovado sentimiento de propósito.

El liderazgo es una empresa cooperativa

Notemos que el Creador afirmó específicamente: "Ellos reinarán...". Él no dijo: "Reinarán *algunos* de ellos", o "Reinarán *la élite*". En cambio, Él dijo efectivamente: "Reinarán *todos* los seres humanos". El dominio, o liderazgo, fue establecido por Dios como una empresa cooperativa; y tener carácter es esencial para cooperar efectivamente con otros.

Los talentos únicos que poseemos se relacionan igualmente con el mandato general a los seres humanos a gobernar y con nuestro cumplimiento individual de ese mandato. Una comunidad de líderes, cada uno aportando sus dones y talentos, es necesaria para lograr la comisión global de liderazgo. Dios no creó a la raza humana como una comunidad que tendría *un* líder o *algunos* líderes; Él creó una comunidad *de* líderes. La idea de que algunas personas son superiores y otras son inferiores no existe en el plan de Él.

Liderazgo no significa dominar a otras personas

Dios dijo: "Ellos reinarán sobre los peces del mar, las aves del cielo, los animales domésticos, todos los animales salvajes de la tierra y los animales pequeños que corren por el suelo".[18] Esta lista de áreas sobre las cuales los seres humanos han de gobernar es especialmente instructiva con respecto a lo que *no* está incluido en ella: *otros seres humanos.* Usted y yo no habíamos de dominar a otras personas, ni tampoco fuimos diseñados para ser dominados por ellas. Debíamos ejercer liderazgo sobre el entorno de la tierra, animales, recursos, propiedades físicas, etc.; pero nunca sobre otros seres humanos. Repito: dominar a otras personas es ilegítimo bajo los propósitos establecidos del Creador. Por eso el espíritu humano se resiste de modo natural a ser controlado.

Debemos desarrollar un ambiente de carácter

Una de las primeras instrucciones de Dios para los seres humanos fue: "Sean fructíferos y multiplíquense. Llenen la tierra y gobiernen sobre ella".[19] Todo el mundo había de ser lleno de hombres, mujeres y niños que manifestasen la naturaleza de Dios. Por consiguiente, deberíamos desarrollar un ambiente que conduzca a demostrar el carácter de Dios. Interiormente, deberíamos desarrollar la mentalidad y las cualidades del carácter. Exteriormente, deberíamos crear un ambiente comunitario que fomente y sostenga normas éticas, como integridad y justicia.

Aunque no hay tal cosa como una "comunidad ética", sí existe tal cosa como una comunidad de personas éticas. Corporativamente, las personas acuerdan los valores por los cuales van a vivir. Ese acuerdo es lo que crea una cultura de moralidad; y esa cultura moral se convierte en la fuente de ética para la comunidad. Como hemos visto, una cultura ética siempre comienza con el compromiso personal del individuo a vivir según fuertes valores.

Una prioridad humana

El orden que el Creador estableció para el liderazgo es *carácter antes de poder.* Por eso el énfasis sobre el carácter debe volver a ser una prioridad humana. Cuando regresamos al carácter, regresamos al estado natural en el cual debíamos operar.

Puede que usted sea gerente, supervisor, empresario, político, clérigo, director educativo, el presidente de un grupo comunitario o el presidente de una nación. Cualquiera que sea la forma de liderazgo que usted ejercita, le insto a hacer el siguiente compromiso para toda la vida: ayudar a situar el carácter como la prioridad entre los líderes. De otro modo, nuestro mundo seguirá cayendo en espiral, moralmente y éticamente. Por todo el planeta, las sociedades se están deteriorando, y se derrumbarán si no hacemos del carácter nuestro interés primordial.

Todo el mundo había de ser lleno de hombres, mujeres y niños que manifestasen la naturaleza de Dios.

Cómo los seres humanos perdieron el carácter

Como hemos discutido, una cualidad básica de la naturaleza del Creador es que no cambia. Las preguntas que debemos hacernos, por lo tanto, son: "¿Cómo perdieron los seres humanos como raza —creados a imagen y semejanza de Dios— la manifestación continua del carácter de Él?". "¿Cuándo dejamos de ser siempre coherentes, siempre predecibles, siempre confiables, siempre justos, siempre misericordiosos y compasivos, y otras cosas, como lo es nuestro Creador?". "¿Por qué comenzamos a demostrar características no éticas, de modo que nuestro mundo se ha desviado tan lejos de ser una expresión de la naturaleza de Él?".

Irónicamente, los seres humanos perdieron su capacidad de manifestar de modo coherente la naturaleza del Creador porque el primer hombre y la primera mujer prestaron atención a la falsa acusación de que Dios no les estaba tratando con verdadero carácter, que no estaba siendo justo. Cuando la confiabilidad de Él fue puesta en cuestión, los primeros seres humanos tomaron la decisión de dudar de la autenticidad de Él. Entonces, por causa de obtener poder para sí mismos, quebrantaron un principio clave que Él había establecido para ellos. Puede leer acerca de esos incidentes en el primer libro de Moisés.[20]

El principio que los primeros seres humanos violaron había sido pensado para protegerlos, de modo que no sufrieran las consecuencias de vivir fuera de la naturaleza de Dios. Al quebrantar este principio, fueron precisamente contra el medio que les habría salvaguardado. Como *decidieron* vivir fuera de la naturaleza de Dios, su carácter quedó retorcido. Esto indica que, de alguna manera, su carácter no dependía solamente de la naturaleza; también requería una decisión continuada de permanecer en esa naturaleza. Hoy día nos enfrentamos a ese mismo tipo de decisión: ¿Viviremos según nuestros principios establecidos, creencias, valores, normas morales y código ético? Esta es una decisión que tomamos diariamente.

La trágica decisión de los primeros seres humanos causó que la humanidad sufriera las consecuencias de una pérdida de la verdadera naturaleza de Dios, incluyendo el comienzo de las luchas, la enfermedad y la muerte física. La fuente fundamental de las deficiencias y los problemas de toda la humanidad fue, y es, su rechazo de los principios del Creador. Este rechazo es lo que la Escritura llama "pecado". Por eso la naturaleza humana es descrita por los líderes espirituales como "caída". Anteriormente existió sobre un elevado plano ético, pero descendió hasta un lugar donde con frecuencia manifiesta solamente una fracción de su estado anterior.

Resultados de la pérdida del verdadero carácter

Exploremos varios resultados del rechazo de la humanidad de los principios y el carácter de Dios.

1. Distorsión de la imagen del Creador

Como la humanidad perdió la verdadera naturaleza de Dios, ahora tiene una imagen distorsionada de esa naturaleza. Las principales características de los seres humanos caídos son lo contrario al genuino carácter: incoherencia, falta de previsibilidad, infidelidad, compromiso, injusticia, prejuicio, falta de confiabilidad, dominación, venganza, falta de perdón, crueldad, y otras cosas. Todas las sociedades del mundo sufren los síntomas de la pérdida de carácter de la humanidad.

Por ejemplo, hay personas que se confabulan para desacreditar a sus colegas y a otras personas en el lugar de trabajo a fin de conseguir los ascensos que esos otros individuos se merecen. Hay alumnos universitarios que engañan en los exámenes a fin de "obtener" un estatus académico más elevado, con el resultado de que a veces reciben ventajas injustas sobre otros, como empleos mejor remunerados. Nos preguntamos cómo pueden suceder esas cosas. (Algunas personas no están seguras de por qué realizan algunos de esos actos). Además, el carácter retorcido de la humanidad puede hacer que las conciencias de algunas personas estén desequilibradas: puede que carezcan de un sentimiento natural de culpabilidad cuando hacen el mal; o puede que tengan una conciencia demasiado activa, en la cual se sienten continuamente culpables por cosas de las cuales no son responsables.

Por lo tanto, toda la corrupción humana surge de nuestra pérdida del carácter de Dios como un elemento intrínseco de nuestra propia naturaleza. Los seres humanos siguen siendo capaces de ejercer una conducta moral, pero eso implica tomar la decisión continuada de aceptar fuertes convicciones y valores. Y todos somos incoherentes en esta empresa, porque el carácter sólido ya no es natural para nosotros.

2. Confusión sobre la imagen y la dignidad propia

Otro resultado del rechazo de los seres humanos de la imagen de Dios es que perdieron su propia esencia. Se volvieron confusos acerca de quiénes eran, aquello para lo cual nacieron, y cómo debían vivir. Ya no tenían un claro sentimiento de propósito y significado en el mundo; y perdieron el sentimiento de aceptación y valía que proviene de tener una relación fluida con su Creador.

3. Inestabilidad

Sin carácter, los seres humanos también se volvieron inestables. Por eso con frecuencia nos resulta difícil depender de otros. Muchas personas descuidan el cumplir sus promesas. Por ejemplo, el día de su boda, una pareja se viste para la ocasión, se sitúa delante de un clérigo o un juez de paz, y hace promesas como: "¡Te amaré y te querré hasta que muera!". Entonces, en algún momento después de la luna de miel, el esposo o la esposa puede que pierda el interés y abandone, a veces para irse con otra persona. Si su cónyuge le ha abandonado, usted entiende lo que quiero decir. Tuvo una hermosa boda en la cual todo era perfecto: el predicador, el estupendo vestido de boda y el esmoquin hecho a medida, las flores, los anillos, y las demás cosas. Fue un día ideal. Y ahora usted se pregunta qué le sucedió al matrimonio. Tal ruptura se produce porque muchas personas son inestables e incoherentes. No han tomado una decisión consciente de establecer fuertes valores y comprometerse verdaderamente a seguirlos.

Si alguien es inestable, no importa lo que prometa; no se puede confiar en ello. Como dijo Santiago, el escritor bíblico: "¿Acaso alguna fuente echa por una misma abertura agua dulce y amarga? Hermanos míos, ¿puede acaso la higuera producir aceitunas, o la vid higos? Así también ninguna fuente puede dar agua salada y dulce".[21] Si la fuente no ha cambiado, los resultados serán los mismos. Santiago también escribió: "El que duda es semejante a la onda del mar, que es arrastrada por el viento... El hombre de doble ánimo es inconstante en todos sus caminos".[22] Una persona inestable es como las olas del mar: impredecible, inconstante.

Por eso cuando conocemos a personas que tienen un fuerte carácter, las admiramos y las amamos. Se debe a que son un cuadro de nuestro yo original. Una persona de carácter nos da un destello de lo que todos los seres humanos solíamos ser y de lo que la mayoría de nosotros, en lo profundo de nuestro ser, deseamos ser. Es mi esperanza que este libro vuelva a presentarnos a nosotros mismos, vuelva a conectarnos con la imagen a la cual fuimos creados. Fuimos hechos para tener carácter, pero hemos estado viviendo fuera de él. Que seamos inspirados a regresar a nuestro verdadero yo: la imagen de Dios.

Una persona de carácter nos da un destello de lo que todos los seres humanos solíamos ser y de lo que la mayoría de nosotros, en lo profundo de nuestro ser, deseamos ser.

La restauración del carácter

Como el Creador tiene carácter genuino, sus planes para los seres humanos no incluían permitirles languidecer en un estado en el cual carecieran de la naturaleza de Él, y experimentasen todas las consecuencias resultantes. En su fidelidad y confiabilidad, Él inició un plan para restaurar la humanidad a sí mismo. Ese plan implicaba darnos una naturaleza renovada, mediante la cual podríamos de nuevo compartir su carácter y seguir coherentemente sus principios que dan vida.

168 El Poder del Carácter en el Liderazgo

Él logró su plan mediante Jesús de Nazaret, también llamado Jesús el Cristo. Dios testificó acerca de Él: "Este es mi Hijo amado, en quien tengo complacencia".[23] Jesús dijo: "Yo y el Padre uno somos".[24] Jesús era el Hijo de Dios porque vino de Dios, era uno con Dios, y manifestó plenamente el carácter de Dios sobre la tierra. Uno de los discípulos de Jesús escribió sobre Él:

En el principio era el Verbo, y el Verbo era con Dios, y el Verbo era Dios. Este era en el principio con Dios. Todas las cosas por él fueron hechas, y sin él nada de lo que ha sido hecho, fue hecho. En él estaba la vida, y la vida era la luz de los hombres... Y aquel Verbo fue hecho carne, y habitó entre nosotros (y vimos su gloria, gloria como del unigénito del Padre), lleno de gracia y de verdad.[25]

Y Pablo de Tarso escribió: "Porque en él habita corporalmente toda la plenitud de la Deidad".[26] Jesús tenía la misma naturaleza y Espíritu que Dios. Y su propósito para venir a la tierra era restaurar la imagen de Dios en nosotros. Las Escrituras son muy claras en que necesitamos una nueva naturaleza. "El que no naciere de agua y del Espíritu, no puede entrar en el reino de Dios".[27]

Por lo tanto, Jesús vino para devolvernos nuestro carácter. Nadie puede ser restaurado a la naturaleza del Creador excepto por medio de Él.[28] Jesús el Cristo, como el Hijo de Dios, era el único que podía representar tanto al Creador como a sus seres creados a fin de reparar la brecha que había entre ambos y producir plena reconciliación y restauración.

Cuando Jesucristo murió en la cruz, pagó el precio por nuestra naturaleza humana caída. También pagó el precio por todas las veces en que nosotros mismos hemos actuado de modo contrario al carácter y los principios de nuestro Creador. Cuando reconocemos y aceptamos lo que Él hizo por nosotros, somos restaurados a Dios y recibimos su naturaleza en nuestro interior una vez más. Esto nos capacita para experimentar una transformación duradera mediante la cual podemos manifestar la imagen de Él y desarrollar carácter genuino de acuerdo a sus principios. En esta vida, podemos esperar experimentar un proceso de continuo crecimiento y maduración en el modo en que manifestamos la naturaleza del Creador.

Restaurar una cultura de carácter en la tierra

El "reino" de Dios

Cuando Jesucristo estaba en la tierra, hizo hincapié en el tema de "el reino de Dios" cuando enseñaba a sus discípulos y a las multitudes que se reunían para escucharle. Escribí anteriormente que el reino de Dios —la influencia del cielo sobre la tierra— fue el mayor valor y prioridad de Jesús. Veamos brevemente lo que significa el reino de Dios.

Dios existe en un "país" celestial. Él creó la tierra para que fuese una colonia del cielo, una extensión de su reino. Tal cultura sólo podía ser producida por medio de seres que fuesen semejantes a Él. Como hemos visto, Él dio a los hombres y las mujeres el don del liderazgo, o dominio, sobre la base de que ellos manifestasen el carácter de Él. Sin embargo, cuando la humanidad rechazó la naturaleza y los principios de Dios, la plena manifestación de su carácter en la tierra quedó perdida.

Jesús hizo declaraciones como: "El reino de Dios se ha acercado; arrepentíos, y creed en el evangelio".[29] Se refería al regreso de la cultura de Dios a la tierra, la cual fue inaugurada con su llegada y se cumpliría cuando Él hizo provisión para que las personas fuesen restauradas a su Creador y recibiesen la plenitud de su naturaleza una vez más.

La manifestación de la naturaleza de Dios en la tierra se denomina un "reino" porque es el ámbito sobre el cual Él gobierna. Incluye la comunidad de todos los que han recibido su naturaleza como resultado de su restauración a Él, de modo que pueden reflejar sus atributos. La renovación de la cultura de Dios en la tierra es la continuación de su plan original en la creación: que todo el mundo fuese lleno de su carácter.

Una confrontación de culturas

La palabra "arrepentimiento", que Jesús utilizó al anunciar que el reino de Dios estaba cerca, se ha convertido en un término religioso pero esencialmente significa cambiar el modo de pensar. ¿Por qué razón dijo Jesús que las personas tenían que alterar su modo de pensar? Porque Él estaba trayendo una cultura diferente a la tierra, y para ser parte de esa cultura diferente se requería una mentalidad diferente y valores diferentes.

Esta nueva llegada del reino de Dios a la tierra produjo inmediatamente una confrontación de ideas y culturas. Una razón es que los conceptos de vida que fueron avanzados por el imperio romano, incluyendo la idea de que algunas razas eran superiores a otras razas, dominaba el mundo en el que Jesús vivía. Y lo que Jesús enseñaba era lo contrario a la perspectiva romana.

Un tipo de líder diferente

Una de las afirmaciones más poderosas de Jesús acerca del liderazgo es una en la cual hizo un comentario sobre el César y el imperio romano:

> Sabéis que los gobernantes de las naciones se enseñorean de ellas, y los que son grandes ejercen sobre ellas potestad. Mas entre vosotros no será así, sino que el que quiera hacerse grande entre vosotros será vuestro servidor, y el que quiera ser el primero entre vosotros será vuestro siervo; como el Hijo del Hombre no vino para ser servido, sino para servir, y para dar su vida en rescate por muchos.[30]

La conducta común para los líderes en aquella época era controlar y manipular a otras personas, mostrar poder y autoridad y decirles a los demás qué hacer. (No ha cambiado tanto, ¿verdad?). Pero Jesús les dijo a sus discípulos efectivamente: "Ese no es el modo en que será entre ustedes en el reino de Dios. Su liderazgo será diferente". ¡Qué distinción entre las perspectivas de liderazgo de cada cultura! La primera dice: "Para ser grande, tiene que dar órdenes a las demás personas y mostrarles quién es el jefe". La segunda dice: "Si quiere ser grande, si quiere ser el primero, entonces debe servir a otras personas". Jesús les dijo a sus discípulos: "Mírenme a mí; yo no vine para ser servido. Vine para entregarme a mí mismo". Este punto es crucial. ¿Qué entregó Jesús? A sí mismo. El verdadero liderazgo significa encontrar algo dentro de usted mismo para poder dar.

La cultura del reino de Dios cambia nuestra concepción de lo que significa ser un líder. A veces pensamos que el liderazgo se mide por el número de personas que nos sirven, por cuántos seguidores tenemos o por cuántas personas están en nuestro "séquito". Yo normalmente soy receloso de las personas que tienen grandes séquitos, porque eso sugiere que tienen un problema de ego o un problema de autoimagen. El liderazgo no se mide por el número de personas que sirven a uno; se mide por si usted está sirviendo a otras personas.

Y cuando está sirviendo a otras personas, piensa en su valor: eso es lo que motiva y gobierna su relación con ellos. Cuando el Creador nos hizo a su imagen, estableció el valor de todos los seres humanos. Tristemente, siempre que hay una ausencia de carácter las personas encuentran fácil devaluar a otros. Pero aquellos que no quieren honrar y servir a las personas no pueden ser verdaderos líderes.

El liderazgo no se mide por el número de personas que sirven a uno; se mide por si usted está sirviendo a otras personas.

Normas más elevadas

Por lo tanto, siempre que el reino de Dios se manifiesta en la tierra, inevitablemente entra en conflicto ético con la cultura prevaleciente. La "colonización" conducirá a tal disonancia, porque una cultura entra en otra cultura para sustituirla, no para coexistir con ella. La cultura de la naturaleza de Dios no se corresponde con las ideas destructivas que se han desarrollado de la naturaleza humana caída, y tales ideas dominan nuestras naciones en la actualidad. Serán necesarios líderes honestos para producir la transformación, y no para meramente llegar a quedar absorbidos en el sistema existente.

Ya no podemos operar según los falsos patrones de liderazgo que vemos mostrados en nuestra cultura. Sé que muchos de nosotros fuimos formados según los conceptos tradicionales de liderazgo, como los que fomentaba el imperio romano; muchos de nosotros recibimos nuestros títulos de escuelas que enseñaban esas ideas; sin embargo, nuestras normas deben ser más elevadas.

Aunque puede que experimente conflictos culturales a medida que comienza a vivir según los principios del Creador, no permita que esos encuentros hagan que responda con enojo hacia otras personas. Los verdaderos líderes sirven; no van empujando a los demás.

Por ejemplo, en el último capítulo hablamos sobre que los valores negativos no expresados pueden dominar una entidad corporativa. Las personas puede que le digan a un nuevo empleado cosas como: "Mira, si quieres ser parte de esta empresa, tienes que hacer lo que todo el mundo hace. De otro modo, tendrás que irte". Lo que están insinuando es: "Nosotros tenemos cierta cultura en esta organización, y todo el mundo se acopla. Por lo tanto, si no intentas obtener tu pedazo del pastel, entonces vas a ser un problema para nosotros porque nos dejarás al descubierto. O bien te vuelves parte del grupo o no sobrevivirás".

En tal situación, un líder debe permanecer firme, dedicado a los valores, principios y ética mediante los cuales se ha comprometido a vivir. Las culturas serán transformadas a medida que sigamos nuestra conciencia moral, manifestando coherentemente las cualidades de la naturaleza de Dios y buscando servir a los demás.

8

El poder de los principios

"Cambie sus opiniones, mantenga sus principios;
cambie sus hojas, mantenga intactas sus raíces".
—Víctor Hugo, escritor

Cuando un producto para el consumo se desarrolla y se produce, sus fabricantes con frecuencia publican información importante acerca del producto en un manual del usuario que viene empaquetado junto con el objeto. El manual es en realidad un libro de "principios" que indica cómo funciona el objeto, cómo operarlo adecuadamente y cómo hacer que dure más tiempo. Algunos de esos principios podrían ser: "Mantener lejos del calor". "Siempre limpiar el aparato después de usarlo". "No usar cerca del agua ni sumergirlo". "No adecuado para soportar peso mayor de 5 kilos". "Cumplir el calendario de mantenimiento recomendado".

De modo similar, después de crear a los primeros seres humanos, el "Fabricante" les dio información valiosa acerca del modo en que ellos "funcionaban", cómo "operar" adecuadamente sus vidas y cómo asegurarse de que su liderazgo tuviese longevidad. Él comunicó principios específicos para que ellos pudieran entender la naturaleza mediante la cual habían sido diseñados para vivir. Más adelante en la historia humana, Él se aseguró de que esos principios, y también instrucciones adicionales, fuesen puestos por escrito como una referencia vital para toda la humanidad.

Anteriormente hablamos del hecho de que los valores de una organización o comunidad siempre deberían comunicarse claramente a sus miembros. Y todos nosotros somos miembros de la comunidad más grande de la tierra: la raza humana. El Creador ha "publicado" sus principios y valores de diversas maneras en la Biblia, la cual es, en efecto, un "Manual del Usuario Corporativo" para los seres humanos. Algunos de esos principios y valores están incluidos en compilaciones de normas morales, dos de las cuales se conocen comúnmente como los Diez Mandamientos y las Bienaventuranzas. Pero se pueden descubrir muchos más en sus páginas, algunos de los cuales exploramos en el capítulo anterior.

En el capítulo 7 escribí que los principios contenidos en el registro bíblico son estables, probados por el tiempo y cívicamente sensatos. Pueden asegurar el verdadero desarrollo humano y permitirnos reconstruir nuestras sociedades y naciones sobre un fundamento de firmes valores y ética. Además, si un individuo que ha suprimido su conciencia, o brújula moral, llega a ser consciente de los principios del Creador y responde a ellos, su conciencia puede volver a despertar, de modo que recuperará una convicción del bien y del mal. Por todas estas razones, he pensado este capítulo como un resumen de las propiedades y los beneficios clave de los principios que el Creador ha establecido para nosotros.

La clave para liderar con eficacia

El poder de los principios ha estado entre los mayores descubrimientos de mi vida, y creo que lo mismo puede ser cierto para usted. La clave para vivir con eficacia en esta tierra es conocer, aceptar y aplicar los principios del Fabricante. Comprender esos principios nos dará sabiduría, y seguirlos nos hará líderes de carácter.

El fabricante, y no el producto, establece los principios

La primera propiedad clave para entender acerca de los principios es que un producto fabricado no establece los principios mediante los cuales funciona; es el creador/fabricante quien lo hace. Como hemos destacado, todo lo que nuestro Creador/Fabricante hizo estaba pensado para operar según principios que Él había determinado de antemano. Eso nos incluye a los seres humanos. Por lo tanto, los principios mediante los cuales operamos ya han sido definidos por nuestro Creador; no son definidos por nosotros mismos.

El propósito de los principios

Estos principios no son arbitrarios sino específicos para nuestro propósito: debíamos operar según principios que pueden sostener nuestra naturaleza moral a imagen y semejanza de Dios. Por lo tanto, va a favor de nuestro mejor interés entenderlos y seguirlos.

"Primeras leyes"

Hemos definido anteriormente un *principio* como "una ley, doctrina o suposición fundamental y global", "una regla o código de conducta" y "una fuente principal". La palabra *principio* se deriva de dos palabras latinas que significan "comienzo" e "iniciador". Por consiguiente, los principios se refieren a "primeras leyes".

Las "primeras leyes" del Creador para la vida en la tierra atañen a los ámbitos tanto físico como moral (espiritual). Dios instituyó leyes físicas, como la fuerza de la gravedad, para gobernar nuestro ambiente terrenal, dándonos los parámetros para el modo en que podemos operar en el mundo natural. De igual manera, Él instituyó leyes morales para la conducta de nuestras vidas, dándonos parámetros para el modo en que podemos vivir de manera ética con respecto a Él, nosotros mismos y otras personas.

Comprender los principios nos hará sabios,
y seguirlos nos hará líderes de carácter.

Los principios son permanentes

Otra propiedad clave de los principios de Dios es que son inmutables, o permanentes. Podemos resistirnos a ellos, pero eso no los altera, ni tampoco las consecuencias de rechazarlos. Para utilizar un ejemplo familiar, usted podría intentar desafiar la ley de la gravedad saltando desde lo alto de un edificio y creyendo que caería hasta el suelo flotando con seguridad, simplemente por querer que eso suceda. Sin embargo, la gravedad le seguiría empujando hacia la tierra, diciendo en efecto: "¡Voy a demostrarte que la física funciona!". Las leyes fijas se aplican a todos.

Toda la vida se relaciona con principios físicos y/o morales. En este libro nos ocupamos de explorar principios morales, los cuales conducen al carácter, al igual que las consecuencias de menospreciarlos. Por lo tanto, veamos algunos beneficios de aprender y adherirnos a los eternos principios del Creador.

Beneficios de conocer y seguir los principios del Creador

Los principios nos salvaguardan de los sustitutos

Los principios nos permiten construir y mantener carácter personal a medida que gobiernan y salvaguardan nuestras vidas. Aunque las "primeras leyes" son las que el Fabricante instituyó y afirmó en su Manual del Usuario, hay otras leyes morales que debemos contemplar con cautela porque son sustitutos de los originales. Estas leyes fueron inventadas por algunos de los "productos" del Fabricante.

Por ejemplo, muchas personas actualmente están avanzando sus propios principios con respecto a qué conducta es moralmente y éticamente aceptable. La razón de que muchas de nuestras naciones estén experimentando decadencia es que están siendo lideradas por personas influyentes cuyas filosofías están basadas en otros "manuales". Esos líderes culturales afirman que los principios revisados son mejores que los que el Fabricante estableció. Sin embargo, los nuevos principios no son reconocidos por el Fabricante y no conducirán al éxito duradero, según las leyes que Él ha establecido para el mundo. Nosotros no podemos instituir "nuevas" leyes naturales; y no podemos alterar los principios inherentes mediante los cuales los seres humanos han sido creados para operar.

Quizá haya tenido usted la experiencia de preparar un viaje de una semana e intentar decidir qué cosas llevar. En tal situación, muchas personas tienden a llevarse demasiadas cosas, de modo que tienen que sentarse sobre su maleta en un intento por cerrarla. Los lados de la maleta sobresalen, y la cremallera se atasca. Con frecuencia, después de varios intentos fallidos, las personas terminan sacando algunas de las cosas porque la maleta no estaba diseñada para albergar tanto volumen. Sin embargo, a veces las personas tienen éxito a la hora de cerrar la maleta, y tienen que transportar una maleta muy pesada. Si viajan en avión, puede que tengan que pagar más dinero debido al peso extra de su equipaje. Entonces, cuando regresan a su casa, las costuras de la maleta han empezado a romperse, y la tela empieza a deshilacharse.

Este escenario es parecido a lo que sucede cuando intentamos añadir "nuevos" principios que no encajan en el diseño original del Creador: se vuelven pesados y dañinos para nosotros. Algunas personas afirman que el cambio de moralidad indica progreso social, guiando el camino para el desarrollo y la formación humanos. Sin embargo, no reconocen las consecuencias para el desarrollo humano de manipular o rechazar principios integrales. Esas nuevas leyes puede que obtengan apoyo popular, pero no cancelarán las primeras leyes, las cuales, repito, son tan fijas moralmente hablando como lo son las leyes físicas.

Aquí tenemos otra sencilla ilustración. Supongamos que un individuo decidiera que quería dejar de utilizar gasolina para que su auto funcione, de modo que llenase su tanque con jugo de naranja en cambio. Tuvo la voluntad de hacer eso, y tuvo la capacidad de hacerlo, pero su acción no alteró el principio de cómo funciona un motor de combustión interna. Tal como fue originalmente diseñado, su auto no funcionará a menos que ponga gasolina en él; y poner jugo de naranja en su tanque dañará el motor.

A este respecto, veamos algunas afirmaciones que se encuentran en el Manual del Usuario, en el libro llamado los "Salmos", en el cual el escritor bíblico se dirige al Creador:

Tú encargaste que sean muy guardados tus mandamientos.[1]

La palabra "mandamientos" se refiere a las primeras leyes. El escritor estaba efectivamente diciendo: "Creador, tú has establecido principios que no son opcionales; no están abiertos a discusión". Aunque son permanentes, las primeras leyes no están estancadas. Por el contrario, son aplicables a todas las personas, en todas las épocas de la historia, y dan vida. Más adelante en el pasaje leemos:

Nunca jamás me olvidaré de tus mandamientos, porque con ellos me has vivificado.[2]

A continuación, veamos las primeras líneas de otro de los salmos, escrito por el rey David, acerca de líderes que intentan operar según principios contrarios a los que el Creador ha establecido:

¿Por qué se amotinan las gentes, y los pueblos piensan cosas vanas? Se levantarán los reyes de la tierra, y príncipes consultarán unidos contra Jehová y contra su ungido, diciendo: Rompamos sus ligaduras, y echemos de nosotros sus cuerdas.[3]

La parte siguiente dice:

El que mora en los cielos se reirá; el Señor se burlará de ellos.[4]

¿Por qué el Creador "se ríe" de esta conspiración? Como sus principios ya están establecidos, cualquier trama contra ellos es en vano. Las personas inventan sus propias leyes, pero no funcionará. Dios ya ha determinado la mejor manera en que nosotros operemos.

El Creador no se queda impresionado por ningún líder del gobierno o cuerpo legislativo que crea leyes contrarias a las que Él ha incorporado a la vida. Tampoco se ve amenazado por ellas. Él es nuestro Líder supremo, y su autoridad no puede ser suplantada por aquellos a quienes Él ha creado.

Aunque no podemos inventar principios que cancelarán las primeras leyes del Fabricante, eso no significa que las personas no intenten crearlos y vivir de acuerdo a ellos. Pero si lo hacen, no estarán viviendo en armonía consigo mismos, con los demás o con su Creador. No operarán tal como fueron diseñados para hacerlo.

Seguir las normas establecidas por Dios es la única manera en que los seres humanos pueden vivir productivamente y pacíficamente. Sin embargo, muchas personas parecen luchar contra esos principios. Yo creo que si entendiesen los propósitos esenciales de las primeras leyes de Dios, dejarían de luchar contra ellas y se beneficiarían de su poder transformador.

Los principios simplifican nuestras vidas y nuestra toma de decisiones

Otra razón por la cual los principios del Creador son eminentemente valiosos es que simplifican la vida. Cuando usted entiende sus principios, sabe cómo responder en diversas situaciones, especialmente las que implican cuestiones éticas. Debe usted tomar tiempo para aprender las leyes de Dios, pero cuando lo haga, ellas harán que muchas de sus decisiones sean más claras y más fáciles.

El primer salmista al que cité en la sección anterior también hizo esta afirmación:

Y andaré en libertad, porque busqué tus mandamientos.[5]

El escritor estaba diciendo que debido a que había buscado los principios del Creador, sabía que andaría "en libertad". Cuando seguimos las primeras leyes de Dios, somos liberados. Como ya hemos hablado, somos hechos libres para tomar decisiones acerca de varios problemas y dilemas sin tener que preguntarnos qué debemos hacer. Y también somos libres de las consecuencias negativas que surgen de tomar malas decisiones éticas. Por lo tanto, observar los principios fundamentales nos permite caminar con una nueva confianza.

Veamos un extracto más del pasaje citado anteriormente:

Más que todos mis enseñadores he entendido, porque tus testimonios son mi meditación.[6]

Si estudia los principios del Creador, se volverá mucho más sabio que muchos líderes en la actualidad. Yo frecuentemente me relaciono con personas poderosas e influyentes, y cuando me piden que presente mis ideas para resolver ciertos asuntos sociales o corporativos, los líderes con frecuencia comentan la sabiduría contenida en esas ideas. Lo que muchos de ellos no entienden, especialmente al principio, es que yo he estudiado muchos de los principios integrales de Dios. No puedo apropiarme el mérito por esa sabiduría. Como consultor, mi papel es el de explicarles y exponerles esos principios. Cuando ellos oyen por primera vez los principios, creen que son nuevos y destacables. Son destacables, pero no son nuevos. Una vez más, llevan mucho tiempo establecidos y han sido probados por el tiempo.

Si estudia los principios del Creador,
se volverá mucho más sabio que muchos líderes en la actualidad.

Por consiguiente, si alguien tiene un problema con su empresa y me pide que sirva como consultor para abordar el asunto, con frecuencia sé exactamente qué aconsejar enseguida, porque la mayoría de problemas implican violaciones de primeras leyes: principios de ética, principios de relaciones correctas, principios de buenas prácticas financieras, y otros. A veces puedo identificar la mayoría de problemas dentro de una empresa en cuestión de horas. ¿Por qué? No estoy mirando personalidades o agendas; estoy buscando los principios clave que los líderes y sus empleados están ignorando o rechazando.

Si usted entiende los principios, por lo tanto, descubrir soluciones para diversos problemas se volverá una segunda naturaleza para usted. Para regresar a la analogía del automóvil, supongamos que el indicador de combustible de su auto estuviese muy bajo. No tendría usted que preguntarse qué hacer a fin de que su auto siga funcionando. La decisión sería sencilla, porque usted conoce el "principio". Incluso si no supiera usted mucho de motores, conocería la ley más importante a aplicar a fin de hacer que su auto vuelva a funcionar: poner combustible. De igual manera, en el terreno moral no tiene usted que cuestionarse cómo responder cuando alguien le pide que haga algo deshonesto, arriesgado, vengativo, o cosas parecidas. Cuando usted conoce las primeras leyes, o principios, sabe exactamente qué hacer; y qué no hacer.

En el Manual del Usuario Corporativo, el libro de Proverbios ofrece mucha sabiduría práctica que podemos aplicar en diversas situaciones. Un pasaje, utilizando una ilustración del mundo natural, habla de los peligros de la pereza y las recompensas del trabajo para suplir sus propias necesidades:

Ve a la hormiga, oh perezoso, mira sus caminos, y sé sabio; la cual no teniendo capitán, ni gobernador, ni señor, prepara en el verano su comida, y recoge en el tiempo de la siega su mantenimiento. Perezoso, ¿hasta cuándo has de dormir? ¿Cuándo te levantarás de tu sueño? Un poco de sueño, un poco de dormitar, y cruzar por un poco las manos para reposo; así vendrá tu necesidad como caminante, y tu pobreza como hombre armado.[7]

En otra sección del Manual del Usuario, Jesús de Nazaret habla de nuestra necesidad de abordar nuestros propios defectos antes de intentar corregir las faltas de los demás:

¿Por qué miras la paja que está en el ojo de tu hermano, y no echas de ver la viga que está en tu propio ojo? ¿O cómo puedes decir a tu hermano: Hermano, déjame sacar la paja que está en tu ojo, no mirando tú la viga que está en el ojo tuyo? Hipócrita, saca primero la viga de tu propio ojo, y entonces verás bien para sacar la paja que está en el ojo de tu hermano.[8]

Los principios nos permiten desempeñar nuestro potencial

Quebrantar los principios del Creador también evitará que lleguemos a nuestro pleno potencial. Si seguimos sus leyes, podemos cumplir nuestro destino. Si no lo hacemos, nunca lo alcanzaremos. Por ejemplo, el "destino" de su auto es movilizarle y transportarle de modo seguro hasta su destino. Sin embargo, si usted quebrantase un principio clave relacionado con el vehículo —por ejemplo, si quisiera seguir manejando el auto después de permitir que el tanque de combustible se quede vacío, de modo que estropeó el motor—, habría usted anulado las promesas del fabricante con respecto a su funcionamiento. De modo similar, el éxito de su futuro depende de su obediencia a principios clave establecidos por su Fabricante: el Creador.

Obediencia no es una palabra negativa. En este sentido, obedecer significa meramente seguir principios probados. Supongamos que quisiera usted poner semillas de grano en un suelo limpio de baldosa. Cuando regresara después de algunos días, vería que no han brotado ni han echado raíces, pues tienen que estar plantadas en terreno adecuado para hacer eso. Por lo tanto, cada vez que usted planta semillas en la tierra, se está sometiendo al principio de crecimiento establecido por el Creador. De modo similar, cuando usted sigue sus principios morales, se está sometiendo a una norma vital para llegar a cumplir su potencial personal como líder. Recuerde que el carácter asegura la longevidad del liderazgo, y hombres y mujeres de principios dejarán importantes legados y serán recordados por futuras generaciones.

Como vimos anteriormente, el proceso de aplicar un principio requiere que deba conocer antes cuál es el principio (por ejemplo, tiene que saber que su auto requiere combustible para funcionar). En segundo lugar, debe valorar, o aceptar, el principio (llega a convencerse de la necesidad de poner combustible en su auto). En tercer lugar, debe actuar según el principio (realmente poniendo combustible en el tanque de su auto). Ni siquiera tendría que pensar en el proceso descrito en esta ilustración si hubiera estado cerca de automóviles desde que era un niño, de modo que el proceso se habría convertido en una segunda naturaleza. Sin embargo, cada paso es necesario, y debemos entender que el proceso se aplica a la implementación de los principios en muchos contextos.

Sin primeras leyes, la vida es un experimento

Cuando las personas no conocen o no obedecen las primeras leyes, comienzan a experimentar con elementos fundamentales de la vida humana, incluyendo valores y moralidad. Esas leyes sustitutorias son "experimentos" porque las personas que las fomentan tienen poco entendimiento de lo que va a suceder a los individuos y la sociedad si las nuevas leyes son fomentadas y practicadas. La experimentación es beneficiosa y necesaria con respecto a la investigación científica, empresas creativas y cosas similares; pero la experimentación en asuntos morales es una práctica peligrosa.

La experimentación conduce a la desconfianza y la desilusión

El líder promedio en el mundo actualmente no ha sido formado en los principios del Fabricante, de modo que con frecuencia tiene que crear sus respuestas cuando se ve confrontado con asuntos y problemas sociales. Esto significa que muchos de los líderes de su país tan sólo están intentando descifrar cómo tratar problemas nacionales. Por lo tanto, el futuro de su país es, en esencia, un experimento para ellos. Siguen probando esta o aquella política, pero pocas de ellas funcionan.

Un resultado de la experimentación de la sociedad con la ética ha sido que aumenta la desconfianza de las personas hacia la autoridad, lo cual conduce a su desilusión. Cuando los líderes de todos los ámbitos de la vida carecen de carácter y experimentan con principios, sus electores no tienen a nadie en quien puedan verdaderamente confiar. En general, en nuestra sociedad actual, las generaciones más jóvenes no confían en las generaciones más mayores, y las generaciones más mayores no confían en las generaciones más jóvenes; o ni siquiera en sí mismos. Los ciudadanos no tienen confianza en sus políticos, y los políticos no tienen consideración por los ciudadanos. Los feligreses no respetan a sus sacerdotes y ministros, y los sacerdotes y ministros no estiman a los feligreses. De igual modo, los alumnos no respetan a sus maestros, y los maestros no estiman a sus alumnos.

Esta desconfianza general ha dado como resultado diversos grados de apatía, con presiones, permisividad, confusión sexual, una devaluación de la vida humana y una cultura de violencia y muerte. Nuestra experimentación debe ser sustituida por la aplicación de las primeras leyes con respecto a los valores fundamentales de la vida humana.

La experimentación en asuntos morales es una práctica peligrosa.

La experimentación conduce a la anarquía

Hemos visto que, en el escenario óptimo, las leyes de un país están basadas en valores y normas por los cuales los ciudadanos en la comunidad nacional han acordado vivir. Por eso una nación puede reflejar una ética nacional. Si los ciudadanos valoran cierto estándar, se convierte en ley para ellos. Si los ciudadanos individuales acuerdan seguir esa ley, se vuelve moral. Su conducta, entonces, se vuelve ética.

Sin embargo, este proceso ha quedado destruido en la actualidad. Valores y normas con frecuencia se consideran relativos. Las personas dicen cosas como: "Lo que es correcto para usted no es necesariamente correcto para mí. Por lo tanto, no puede imponer sus normas sobre mí". Este punto de vista puede aplicarse solamente hasta cierto grado, porque nuestro mundo fue pensado con principios fijos y absolutos morales, sin los cuales una sociedad no puede funcionar de manera saludable. Y los individuos deben ejercitar responsabilidad personal con respecto a esos principios fijos y absolutos morales.

La experimentación en asuntos éticos resulta de no tener, o reconocer, referencias o parámetros morales, de modo que nada está "establecido". En cambio, el relativismo y la licencia toman el control. La licencia contrasta con la libertad que se obtiene de seguir principios sanos y sensatos; conduce a la anarquía, que es un rechazo de las leyes y las normas naturales. Yo creo que un espíritu de anarquía ha afectado a cada nivel de la sociedad en la actualidad.

El único modo de resolver la anarquía es restaurar el carácter. Los líderes honestos son quienes establecen límites morales y sitúan "estacas" éticas. Necesitamos personas que digan: "Esto es lo que yo creo", y "Este es el límite. Aquí es donde estamos firmes".

Los líderes que no han comprendido principios morales, o que los han rechazado, nos han conducido a la anarquía. Serán necesarios líderes que entiendan los principios morales, que vivan según ellos, y que establezcan políticas éticas para conducirnos de nuevo al orden. Las leyes pueden ayudar a crear carácter cuando las personas se adhieren a ellas.

Muchas personas dicen: "Los gobiernos no pueden legislar moralidad". Yo creo lo contrario. No seamos engañados creyendo que las decisiones políticas y los caminos que se siguen son moralmente neutrales. ¿Por qué? Porque todas las decisiones tienen implicaciones morales y, por lo tanto, todas las políticas y leyes gubernamentales son "morales": reflejan los valores y la ética de aquellos que las instituyen. No se puede crear una ley que no refleje un código moral; y los códigos regulan la conducta. Sin embargo, como sabemos, una sociedad solamente puede ser tan fuerte como el número de sus miembros que valoren sus leyes y se adhieran a ellas personalmente.

Los principios morales pueden ser fomentados en el contexto de cualquier forma de "gobierno", no sólo de entidades políticas. Tales normas pueden ser establecidas por todo tipo de líderes, en todos los niveles, ya sean líderes de una familia, un grupo cívico, una universidad, un negocio, una nación u otra entidad. Implementar cierta forma de reglas, políticas o códigos de conducta aceptable es lo que hacen todos los "gobiernos".

La experimentación conduce a pérdida y destrucción

Cuando los líderes intentan implementar principios que ellos han fabricado, y que están en oposición a las primeras leyes del Fabricante, se producirán "malformaciones". Actuar de manera contraria al Manual del Usuario es arriesgarse a dañar el "producto". Imagine un faro en una tormenta, con olas que chocan contra él. Las olas están en movimiento, pero el faro es estable; está arraigado. Los principios que el Creador nos ha dado son como faros: permanecen constantes, y proporcionan luz que nos guía hacia terreno sólido.

Actuar de manera contraria al Manual del Usuario es arriesgarse a dañar el "producto".

Yo nací en un barrio muy pobre en las Bahamas. Mis diez hermanos y hermanas y yo dormíamos sobre el piso de nuestra casa de madera de dos dormitorios, cuyas esquinas descansaban sobre cuatro piedras. En mi barrio, personajes cuestionables siempre estaban presentes, ejerciendo una influencia negativa; pero cuando descubrí los principios del Creador, ellos no sólo cambiaron mi modo de pensar sobre mí mismo, sino que también alteraron el curso de mi vida. Reconocí el potencial que había en mi interior y obtuve una visión para mi vida que ha permanecido conmigo hasta la fecha.

Varios de mis compañeros de clase tenían un gran potencial; sin embargo, muchos de nuestros maestros decían a los alumnos: "Eres un fracasado. Siempre serás un fracasado, y nada más que un fracasado". Después de algún tiempo, muchos de los alumnos finalmente llegaron a creerlo, y a decir: "No vale la pena intentarlo. Voy a fallar en este examen, de todos modos, así que bien podría no estudiar". Tristemente, muchos sí fracasaron en la escuela y nunca cumplieron su potencial.

Las vidas de otros compañeros de clase se desviaron porque ellos quebrantaron principios y leyes morales. Algunos de ellos están en prisión ahora. Cuando los visito, me dicen: "Te ha ido bien". Yo respondo: "Tan sólo he tomado algunas decisiones que fueron diferentes, eso es todo".

Si una persona quebranta de modo consciente o inconsciente las primeras leyes, el resultado es deterioro y destrucción. La mayoría de cosas en la vida no son asesinadas; mueren ellas solas. El Creador no les dijo a los primeros seres humanos: "Si me desobedecen, les mataré". En esencia, Él les dijo: "Si desobedecen este primer principio, ciertamente morirán".[9] Él conocía las inevitables consecuencias de quebrantar principios fundamentales.

La destrucción desde el interior —ya sea en el interior de un individuo, una familia, un negocio, una iglesia, una organización de voluntarios, una comunidad local o un país— es una señal de falta de conciencia de las primeras leyes o un rechazo de ellas, o ambas cosas. De modo similar, sin importar qué tipo de delito pueda haber cometido alguien, ya sea un delito menor, un delito de guante blanco o un delito violento, es el resultado de la negación de los principios.

Si un líder no conoce las primeras leyes y las implementa, puedo predecir el futuro de su organización. Puede que usted sea un líder que ha estado ignorando los principios honrados por el tiempo. Quizá, al utilizar su carisma y mostrar entusiasmo, ha conseguido que las personas se emocionen en cuanto a seguirle a usted y a su visión. Pero por debajo, su fundamento no es seguro.

Su organización puede que crezca al principio; sin embargo, cuando llegue a cierto tamaño dejará de extenderse, porque usted no ha aplicado los principios necesarios para que crezca más lejos de ese punto. El crecimiento corporativo no se trata de planes de negocios, inversiones y empleados de primera. También tiene que conducir el negocio honestamente; tomar sabias decisiones; y contratar a personas que tengan integridad, que tengan pasión por la visión corporativa y que valoren y apoyen las contribuciones de todos sus compañeros de trabajo.

Volver a comprometerse con los principios en el Manual del Usuario Corporativo

No marca ninguna diferencia cuáles puedan ser las actuales tendencias, asuntos y modas; si usted conoce y sigue las primeras leyes, sobrevivirá a los asuntos temporales. Los líderes de carácter no viven mediante movimientos o emociones pasajeros, sino mediante sólidos principios. Repito: las emociones son parte de la constitución humana; sin embargo, los líderes de carácter no son guiados por el modo en que se sienten en un día en particular, sino que son guiados por los principios que forman sus convicciones y valores duraderos.

Independientemente del tipo de liderazgo que usted ejerza, ¡no olvide las primeras leyes! Quizá sea usted un líder en un gobierno local, regional o nacional y está en posición de abordar problemas contemporáneos y ayudar a desarrollar leyes y programas cívicos. O quizá sea un líder en su negocio u organización que está en posición de desarrollar planes corporativos y establecer políticas. Si quebranta usted los principios del Fabricante, contribuirá al debilitamiento de su nación, su compañía o su organización.

Los líderes de carácter son guiados por los principios que forman sus convicciones y valores duraderos.

Volver a comprometerse con las primeras leyes es como reiniciar una computadora atascada presionando el botón de reinicio: nos permite regresar al "modo original" en el que podemos funcionar tal como debíamos hacerlo. Al estudiar e implementar los principios en el Manual del Usuario, evitará concesiones morales y tropiezos éticos; se protegerá a usted mismo de los efectos negativos que tales errores inevitablemente tienen en otros aspectos de su vida, incluyendo el ejercicio de sus talentos y el cumplimiento de su potencial. También obtendrá mucha sabiduría práctica para el liderazgo. Podrá decir, junto con el escritor bíblico: "Y andaré en libertad, porque busqué tus mandamientos".[10]

PARTE III:

Desarrollo del carácter personal

9

Conceptos clave del carácter

"Manifestamos carácter cuando el autosacrificio por causa de nuestros principios se vuelve más importante para nosotros que hacer concesiones por causa de la popularidad".
—Dr. Myles Munroe

Esta parte del libro se enfoca en cómo podemos participar activamente en el desarrollo del carácter personal. Vamos a preparar el escenario hablando de historias. En las novelas, obras de teatro y otras formas de narrativa de ficción, existe un elemento llamado el "arco del personaje". Por lo general, el héroe comienza en una situación, con una mentalidad particular acerca de su vida. Después de progresar por una serie de acontecimientos y desafíos mientras intenta alcanzar una meta personal, termina en un nuevo lugar en su vida, con una perspectiva cambiada. El "arco" se refiere a la transformación personal del protagonista a medida que viaja desde donde estaba en el principio de la historia hasta donde llega a su conclusión.

Seguir el arco del personaje

Por ejemplo, en la película clásica *On the Waterfront* (*La Ley del Silencio*), el principal personaje, Terry, interpretado por Marlon Brando, comienza su arco del personaje como un boxeador acabado que es intimidado por el jefe del sindicato corrupto para el que trabaja. El jefe, que tiene vínculos con la mafia, explota a los estibadores, y se indica a Terry que presione a uno de los hombres que está intentando sacar a la luz su corrupción. Terry se queda anonadado cuando el encuentro conduce a la muerte de ese hombre. Aunque el incidente hace que su baja opinión de sí mismo sea aún más profunda, Terry se encuentra enamorándose de la hermana del hombre muerto.

El jefe del sindicato ordena el asesinato del hermano de Terry, quien se negó a matar a Terry por orden del jefe. En este punto, el desmoralizado exboxeador reúne la valentía para enfrentarse al jefe en defensa de los oprimidos estibadores. Demuestra su disposición a sacrificarse por sus convicciones recién encontradas cuando es golpeado gravemente y casi resulta muerto. Al final de la historia, completando el arco del personaje, Terry ha descubierto una fortaleza y aguante dentro de sí mismo que nunca habría pensado que fuesen posibles en su "vieja vida". En el proceso de sus pruebas, se convierte en un líder entre sus iguales y en alguien que ha demostrado verdadero carácter.

Al igual que el protagonista en una historia, también usted experimentará un "arco del personaje" a medida que desarrolla y refina sus normas morales y principios, de modo que pueda ser transformado personalmente y profesionalmente. De hecho, progresará por muchos "arcos del personaje", ya que el proceso del desarrollo del carácter es continuado. Una novela o una obra de teatro pueden cubrir solamente una pequeña parte de la vida de un protagonista. La historia puede que tenga lugar en cuestión de días o semanas, y ese período de la vida del personaje es todo lo que sabemos acerca de él. Sin embargo, en la "vida real", el héroe se encontraría con muchos otros desafíos que tendrían lugar después de que los acontecimientos de la historia hayan terminado.

En este capítulo veremos varias ilustraciones prácticas y conceptos clave del carácter que hemos examinado a lo largo de este libro. Esto nos conducirá hasta el capítulo 10, en el cual exploraremos en mayor profundidad el secreto del desarrollo exitoso del carácter.

Ilustraciones de carácter

La palabra *carácter* proviene de una palabra latina que significa "marca" o "cualidad distintiva". Como hemos visto, nuestro carácter es lo que nos marca, nos define y nos identifica. Y nos hemos estado haciendo la pregunta: "¿Qué cualidades distintivas me identifican? ¿Son positivas o negativas?". El carácter genuino incluye las siguientes características: es (1) firme, o establecido; (2) predecible, y (3) estable.

1. El carácter es firme, o establecido

La mayoría de personas están familiarizadas con la frase: "Todo hombre tiene su precio". Esta idea da a entender que cada persona tiene un punto en el cual cederá en sus normas morales para obtener otra cosa que sea una prioridad más alta para esa persona. Algunos de los candidatos usuales son dinero, fama y poder. Pero si queremos ser líderes de carácter, tenemos que dejar de aceptar esta idea: en este momento. No hay ningún "precio" para un líder de carácter que le haga ceder en sus normas, porque sus principios son su vida. Todos los líderes de carácter son, por lo tanto, "firmes en sus caminos", éticamente hablando.

> *No hay ningún "precio" para un líder de carácter que le haga ceder en sus normas.*

La cualidad de firmeza de carácter puede quedar ilustrada por elementos cuya cualidad intrínseca deba ser inmutable, o absoluta. Por ejemplo, las letras del alfabeto dentro de un idioma en particular son firmes. (Cada letra también se denomina un "carácter", en referencia a ser una "marca"). Por ejemplo, la A es siempre A. Nunca se convertirá en C. La misma propiedad es cierta para todas las letras del alfabeto. Los significados de las letras individuales no cambian. Si no estuvieran establecidos, el sistema de utilizarlas para comunicar significado entre personas que comparten un idioma común fracasaría, y conduciría a la confusión en masa.

Además, varios idiomas en el mundo comparten parte o todo el alfabeto latino básico. Por ejemplo, los idiomas francés y portugués utilizan las veintiséis letras idénticas del alfabeto que utiliza el idioma inglés. El español añade solamente una letra más. La pronunciación de las letras difiere, pero el hecho de que los alfabetos sean fundamentalmente equivalentes simplifica el proceso de aprender estos idiomas relacionados. De modo similar, los absolutos morales dan a las personas sólidos parámetros que les permiten entender el mundo en el cual viven y relacionarse con otros de manera significativa.

Los numerales son otro ejemplo de la naturaleza firme del carácter. El número 1 es siempre 1. Nunca cambiará para convertirse en 2. Y así sucesivamente, hasta el infinito. En naciones en todo el planeta, las propiedades y funciones de los números se utilizan exactamente del mismo modo.

Un ejemplo adicional de la naturaleza establecida del carácter es el de las leyes físicas. Como dijimos en un capítulo anterior, los principios morales del Creador operan de manera paralela a sus leyes físicas, como la gravedad: son inmutables, y se aplican a todos nosotros.

Concluyamos esta sección considerando una ilustración final tomada de las propiedades de un material común que se utiliza en la construcción: el cemento. Si el cemento está mojado es maleable, permitiendo que usted cree una forma concreta —con frecuencia añadiéndole primero otros materiales— utilizando un molde. Por ejemplo, podría utilizarlo para realizar partes de una acera de cemento o bloques de cemento para edificios.

Sin embargo, cuando el cemento se endurece, o se establece, no se puede remodelar. Si usted quiere hacer algo diferente, tiene que comenzar con nuevo cemento. Escuché una historia acerca de algunos albañiles que se olvidaron de mantener girando su gran hormigonera. Cuando se dieron cuenta de su error, el cemento dentro de la hormigonera se había secado por completo, y ellos supieron que no había nada que pudieran hacer para salvarlo. El cemento estaba ahora establecido y era inalterable. Aquellos obreros tuvieron que pasarse horas utilizando mazos para eliminar todo el cemento seco de la hormigonera y poder volver a utilizarla.

Cuando el cemento está establecido —como era de esperar que lo estuviera—, se sabe que la acera, los bloques de cemento o cualquier otra cosa que haya sido formada con él será sólida y segura. De modo parecido, una persona con carácter está "establecida" en el sentido de que no puede ser cambiada para que deje sus convicciones y normas establecidas. Supongamos que alguien le ofreciera dinero bajo la mesa para que mire usted para otro lado en una transacción de negocios ilegal, y dijera: "Tan sólo finja que no vio usted esto. Déjelo estar". Si usted está de acuerdo en mirar para otro lado, su carácter no está "establecido". Sus valores siguen siendo maleables. Pero si usted se niega, su carácter es sólido y seguro. Por eso debemos aprender a ejercitar el tipo de disciplina personal que dirá: "No puedo hacer esto. Va en contra de mis convicciones".

2. El carácter es predecible

En el capítulo 7 hablamos de varios atributos del Creador, uno de los cuales es que Él es siempre "predecible". Ser predecible es ser coherentemente responsable y confiable. Podemos confiar en Dios porque Él no es un día una cosa y otra distinta al día siguiente.

¿Diría usted que su conducta es predecible o impredecible? Por ejemplo, ¿es coherente su temperamento? ¿Tienen que caminar de puntillas sus familiares y amigos cuando le ven a usted porque no saben cómo reaccionará ante ellos en un día dado? ¿Tienen que advertir a otros: "¡Ten cuidado! ¡Hoy tiene un mal día!"? Un escritor bíblico describió a Jesús de Nazaret como "el mismo ayer, hoy y siempre".[1] Así es como debería ser nuestro carácter. Además, cuando demostramos que somos confiables, damos a otras personas un sentimiento de seguridad y bienestar.

Un líder honesto es predecible hasta el punto de que su carácter habla por él en su ausencia. Eso es lo mismo que decir que las personas le conocen tan bien que podrían responder de lo que él haría o no haría en una situación dada, y acertar de modo totalmente preciso. Por consiguiente, como muestra de lo fuerte que es su carácter, podría pedir a varias personas de su confianza que le den una sincera evaluación de lo que ellos consideran que sería su conducta bajo diversos escenarios. Use esa información para ayudarle a formar y fortalecer su carácter.

> *Un líder honesto es predecible hasta el punto de que su carácter habla por él en su ausencia.*

3. El carácter es estable

Como observamos anteriormente, una consecuencia de la pérdida del verdadero carácter de la humanidad fue la inestabilidad. El escritor del primer siglo, Santiago, dijo que un hombre de doble ánimo es inestable en todo lo que hace.[2] Yo creo que Santiago estaba diciendo que si una persona tiene un defecto de carácter en cierta área, inevitablemente tendrá también defectos de carácter en otras áreas. Y es difícil confiar en una persona que no deja de vacilar.

En cambio, cuando caminamos con integridad, nuestro buen carácter puede fluir de manera uniforme en todas las áreas de nuestra vida. Jesús de Nazaret relató una concisa parábola describiendo cómo la naturaleza del Creador ha de llenarnos. Él dijo que el reino de Dios es "semejante a la levadura que tomó una mujer, y escondió en tres medidas de harina, hasta que todo fue leudado".[3] El carácter debe "obrar" por cada parte de nosotros, de modo que podamos manifestarlo coherentemente a los demás.

Otra excelente ilustración de la estabilidad del carácter es la de una estatua. Quizá tenga usted una estatua favorita: la Estatua de la Libertad en el puerto de Nueva York; la estatua de "Cristo Redentor" en Río de Janeiro, Brasil; el *David* de Miguel Ángel en Florencia, Italia; o una estatua en su comunidad. Una de mis estatuas favoritas es la de la reina Victoria, situada en Parliament Square [la Plaza del Parlamento] en el centro de la ciudad de Nassau, Bahamas. La estatua está esculpida completamente de mármol, y la famosa reina está representada como una joven, sentada con un cetro real y una espada, con una corona y fluidos ropajes, sonriendo serenamente.

La estatua fue situada en la plaza en el año 1905, así que nunca he conocido un tiempo en que no estuviera allí. Debido a que ha permanecido inmutable durante décadas, siempre me recuerda la estabilidad y el aguante del carácter. Veo esa estatua frecuentemente en mis idas y venidas, y sin importar las condiciones meteorológicas, la estatua no parece alterada. Podría haber un día en que la temperatura alcance los 100 grados Fahrenheit, y todos en la ciudad se estén derritiendo de calor, pero "Victoria" sigue sonriendo. Durante el período de lluvias, llueve tan fuerte algunas veces que uno apenas puede ver por delante. La lluvia cae como plomo, y golpea sobre la estatua, pero ella sonríe en todo momento. La estatua también ha pasado por todos los huracanes en las Bahamas desde principios del siglo XX, incluyendo el huracán Sandy en 2012. Ha soportado vientos de 140 millas por hora, permaneciendo fuerte en medio de las tormentas.

Además, alguien podría acercarse a la "reina Victoria" e insultarla, pero ella seguiría sonriendo a la persona y nunca reaccionaría. Podría usted acercarse a ella en mitad del día, y ella seguiría sentada y sonriendo. Podría "mirarla furtivamente" a las dos de la madrugada, y ella estaría sonriendo.

Cuando no hay nadie en la Plaza del Parlamento mirándola, ella sigue sonriendo. Una vez, vi a un pájaro posarse sobre su cabeza y "aliviarse" sobre
ella; incluso entonces, ¡ella mantuvo su serenidad! Puedo garantizar lo que
ella está haciendo en este momento sin estar en su presencia, porque sé que
es inmutable: ella tiene "carácter".

De modo similar, un líder honesto no cambia sus valores y principios,
a pesar de cuáles sean las circunstancias externas. Es capaz de capear
todo tipo de tormentas personales y profesionales, incluso las que tienen
"fuerza de huracán", mientras permanece calmado y firme. Necesitamos
hacernos las siguientes preguntas: "¿Soy coherente, sin importar donde
esté, lo que esté haciendo y qué momento del día sea?" "¿Qué hago yo
cuando las personas 'se desahogan' sobre mí; en otras palabras, murmu-
ran sobre mí, me critican, atacan mis motivaciones, me insultan o incluso
dicen palabrotas sobre mí? ¿Me vuelvo una persona diferente, perdiendo
los nervios y respondiendo?". "¿Cómo sería yo si mi negocio se derrumba-
se y lo perdiera todo? A pesar de lo devastado que me sintiera, ¿seguiría
siendo igual mi carácter?". "¿Soy yo realmente la persona que proyecto a
los demás?". "¿Me comporto de manera poco ética o inadecuada cuando
no hay nadie cerca?".

Un verdadero líder es capaz de tomar la crítica y el maltrato y seguir
reteniendo su carácter. El carácter genuino sobrepasará todo desacuerdo,
desaprobación, oposición y ataque. Si usted cree en sus ideas y sus normas, debería aferrarse a ellas: ser estable. Incluso sus enemigos finalmente puede que reconozcan su integridad. Jesús de Nazaret fue maldecido y
burlado; le escupieron, le arrancaron la barba, fue golpeado severamente
y atravesaron sus muñecas y sus pies con clavos; Él soportó la peor forma
de castigo capital jamás inventada. Sin embargo, ¿qué dijo Él cuando se
estaba muriendo en la cruz? "Padre, perdónalos, porque no saben lo que
hacen".[4] Incluso después de todo lo que soportó, Jesús reflejó perfectamente
la naturaleza del Creador: siempre coherente, predecible, confiable, justo y
amoroso. ¡Eso es carácter!

*Un verdadero líder es capaz de tomar la crítica y
el maltrato y seguir reteniendo su carácter.*

Carácter significa...

Basándonos en lo anterior, veamos algunas afirmaciones que resumen lo que significa tener carácter.

1. Carácter significa tener un compromiso con un conjunto de valores sin hacer concesiones

Los líderes honestos no abandonan sus valores ante la presión para descartar sus creencias. Debido a que sus valores están basados en sus convicciones, están dispuestos a perder dinero, ascenso y otras ventajas por causa de sus valores. Desgraciadamente, muchos líderes en la actualidad son expertos en hacer concesiones. Cambian sus valores basándose en lo que creen que otras personas quieren que ellos hagan, y no en lo que ellos creen genuinamente que es correcto.

Hacer concesiones morales es distinto al dar y recibir que se produce, por ejemplo, cuando un grupo de personas está dialogando sobre opciones sobre cómo implementar procedimientos o qué métodos utilizar para lograr cierta meta. Existe una importante distinción entre hacer concesiones en las creencias personales y ceder sobre una opinión, de modo que un grupo pueda llegar al consenso. En tales circunstancias, no hemos de ser firmes tan sólo por serlo, o con el propósito de hacer que la vida sea difícil para otro individuo. Sin embargo, cuando están en juego claramente asuntos morales, debemos aferrarnos firmemente a nuestros valores y código ético.

En un capítulo anterior hablamos del relato en el cual Moisés envió a doce líderes para espiar la Tierra Prometida antes de que la nación de Israel entrase en ella. Diez de los líderes expresaron su temor a los habitantes de la tierra, pero dos de ellos insistieron en que los israelitas saldrían victoriosos sobre sus enemigos. Estos dos líderes tenían una fuerte convicción y también un compromiso hacia lo que Dios ya les había asegurado que podían hacer. Tenían un "espíritu distinto" al de los otros líderes.[5] Tenían el espíritu del carácter.

En la actualidad, muchos líderes tienen temor a ser criticados y a recibir oposición, de modo que no adoptan una postura pública sobre asuntos morales importantes que afectan al bienestar de su comunidad y su nación. No pueden manejar el desacuerdo, la crítica o la oposición porque tan sólo quieren ser aceptados. Podría decirse que han aceptado la popularidad como su "precio" para la concesión moral. Cuando las personas intenten presionarnos para que abandonemos nuestros valores, tenemos que ser capaces de decir: "No me pueden 'comprar'"; "No voy a ceder", o "Debo expresar públicamente mis principios con respecto a este asunto". Cuando usted mire atrás en su vida, puede que no recuerde las cosas en las que hizo concesiones; pero recordará aquello que defendió.

2. *Carácter significa estar dedicado a un conjunto de normas sin vacilar*

Anteriormente, examinamos el proceso mediante el cual nuestras normas morales se derivan de nuestros valores. No deberíamos hacer concesiones ni en nuestros valores ni en nuestras normas. Cuando un líder honesto establece parámetros morales para su vida, no vacila en su dedicación a ellos; no los viola por nada ni por nadie. Como alguien que ha vivido bajo la constante presión del escrutinio público, permita que le diga que ninguna otra persona establecerá normas morales para usted; debe establecerlas usted mismo. Y después debe ser usted firme y estable con respecto a ellas.

Permita que le sugiera algunos ejemplos adicionales de normas morales específicas que un líder podría establecer: "No mentiré para obtener un ascenso o un aumento de mis beneficios"; "Trataré a mis empleados justamente dándoles salarios justos y asegurándoles la seguridad de su ambiente de trabajo"; "Mantendré el valor de cada vida humana".

El primer libro de Moisés nos da el relato de un joven llamado José que vivía en Canaán.[6] Aunque cometió algunos errores, mostró un fuerte carácter dedicado a un conjunto de normas morales que le hicieron atravesar diversas pruebas.

José provenía de una familia grande. Era uno de doce hijos; y el favorito de su padre. Por lo tanto, su padre le daba un trato especial, incluyendo el regalo de una túnica muy elaborada. No es sorprendente que sus hermanos se pusieran muy celosos de él. Después de tramar librarse de él, le vendieron como esclavo a una caravana que pasaba y que iba de camino a Egipto. Entonces, mancharon su túnica especial con la sangre de una cabra para hacer pensar a su padre que José había sido atacado y muerto por un animal salvaje.

¿Cómo reaccionaría usted si sus propios hermanos le vendieran como esclavo? ¿Acaso no podría haber sido eso una excusa para vacilar con respecto a sus normas? Pero José confió en las reservas de su carácter moral, mantuvo su cordura y confió en Dios. Fue comprado por un hombre llamado Potifar, que era el capitán de la guardia del faraón. Aunque era un esclavo, José parece que tomó la decisión de realizar su trabajo con excelencia, porque Potifar le puso a cargo de toda su casa y de todo lo que poseía. José se estableció como un siervo de confianza y valorado, y la casa prosperó bajo su administración.

Por lo tanto, la vida iba mejorando para José, y esos son los momentos en que algunas personas bajarán la guardia y se dejarán llevar donde las vidas les lleve, con frecuencia volviéndose laxos en sus normas. Si José no hubiera sido implacable en sus convicciones, eso podría haberle sucedido también a él, porque pronto se presentó la oportunidad. José era de buen parecer, y captó la atención de la esposa de Potifar, ¡quien pronto le pidió que durmiese con ella! Él se negó, diciendo: "No hay otro mayor que yo en esta casa, y ninguna cosa me ha reservado sino a ti, por cuanto tú eres su mujer; ¿cómo, pues, haría yo este grande mal, y pecaría contra Dios?".[7]

Aunque ella persistía *diariamente* intentando convencerle, él no sucumbió a su oferta. Repito: ¿Cuántas personas bajo tales circunstancias habrían hecho lo mismo? Este joven fue abruptamente apartado de su familia y del lugar que siempre había conocido, y fue llevado a una tierra extranjera como esclavo. Podría haber aceptado cualquier oportunidad que se presentase para obtener placer y ventajas; sin embargo, José sabía que tenía un propósito noble en la vida, y tenía reverencia por su Creador, de modo que permaneció fiel a su código ético.

Su compromiso le costó un gran precio. Furiosa por haber sido rechazada, la esposa de Potifar acusó a José de haber intentado abusar de ella, y Potifar hizo que le metiesen en la cárcel. Notablemente, incluso en esa circunstancia él debió de haber permanecido firme, porque el guarda de la prisión poco después le puso a cargo de todos los demás prisioneros. Cada vez que él se mantenía en sus convicciones, eso fortalecía su carácter aún más.

Por lo tanto, José siguió dedicado a sus principios, aunque quedó totalmente olvidado en la cárcel; sin embargo, todas aquellas pruebas fueron el preludio a su surgimiento como poderoso líder en Egipto cuando, por medio de una serie de acontecimientos orquestados por Dios, pasó de ser un esclavo encarcelado a ser la mano derecha del faraón. Tenga en mente el "arco del personaje" de José en el siguiente capítulo cuando hablemos del modo en que las pruebas y las dificultades conducen al crecimiento personal y a una integridad firme.

Cada vez que él se mantenía en sus convicciones,
eso fortalecía su carácter aún más.

---

3. Carácter significa hacer un esfuerzo continuo por integrar sus pensamientos, palabras y acciones

Integrado significa "completo" y "total"

Las palabras *integrar* e *integridad* se derivan ambas de la palabra latina *integer*, que significa "completo" y "total". Por lo tanto, una definición de *integrar* es "formar, coordinar o mezclar en un todo funcional o unificado". Tener carácter significa realizar un esfuerzo *continuado* por integrar sus pensamientos, palabras y acciones, de modo que sea usted "uno". Un líder debería ser capaz de declarar: "Lo que yo digo, lo que hago y quién soy son la misma cosa". Lograr ese tipo de coherencia requiere disciplina diaria.

Un importante principio a recordar es que no hay ningún "reposo" en la vida en cuanto al carácter. No hay ningún punto en el cual ya hayamos "llegado", de modo que ya no tengamos que preocuparnos por valores y principios. Por lo tanto, debemos mantenernos vigilantes con respecto a nuestro carácter. Por ejemplo, es muy fácil ser tentado a mentir. Supongamos que le despidieron de su trabajo, y encontró usted otro empleo corto mediante una agencia de trabajo temporal. Entonces, en una función social conoce usted a un acomodado ejecutivo de negocios que le pregunta: "¿Y qué hace usted para ganarse la vida?". Usted no quiere verse inferior, así que exagera su descripción de trabajo. El carácter requiere un mantenimiento diario, porque cada día —y con frecuencia muchas veces durante el día— nuestro carácter será probado.

Integridad significa tener una cara, y no dos o más

Si queremos ser líderes honestos, nuestra vida privada y nuestra vida pública deben ser éticamente "una". Esto significa que debemos ser sinceros y honestos cuando no hay nadie observando. Cuando decimos algo en público, debemos querer decir lo mismo que dijimos cuando estamos en privado. Una persona con integridad es la misma persona todo el tiempo, día o de noche, haga frío o calor, en los momentos buenos y los malos. Esa persona cree lo que dice, y dice lo que cree. Dice lo que hace, y hace lo que dice. No hay ninguna dicotomía.

Cuando carecemos de integridad somos cínicos, o de "doble cara". Veamos una ilustración de este concepto en los orígenes de la profesión de la actuación. Los griegos fueron los primeros en desarrollar el drama. Aunque ellos comenzaron utilizando solamente un coro de personas para narrar una historia, después incorporaron a ese formato a un individuo que pudiera representar cinco diferentes papeles, o personajes, al llevar diferentes máscaras, cambiándolas según el papel particular que estuviera representando.

Es interesante que la palabra que los griegos utilizaban para esta persona era *hypokrites*, de la cual obtenemos la palabra *hipócrita*. De modo similar, la palabra *hipocresía* proviene de la palabra griega *hypokrisis*, que significa "actuar en el escenario, fingimiento", de *hypokrinesthai*, que significa "representar un papel, fingir".[8] En su forma original, "hipócrita" no era un término negativo; solamente se refería a los actores que llevaban máscaras en el escenario mientras representaban múltiples papeles. Sin embargo, el término evolucionó hasta llegar a la idea de una persona con "muchas caras": alguien cuya verdadera identidad no era lo que parecía ser.

Jesús de Nazaret se refirió a varios de los líderes religiosos y practicantes de su época como "hipócritas". Por ejemplo, Él dijo: "Cuando, pues, des limosna, no hagas tocar trompeta delante de ti, como hacen los hipócritas en las sinagogas y en las calles, para ser alabados por los hombres; de cierto os digo que ya tienen su recompensa"[9]; y "¡Ay de vosotros, escribas y fariseos, hipócritas! porque limpiáis lo de fuera del vaso y del plato, pero por dentro estáis llenos de robo y de injusticia".[10] En otras palabras, Él estaba diciendo: "¡Ustedes son actores! Llevan una máscara para ocultar quiénes son en realidad. Siempre están cambiando su 'cara'". Ellos no estaban "integrados" porque carecían de verdadero carácter.

Debemos hacernos la pregunta: "¿Estoy manifestando quien realmente soy en mis relaciones con los demás?". Esa puede ser una difícil pregunta que hacerse, y que responder, pero es necesaria. Tenemos que comenzar a quitarnos nuestras máscaras, de modo que pueda verse quiénes somos en realidad. Entonces debemos trabajar para desarrollar nuestro carácter, a fin de que otras personas puedan confiar plenamente en lo que decimos y hacemos.

Es agotador fingir ser alguien que uno no es. Es como si usted tuviera a más de una persona viviendo en su interior, trabajando en distintos propósitos. Es parecido a lo que hablamos en un capítulo anterior con respecto a carácter contrariamente a reputación. Carácter es quién es usted; reputación es la máscara.

El problema de mantener una conversación con un hipócrita es que usted no está exactamente seguro de con quién está hablando en cualquier momento dado. En la actualidad, muchas personas, especialmente los jóvenes, dicen: "Todo el mundo es hipócrita". Ellos han observado a demasiados líderes decir una cosa pero hacer otra. O han visto a líderes comportarse de maneras contrarias a lo que les han dicho que constituye el buen carácter. Ellos no creen que lo que los líderes les dicen tenga ningún valor real. Como resultado, muchos de ellos piensan: *Me comportaré como yo quiera, porque las normas parecen no importar. Mira cómo ese político ha mentido. Mira lo que ha robado ese hombre de negocios.* Comienzan a señalar a personas que han quebrantado valores y normas morales.

Como contraste, cuando la vida privada del líder y su vida pública son coherentes, demostrará integridad a quienes le rodean. El verdadero carácter no cambia con las mareas; no es alterado según las últimas encuestas de opinión. Es coherentemente "uno".

El problema de mantener una conversación con
un hipócrita es que usted no está exactamente seguro de
con quién está hablando en cualquier momento dado.

---

4. Carácter significa hacer sacrificios en apoyo de sus principios

Un líder honesto posee creencias tan fuertes que está dispuesto a sacrificarse por ellas: a experimentar la pérdida de popularidad, amistades, colegas, beneficio económico y éxito a causa de ellas. Tal cualidad debe ser reintroducida a la sociedad mediante líderes de genuinos principios.

Mahatma Gandhi hizo algunos sacrificios importantes por su visión. Por ejemplo, realizó varias huelgas de hambre, una de las cuales llevó la atención al trato injusto de las clases más pobres en India en el sistema de castas: "los intocables". Las personas seguirán recordando a Gandhi durante generaciones debido a su disposición a sacrificarse por aquello en lo que creía.

5. Carácter significa imponer autodisciplina en conjunto con sus valores y normas morales

En conjunto con hacer sacrificios, un líder debe imponerse disciplina diariamente, de modo que permanezca en consonancia con sus convicciones y siga adherido a sus principios. En el capítulo 5 hablamos de maneras concretas de ejercitar autodisciplina.

Quizá, antes de que agarrase usted este libro tenía ganas de abandonar sus valores y sus normas porque se encontraba en medio de una circunstancia difícil. Podría ser que, debido a que había hecho un compromiso con sus principios, se disciplinó a usted mismo para aferrarse a ellos, y afirmó: "Seguiré cultivándome como persona y como líder". Si esa ha sido su situación, le elogio por su disciplina y le insto a seguir aferrado a sus convicciones. ¡Su liderazgo es necesario en nuestro mundo!

La manifestación del carácter

Como hemos visto en este capítulo, y cómo exploraremos con mayor profundidad en el capítulo 10, el carácter se manifiesta en nuestras vidas...

+ Cuando nuestros valores, principios, moralidad y normas son probados.

+ Cuando perseveramos bajo las presiones de la vida.

✦ Cuando el autosacrificio por causa de nuestros principios se vuelve más importante para nosotros que ceder por causa de la popularidad.

¿Es su carácter firme, establecido, predecible y estable? ¿Dónde estará usted en cinco, diez, veinte o treinta años? ¿Continuará siguiendo normas morales, o las habrá sacrificado sobre el altar de la concesión? ¿Seguirá aferrado a las mismas convicciones, o las habrá abandonado a cambio de placer temporal?

Hace algunos años, visité otro país para hablar en una conferencia que se realizaba en la iglesia de un famoso predicador en esa nación. La iglesia estaba llena de personas, y fue una buena experiencia. El predicador me presentó a su cónyuge, a quien llamaba "mi querida y hermosa esposa, con quien he estado casado todos estos años". Al año siguiente, cuando regresé, él tenía una esposa diferente. Se había divorciado de su primera esposa para casarse con otra persona.

Nunca regresé a esa iglesia, porque no podía confiar en ese hombre. Si él no pudo mantener su palabra con su propia esposa, ¿cómo sé que habría mantenido su palabra conmigo? (Ahora va por su tercera esposa). En lugar de tener verdadero carácter, este hombre era un personaje. Llevaba puesta una máscara. Hay muchas personas así en el mundo. Nosotros no queremos ser un personaje; queremos tener carácter.

Cada uno de nosotros debe asumir cierta responsabilidad de la crisis de carácter que hay en nuestro mundo en la actualidad. Todos somos parte del problema; pero todos podemos ser parte de la solución al comprometernos a seguir principios sanos y normas morales: llegar a ser "uno" en nuestros pensamientos, palabras y acciones. Para citar la famosa declaración de Winston Churchill: "Nunca rendirse, nunca rendirse, *nunca, nunca, nunca*, nunca en nada, grande o pequeño, amplio o minúsculo, nunca rendirse salvo a las convicciones de honor y el buen sentido común".[11]

10

Tentar a su carácter

"Las leyes y los principios no son para los momentos en que no hay tentación: son para momentos como este, cuando cuerpo y alma se levantan en motín contra su rigor... Si según mi conveniencia pudiera quebrantarlos, ¿cuál sería su valor?".
—**Charlotte Brontë,** *Jane Eyre*

En un viaje a Israel, hice un recorrido por un lugar donde estaban en exposición antiguos objetos del imperio romano. En una parte del lugar, observé lo que parecía ser un gran horno de fundición, al igual que pedazos de metal, una espada rota, una daga rota y una espada intacta. El guía en ese lugar nos explicó: "El imperio romano tenía el ejército más poderoso del mundo. Prácticamente nadie derrotó a los romanos militarmente. ¿Por qué? Ellos no sólo tenían una estrategia superior, sino que también tenían armas superiores. Y el motivo de que las espadas romanas fuesen tan potentes es que habían sido adecuadamente templadas".

El guía entonces explicó el proceso de templado. Un herrero romano tomaba el hierro y lo golpeaba sobre un yunque con un pequeño martillo para hacer que fuese plano y liso. Entonces metía el metal a un horno. Cuando el metal se ponían rojo debido al fuego, el herrero era capaz de detectar puntos oscuros en él, lo cual indicaba áreas de debilidad. Siempre que veía uno de esos puntos, lo martillaba hasta que no pudiera verlo. Entonces tomaba el metal resplandeciente y lo sumergía en agua muy fría. Eso hacía que todas las moléculas en el metal se acercasen, dándole fuerza.

Después de eso, el herrero sacaba la espada del agua y volvía a meterla en el fuego. El metal volvía a calentarse, y él comprobaba la zona donde anteriormente había trabajado en el punto. Si seguía estando ahí, él seguía trabajando en ello hasta que desapareciera por completo. Entonces, volvía a poner la espada en el fuego hasta que se pusiera roja, a fin de poder identificar las otras áreas de debilidad. Repetía este mismo proceso hasta que no quedaba ningún punto más. De esa manera, la espada era repetidamente sujeta a un proceso que la llevaba del fuego ardiente a recibir martillazos y después al agua fría como el hielo.

El guía dijo que siempre que un herrero terminaba de hacer una espada, grababa su propio nombre o marca sobre ella. Por lo tanto, cada espada romana identificaba a la persona que la había forjado. Y cada herrero que trabajaba para el ejército romano tenía un contrato estipulando que si alguna de sus espadas se rompía, podían matarle.

Esta garantía de que la espada no se rompería era crucial para el éxito y la seguridad de los soldados. Ellos salían al mundo de las batallas; y cuando estaban en medio de las presiones del combate, no podían permitirse el que sus espadas se rompieran. Si así sucedía, sus vidas podrían estar en peligro. Los soldados tenían que ser capaces de tener confianza en la fuerza y durabilidad de sus armas. Y el único modo en que podían confiar en sus espadas era saber que habían pasado por este proceso de "templado".

Fortalecidos mediante las pruebas

El verbo *templar* puede definirse como "hacer más fuerte y más resistente por medio de la dificultad". El proceso de templar espadas puede compararse a un proceso que es esencial para la edificación de nuestro carácter; es el proceso de ser *tentados*.

Puede que esté pensando: *¿Qué? ¿Acaso el ser tentados no es algo a evitar?*

Debemos entender que ser tentados no es lo mismo que *sucumbir* a la tentación. El proceso de tentación revela lo que es genuino en nuestro carácter y lo que es falso, similar al proceso de refinar el oro en el fuego, en el cual todo lo que no es oro puro se quema. Créame, amigo: ¡Cada día de su vida, su carácter será probado! Esas pruebas no tienen el propósito de derrotarnos sino más bien de fortalecernos.

Probablemente usted ya conozca muchas de sus fortalezas, pero ¿es consciente de todas sus debilidades? Cada uno de nosotros tiene áreas débiles en su carácter. Y la prueba, o el templado, tiene mucho más que ver con comprobar nuestras debilidades que nuestras fortalezas. Los herreros romanos comenzaban con pedazos de metal débiles y porosos cuando fabricaban sus espadas. Esa condición del metal describe el estado interior de los seres humanos, que contienden con los efectos de la humanidad caída. Ser tentado es ser evaluado en busca de debilidades —"puntos"— morales en nuestro carácter para que puedan ser eliminados, y así podamos llegar a ser líderes honestos. Y a medida que nuestro carácter es fortalecido, demostraremos nuestra confiabilidad para liderar a otros.

Ser tentado es ser evaluado en busca de debilidades —"puntos"— morales en nuestro carácter para que puedan ser eliminados, y así podamos llegar a ser líderes honestos.

Pablo de Tarso escribió lo siguiente a su audiencia del primer siglo en Roma acerca del proceso de la edificación del carácter: "Y no sólo en esto, sino también en nuestros sufrimientos, porque sabemos que el sufrimiento produce perseverancia; la perseverancia, entereza de carácter; la entereza de carácter, esperanza...".[1] ¿No es eso poderoso? La palabra griega para *entereza de carácter* en este pasaje indica "el proceso o resultado de la prueba, demostración, aprobación".[2] ¡Vaya proceso! Yo lo considero el secreto del desarrollo del carácter.

La palabra "sufrimientos" aquí puede equipararse a pruebas y desafíos. Pablo estaba diciendo que cuando pasamos por pruebas, edificaremos perseverancia. Perseverar significa soportar bajo presión, de modo que nos mantenemos coherentes y estables. Deberíamos considerar cada tentación como una oportunidad para fortalecer las áreas débiles de nuestras vidas.

Resistir la tentación y soportar en medio de las pruebas pueden parecer tareas abrumadoras; sin embargo, como un escritor bíblico enfatizó: "Es verdad que ninguna disciplina al presente parece ser causa de gozo, sino de tristeza; pero después da fruto apacible de justicia a los que en ella han sido ejercitados".[3] Nunca sabemos los fuertes o estables que somos hasta que estamos bajo verdadera presión. Cuando la vida aumenta su calor en el curso de diversas dificultades y pruebas, nuestras debilidades salen a la luz, permitiéndonos verlas con claridad. El lugar de apartarnos de lo que vemos, debemos reconocer esos errores. Entonces, para regresar al curso correcto, necesitamos determinar el principio ético apropiado a aplicar y después ponernos en consonancia con él por medio de la disciplina personal. Debemos permitir que el proceso de templado nos forme. A medida que lo hagamos, volveremos a comprometernos con nuestras convicciones, valores y normas morales, fortaleciendo nuestro carácter.

Desarrollo personal intencional

El carácter es manifestado cuando nuestros valores, principios, moralidad y normas son probados. Y la vida nos planteará muchas pruebas; sin embargo, los desafíos y las pruebas que vienen a nosotros desde fuerzas externas no se dirigirán a todas nuestras debilidades. Por lo tanto, al igual que el herrero buscaba las áreas débiles del metal, la edificación del carácter implica autoevaluación. Deberíamos ser intencionales con respecto a evaluarnos a nosotros mismos según los principios morales establecidos con los cuales nos hemos comprometido. Siempre que encontremos un "punto", deberíamos trabajar para eliminarlo. Cuando nos hayamos ocupado de un fallo de carácter durante un período de tiempo, deberíamos buscar otro. Esto puede ser un trabajo duro, ¡pero vale la pena!

Como hemos visto, nuestro carácter no puede ser desarrollado a menos que hagamos un compromiso personal con nuestras convicciones y normas morales. También necesitamos afirmar específicamente esas convicciones y normas: primero a nosotros mismos y después a nuestros familiares, nuestros colegas, nuestros electores, nuestras comunidades, etcétera. Es entonces cuando hacemos declaraciones como: "Haré/no haré tal cosa". Cuando declara sus valores, normas y códigos de ética a usted mismo, refuerza sus convicciones y alienta la disciplina personal con respecto a ellas. Sin embargo, debe ser consciente de que cuando hace un compromiso con una norma moral y declara que lo sostendrá, le da a la "vida" derecho a recordárselo en las pruebas y desafíos que le envíe. Es como si la vida dijese: "Me dijiste que creías esto; ahora demuéstralo. Voy a probarte".

Cuando declara sus valores, normas y códigos de ética a usted mismo, refuerza sus convicciones y alienta la disciplina personal.

Pedro, uno de los discípulos de Jesús de Nazaret —sus líderes en formación—, le dijo: "Señor, dispuesto estoy a ir contigo no sólo a la cárcel, sino también a la muerte".[4] En otras palabras: "Nunca cederé en mis valores; nunca quebrantaré tu confianza. De hecho, estoy dispuesto a sacrificar mi vida por ti". Jesús conocía las debilidades de sus discípulos. Le explicó a Pedro que él no sólo no estaba comprometido aún a sacrificarse por sus creencias al ir a la cárcel y a la muerte, sino que incluso le negaría tres veces. Por eso anteriormente le había dicho a Pedro, efectivamente: "El adversario (Satanás) intentará zarandearte como a trigo, pero yo he orado por ti, para que mantengas tu fe". (En otras palabras, he orado para que tus convicciones no se derrumben en medio de tus pruebas). "Entonces, cuando pases por esto, y tu propio carácter se ha fortalecido, usa esta experiencia para ayudar a otros a fortalecer su carácter".[5] Cuando no pasamos las pruebas de la vida, debemos aprender de ellas. No debemos abandonar nuestras creencias centrales y convicciones, sino volver a comprometernos a actuar de acuerdo con ellas.

No puede haber códigos morales "secretos" o privados en la vida de un líder. Puede que haya veces en que los individuos necesiten fortalecer su carácter personal durante un tiempo antes de anunciar sus convicciones al mundo, de modo que no fracasen públicamente si tienen diversos problemas de carácter en los que trabajar. Pero en algún momento, las convicciones del líder deben ser de conocimiento público. Todos los grandes líderes se enfrentan a oposición a sus convicciones. No experimentan esa oposición manteniendo sus valores éticos en secreto; sucede porque se comprometen con sus valores y los expresan abiertamente, y porque sus palabras son reforzadas por sus acciones.

Nuestro carácter, entonces, es forjado en la declaración pública de nuestros valores y normas morales. Supongamos que Mahatma Gandhi nunca hubiera hablado públicamente de sus convicciones sobre la dignidad y la igualdad de todos los seres humanos. Él podría haberse ganado un buen sueldo y haber tenido una vida bastante feliz y segura como abogado.

212 El Poder del Carácter en el Liderazgo

Sin embargo, nunca habría alcanzado la grandeza ayudando a las personas de su país a lograr el autogobierno.

A medida que ha progresado en este libro, ¿ha llegado a ser consciente de sus propias debilidades éticas? Si es así, eso es bueno. Repito: solamente cuando vemos nuestros "puntos" éticos podemos eliminarlos. Por ejemplo, puede que usted diga: "He estado haciendo concesiones en mi vida personal. ¡Ya basta! No voy a volver a tener ninguna cita amorosa con esa persona. No me está alentando a mantener mis normas morales". No debería sorprenderse si su nuevo compromiso es probado inmediatamente. Por lo tanto, prepárese.

Hace años, una joven se acercó a mí y dijo: "Dr. Munroe, escuché una de sus enseñanzas, y hablaba usted sobre cómo establecer disciplinas y normas para su vida. Decidí que iba a vivir de esa manera, porque quiero ser una persona recta". Entonces dijo que después de haber hecho ese compromiso, un antiguo novio al que no había visto en veinte años resultó subir al elevador en que ella iba. Me dijo: "¡Y se veía muy bien! Tengo cuarenta y dos años y sigo estando soltera, y él me hizo una tentadora oferta". Esa oferta no estaba en consonancia con normas morales, así que le pregunté: "¿Y qué hizo usted?". Ella me dijo: "Vine corriendo a usted; ¡ayúdeme!". Yo le dije que, en última instancia, nadie puede ayudarnos a mantener nuestro carácter. Pueden alentarnos y desafiarnos, pero nosotros tenemos que ser responsables de nuestros actos y aplicar disciplina personal.

Permitir que la vida saque a la luz nuestros fallos éticos, y desarraigar intencionalmente nuestras debilidades, son procesos continuados que nos hacen ser cada vez más resistentes éticamente. Eso significa que siempre estamos en una etapa u otra de desarrollo; ¡o bien estamos fríos, o calientes, o recibiendo martillazos! ¿Cuándo serán nuestros puntos individuales totalmente golpeados? Cuando hayamos demostrado ser confiables en las correspondientes áreas.

Siempre estamos en una etapa u otra de desarrollo;
¡o bien estamos fríos, o calientes, o recibiendo martillazos!

La marca distintiva del carácter

Los siguientes son varios conceptos clave relacionados con el desarrollo del carácter, o del proceso de "temple":

+ La marca distintiva de un líder es el carácter.

+ La marca distintiva del carácter es la confiabilidad.

+ La confiabilidad es un producto de la estabilidad establecida mediante pruebas a lo largo del tiempo.

Un líder llega a ser confiable al permanecer coherente en carácter a medida que pasa por pruebas a lo largo del tiempo. Su confiabilidad es establecida cuando ha sido usted probado durante un largo período —con dificultades como circunstancias cambiantes, desafíos vocacionales, crisis personales y tentaciones— y ha pasado las pruebas o ha aprendido de ellas de modo que las pase en el futuro.

Recuerde que un líder honesto es firme, predecible y estable. Debido a que el carácter del líder se desarrolla a medida que permanece firme y fuerte mediante las pruebas, las personas confían en él sobre la base de las pruebas que él ha experimentado, y no meramente por lo que dice. Si usted pierde la confianza de sus seguidores, ha perdido a sus seguidores; punto. Por eso, la búsqueda suprema del líder debería ser el carácter y no las capacidades, el poder, la influencia o cualquier otra cosa.

Seamos plenamente conscientes de ello o no, la vida nos prueba para ver si hemos desarrollado cualidades como responsabilidad, competencia, lealtad, honestidad, ecuanimidad y buena voluntad. No sabemos cuál es nuestro verdadero carácter hasta que haya sido probado. No sabemos quiénes somos realmente hasta que hayamos sido tentados a hacer concesiones.

A continuación tenemos algunas de las áreas en las cuales nuestro carácter será probado:

1. Nuestro compromiso, o normas, con respecto a algo o alguien.

2. Nuestra lealtad a nuestras convicciones cuando estamos bajo presión.

3. Nuestra dedicación a los valores que prometimos que nunca violaríamos.

4. Nuestra fidelidad a lo que es recto y justo.

5. Nuestra honestidad e integridad.

Nuestro carácter no puede madurar a menos que seamos probados y tentados. Debemos aceptar el hecho de que el proceso de tentación es necesario si queremos cultivar fuerza moral. Cuando pasamos por pruebas, con frecuencia nos preguntamos: "¿Por qué me está pasando esto?". Es parte de nuestra formación de carácter en el liderazgo.

Establecer confiabilidad

Jesús de Nazaret experimentó muchas pruebas y tribulaciones, y una de las más demandantes fue al comienzo de su ministerio público, cuando tenía treinta años de edad. Veamos un relato de lo que sucedió, escrito por uno de los discípulos de Jesús: comienza: "Entonces Jesús fue llevado por el Espíritu al desierto, para ser tentado...".[6] La palabra "Espíritu" en este pasaje tiene E mayúscula. Eso significa que Dios mismo guió a Jesús al desierto para ser tentado, o "templado". Él probó a su propio Hijo con el propósito de probar su carácter. Sigamos con el relato:

Y después de haber ayunado cuarenta días y cuarenta noches, tuvo hambre. Y vino a él el tentador, y le dijo: Si eres Hijo de Dios, di que estas piedras se conviertan en pan. El respondió y dijo: Escrito está: No sólo de pan vivirá el hombre, sino de toda palabra que sale de la boca de Dios. Entonces el diablo le llevó a la santa ciudad, y le puso sobre el pináculo del templo, y le dijo: Si eres Hijo de Dios, échate abajo; porque escrito está: A sus ángeles mandará acerca de ti, y, En sus manos te sostendrán, para que no tropieces con tu pie en piedra. Jesús le dijo: Escrito está también: No tentarás al Señor tu Dios. Otra vez le llevó el diablo a un monte muy alto, y le mostró todos los reinos del mundo y la gloria de ellos, y le dijo: Todo esto te daré, si postrado me adorares. Entonces Jesús le dijo: Vete, Satanás, porque escrito está: Al Señor tu Dios adorarás, y a él sólo servirás".[7]

El enemigo de Dios, Satanás, es también el enemigo de la humanidad. En la Biblia, se hace referencia a él de varias maneras como "el tentador", "el diablo" y "el acusador", y también él nos prueba en nuestra debilidad. Lo hizo con los primeros seres humanos cuando les dijo que el Creador estaba actuando de modo injusto hacia ellos, y los tentó a violar un principio vital. Como dijimos, el primer hombre y la primera mujer fallaron en su prueba.

Dios permite que el tentador nos tiente como parte del proceso de templado, con la intención de mostrarnos nuestras áreas vulnerables para que así podamos buscar ser fortalecidos y establecidos en carácter. Como expresó el escritor del primer siglo, Santiago: "Cuando alguno es tentado, no diga que es tentado de parte de Dios; porque Dios no puede ser tentado por el mal, ni él tienta a nadie; sino que cada uno es tentado, cuando de su propia concupiscencia es atraído y seducido".[8]

A medida que el proceso de templado edifica nuestro carácter, nos volvemos cada vez más confiables. Por ejemplo, ser criticado por otras personas es una prueba que todos experimentamos. Sin embargo, nuestros críticos pueden estar entre nuestros mayores bienes, porque la crítica siempre pone a prueba nuestro carácter en busca de su autenticidad y nos muestra el verdadero estado de nuestros pensamientos y actitudes.

Satanás no nos tentará en las áreas de nuestras vidas en las que sabe que somos fuertes. Más bien nos tienta en las áreas en las que somos inestables o con respecto a las cuales no estamos seguros. Y cada vez que resistimos la tentación en un área de debilidad, fortalecemos esa área con carácter. Supongamos que usted está intentando romper un mal hábito. Si cada vez que el hábito intenta establecerse usted lo "golpea", su carácter en esa área será fortalecido. Finalmente, vencerá el hábito y ya no será tentado en esa área. Pero manténgase alerta; ¡la tentación comenzará en un área diferente!

Nuestros críticos pueden estar entre nuestros mayores bienes, porque la crítica siempre pone a prueba nuestro carácter en busca de su autenticidad y nos muestra el verdadero estado de nuestros pensamientos y actitudes.

Aquí tenemos otro ejemplo de un tipo de prueba que puede llegar a su camino. Supongamos que está de regreso a su propio país después de haber viajado al extranjero. El oficial de aduanas le pregunta: "¿Tiene algún objeto que declarar?". Durante cinco segundos, siente usted la intensa presión de una prueba, porque es tentado a decir una mentira para no tener que pagar ningún impuesto. Podría pensar en salirse con la suya. Entonces recuerda que una de las normas morales a las que se ha comprometido es: "Seré honesto en todos mis tratos de negocios". Así que dice: "Sí, señor, tengo varios objetos que declarar".

Una vez, cuando llegué a casa de un viaje fuera del país, fui hasta el mostrador de aduanas en el aeropuerto. Yo soy conocido en mi país, y el oficial de aduanas dijo: "Está bien; no necesita usted declarar eso". Yo respondí: "No, no está bien. No quiero que me dé ningún trato especial. Permítame pagar".

La posición y el título del líder no le dejan exento de ser honesto. No tenemos derecho a violar principios sólo porque se presente la oportunidad de hacer recortes o ganar dinero ilegalmente. Supongamos que obtuviera un puesto como presidente de un departamento gubernamental que concede contratos en las áreas de ingeniería y construcción. Tiene usted trescientos millones de dólares en su presupuesto. De repente, experimenta una intensa presión, porque muchos de sus amigos y conocidos comienzan a llamarle para pedirle que les conceda contratos. Pero la mayor prueba llega cuando su tío se acerca a usted con lágrimas en los ojos, diciéndole que las cosas están económicamente difíciles y que no puede pagar su renta. Quiere que usted le conceda un lucrativo contrato. Usted sabe que él no califica para que se le conceda un contrato, y sería un conflicto de intereses, pero usted es tentado a hacer concesiones en sus principios y gastar mal fondos públicos con el motivo de ayudar al hermano de su padre.

Permita que subraye que no hay nadie en el mundo por quien debiera usted renunciar a su integridad. En muchas ocasiones, si cede usted en sus convicciones para agradar a otra persona, se sorprenderá de lo poco que le importa a esa persona. Le utilizará, y después le dejará; o le dejará solo para que recoja usted los pedazos. Entonces tendrá que vivir usted con el hecho de que cedió en sus normas morales. Repito: los líderes fallan cuando sacrifican su carácter sobre el altar de las concesiones.

Jesús pasó cada una de la pruebas del tentador sin hacer concesiones en su integridad. Eso no significa que no fuese doloroso para Él experimentar esas pruebas; pero su compromiso fue firme, y se mantuvo fiel a sus valores y principios, citándolos como respuesta a cada argumento de tentación hecho por Satanás.

Notemos que en el proceso de intentar que Jesús violase sus principios, Satanás se propuso hacer que Jesús dudase de su posición. El tentador también distorsionó el significado de uno de los principios que Dios había establecido. El principio que torció habría sido válido en su contexto, pero lo utilizó fuera de contexto; sin embargo, debido a que Jesús tenía un profundo conocimiento de los principios del Creador, fue capaz de detectar el engaño del tentador y refutarle eficazmente.

Debemos ser conscientes de que la misma experiencia podría sucedernos a nosotros. Otras personas, o el tentador mismo, puede que intenten que dudemos de nuestra posición en Dios, o tuerzan el significado de las primeras leyes a fin de conseguir que hagamos concesiones en nuestras creencias y valores. Por ejemplo, puede que alguien diga: "La Biblia dice: 'Amado, yo deseo que tú seas prosperado en todas las cosas, y que tengas salud, así como prospera tu alma'.[9] Se supone que hay que prosperar en todo, de modo que, ¿qué tiene de malo aceptar un poco de dinero bajo cuerda? ¡Todo el mundo lo hace!". A lo cual debería usted responder: "La Biblia también dice: 'No hurtarás'".[10]

Las tentaciones que Jesús de Nazaret experimentó en el desierto reflejan los tres principales tipos de tentaciones que todos los seres humanos experimentan en la vida: (1) la prueba de los apetitos, como comer o beber en exceso; drogas ilegales u otras sustancias adictivas; y la lujuria, o pasión incontrolada, ya sea física o emocional; (2) la prueba de la fama; y (3) la prueba del poder. Todo líder que ha caído ha sido atrapado al menos por una de las tres.

Los tres principales tipos de tentaciones que todos los seres humanos experimentan son la prueba de los apetitos, la prueba de la fama y la prueba del poder.

La segunda tentación que el tentador intentó con Jesús fue esencialmente esta: "¡Salta del edificio y aterriza como Superman! Las personas quedarán asombradas, y serás un éxito al instante". Con frecuencia se hace referencia a los líderes que ascienden rápidamente en fama, poder y/o fortuna como "éxitos de la noche a la mañana".

Yo sí creo en el éxito de la noche a la mañana; ¡si la "noche" dura unos veinticinco años! Los líderes honestos por lo general atraviesan un largo proceso de edificación del carácter y perseverancia en su visión de liderazgo, durante el cual mantienen fielmente sus compromisos, persiguen sus metas, refinan sus capacidades y desarrollan su confiabilidad. Este proceso conduce al éxito personal que está arraigado y es duradero. Sin embargo, muchos que llegan a ser exitosos de la noche a la mañana terminan en fracaso instantáneo poco después. Piense en lo que sucede a la mayoría de personas que ganan la lotería. Malgastan rápidamente sus ganancias, y muchos están peor de lo que estaban antes de tener riqueza.

Por lo tanto, no salte desde el pináculo del edificio. En cambio, siga el largo camino que le lleva por lugares de prueba, donde su carácter puede ser probado y demostrado. Entonces, podrá salir al otro lado como un líder exitoso, tanto personalmente como profesionalmente, experimentando longevidad y dejando un legado permanente.

La moneda de la confianza

Nunca deberíamos tomar a la ligera nuestro papel de liderazgo, porque las personas nos están observando cuando atravesamos diversas pruebas en el proceso de templado. Ellas observan nuestras vidas, nuestros matrimonios, nuestras actitudes y nuestro modo de conducirnos cuando trabajamos. Y si somos éticamente inestables o imprecisos en estas áreas, perderemos el regalo más importante que un líder tiene: la confianza de sus seguidores.

La moneda del liderazgo verdadero es la confianza

En cualquier economía, las transacciones entre productores o consumidores no pueden producirse sin el intercambio de alguna forma de moneda legítima: dinero, objetos o bienes, la promesa de un porcentaje de los beneficios, u otras cosas. De igual modo, los líderes deben tener la moneda indispensable de la confianza a fin de entrar en un acuerdo corporativo con sus seguidores y/o los miembros de su grupo. La confianza es como una cuenta donde las personas hacen depósitos por nosotros, basándose en nuestro carácter. Sin la moneda de la confianza, no podemos operar como líderes. De hecho, sin confianza no tenemos liderazgo alguno.

La confianza es el producto del carácter

No puede usted liderar a personas que no confían en usted. Como líder, debe aceptar en este momento ese hecho, si es que no lo ha hecho ya. Si las personas no confían en usted, le ignorarán, le resistirán, e incluso sabotearán su liderazgo. La cuenta de confianza que un líder ha establecido entre sí mismo y sus seguidores debería considerarse sagrada. Por consiguiente, sus decisiones personales deberían ser tales que protejan la confianza que sus seguidores han depositado en usted. De otro modo, podría perder toda la moneda de confianza que ha acumulado hasta este punto.

Su confianza como líder se gana y se mantiene mediante la coherencia que usted muestra a medida que atraviesa diversas pruebas a lo largo del tiempo; pruebas de fidelidad, confiabilidad, coherencia, y otras. Las personas observarán cómo pasa usted diversos desafíos y pruebas, a fin de determinar cuál es su verdadero carácter. Cuando vean que es usted firme, harán un depósito de confianza en su cuenta de liderazgo. Cuando vean que usted permanece fiel, harán otro depósito. Cuando demuestre usted su confiabilidad, depositarán más moneda en su cuenta. Sin embargo, si violase la fe de las personas en usted, no podría comprar su confianza. Su cuenta probablemente tendría que ser cerrada, porque los depósitos se detendrían de inmediato. Ya no podría hacer usted transacciones de liderazgo con sus (anteriores) seguidores.

Su confianza como líder se gana y se mantiene mediante la coherencia que usted muestra a medida que atraviesa diversas pruebas a lo largo del tiempo.

Carácter es la fuerza moral que convence a las personas de que usted es alguien que se ha ganado el derecho a ser oído y seguido. De esta manera, un gran liderazgo no se obtiene por buscar la grandeza sino por perseverar en las grandes pruebas. Su carácter será definido por las pruebas que haya usted soportado.

Permita que su carácter emerja

En este momento, o en algún momento cercano, puede que sienta que el calor ha aumentado por debajo de usted mediante la impresión de que está siendo golpeado por las pruebas, seguido por la sensación de ser lanzado a un helado mar de problemas. Si es así, puede que experimente uno de los períodos más significativos de su vida. Aunque está siendo desafiado, puede apreciar dónde le llevará el desafío, ahora que entiende el proceso de templado. Diga para sí: "¡Voy a pasar por el fuego, los golpes o el agua helada!". El carácter se desarrolla mediante presión, demandas, tentaciones y resolución. Es mi esperanza que a medida que su carácter atraviese diversas pruebas, llegue a ser usted un líder honesto que marque una notable diferencia en su organización.

A veces, la vida nos lanza algunos pesados desengaños; pero no deberíamos permitir que nos derroten. En el capítulo 9 vimos varias ilustraciones de lo que significa tener un carácter firme, predecible y estable. Una de ellas fue el ejemplo de una estatua, que nos proporciona otra importante imagen que se corresponde con el proceso de templado.

Como dije anteriormente, la estatua de la reina Victoria en la Plaza del Parlamento en Nassau está tallada en un bloque de mármol. Sin embargo, lo que debemos tener en mente es que la estatua no siempre se vio del modo que se ve ahora. Antes de que el escultor crease la imagen, estaba "oculta" en un gran bloque de roca. Pero me imagino a ese artista caminando alrededor de ese bloque y diciendo: "Hay alguien ahí dentro; ¡puedo verla claramente!". Eso se debe a que el artista podía imaginar una hermosa escultura por debajo de la plana superficie del mármol.

El mismo concepto es cierto de nosotros. A veces, puede que no nos consideremos mucho nosotros mismos. Puede que nos desalentemos acerca del ejercicio de nuestro liderazgo y el proceso de nuestro desarrollo del carácter, de modo que nuestra visión del futuro llega a bloquearse. Pero nuestro Creador está diciendo: "Hay alguien ahí dentro; ¡puedo verlo claramente!". Él ve nuestro potencial; Él ve la promesa que ha puesto en nuestro interior. Él ve el producto terminado: un líder de carácter.

La única manera en que el escultor podía demostrar el potencial de ese bloque de mármol era agarrar una herramienta de hierro y un pesado cincel y comenzar a aplicar presión, esculpiendo con destreza parte de la piedra durante el curso de semanas y meses. Tuvo que seguir trabajando con ese pedazo de mármol de modo que pudiera surgir la "reina Victoria". Si la estatua en desarrollo pudiera sentir y hablar, diría que fue un proceso doloroso. A medida que fuesen cincelados los fragmentos, ella habría gritado: "¡Alto! ¡Eso duele!". Cuando cayesen grandes pedazos, ella habría pensado: *¡No voy a sobrevivir a esto!*

De modo similar, hay veces en que experimentamos largos períodos de dificultad, cuando todo parece estar desmoronándose en nuestras vidas. Sentimos que la presión es tan intensa, que pensamos que no nos muestran piedad. Pensamos: *¡Esto no es justo!* En tales momentos, debemos permitir que nuestras creencias, convicciones y valores nos digan: "Mantente firme; aguanta".

Entonces, ¡bam!, la vida nos hará daño otra vez, y diremos: "¡No creo que vaya a sobrevivir!". Pero ese es el punto cuando debemos permitir que nuestra disciplina moral responda: "Vas a estar bien. Vas a permanecer en pie". A veces, cuando caen grandes "pedazos" de nuestras vidas —trabajos, relaciones cercanas, posiciones cómodas—, sentimos que estamos perdiendo parte de nosotros mismos. Sin embargo, debemos dejar que nuestro carácter diga: "Ese aspecto de tu vida te estaba reteniendo, y necesitabas ser libre de él para emerger como un verdadero líder".

La "reina Victoria" soportó muchos golpes y la pérdida de lo que le rodeaba; pero con el propósito de llegar a ser una hermosa escultura. También nosotros somos "proyectos artísticos" de nuestro Creador. Por demasiado tiempo hemos estado ocultándonos bajo nuestros defectos de carácter; sin embargo, el proceso de desarrollo del carácter revelará quiénes somos en realidad: quiénes debíamos ser desde un principio. Fuimos creados para ser líderes fuertes, firmes y nobles, cumpliendo nuestro propósito y visión con excelencia.

A veces, las personas no han alcanzado aún sus metas de liderazgo porque antes su carácter necesita ser desarrollado. Llegarán a su destino si perseveran. Algunas personas quieren estar en el ojo público demasiado pronto, cuando sigue habiendo "pedazos" negativos de sus vidas que necesitan ser eliminados. He pasado más de cuatro décadas de ser "cincelado" y que el exceso de "roca" sea eliminado de mi vida. Este proceso continuado me ha dado estabilidad; ha causado que llegue a estar establecido en mi vida y mi liderazgo.

Por lo tanto, sea agradecido por el cincel y el martillo: las pruebas y tribulaciones de la vida. Dé gracias por el proceso de templado. Permita que cada estrés, problema y circunstancia desafiante le preparen aún más para cumplir su visión de liderazgo.

11

Cualidades centrales de los líderes honestos

"El buen carácter no se forma en una semana o un mes. Se crea poco a poco, día a día. El esfuerzo extendido y paciente es necesario para desarrollar el buen carácter".
—Heráclito, filósofo griego

Para ser líderes eficaces, debemos cultivar muchas actitudes y características importantes, como valentía, pasión, iniciativa, paciencia, trabajo en equipo, sabiduría y persistencia. Pero hay varias cualidades centrales en las que debemos enfocarnos para hacer que nuestro carácter sea nuestra prioridad en el liderazgo. En este capítulo daremos un breve repaso a esas cualidades, de modo que podamos ser intencionales acerca de incorporarlas a nuestras vidas.

Fuertes convicciones

En el capítulo 3 y en todo este libro hablamos de la necesidad de formar fuertes convicciones. Sin embargo, este proceso es tan central para el desarrollo del carácter que merece ser incluido también en este capítulo. Como hemos visto, las convicciones se refieren a dos aspectos del liderazgo: (1) la certeza del líder de que tiene un propósito único en la vida, y (2) su sincero compromiso personal a una visión por la que vale la pena sacrificarse.

Nuestro sistema de creencias establecido da lugar a nuestras convicciones. Tener convicciones es sentir que hay algo que *debemos* hacer mientras estamos en esta tierra. No es opcional, porque la vida no tendrá significado alguno si no lo logramos. Como escribí anteriormente, podemos aprender todas las habilidades, métodos y estilos de liderazgo, pero no significarán mucho si no tenemos verdaderas convicciones que guían nuestras vidas, o si traicionamos esas convicciones.

Rendir cuentas

Rendir cuentas, o responder a una autoridad mayor por nuestras actitudes y acciones, refleja un compromiso con nuestra propia integridad personal. Esta cualidad central nos ayuda a permanecer firmes, establecidos, predecibles y estables en carácter. Tenemos la responsabilidad de rendir cuentas en tres niveles: a nosotros mismos, a otras personas y a nuestro Creador.

Un compromiso con la autoevaluación

En primer lugar, somos responsables de examinar regularmente nuestra propia conducta para evaluar si estamos viviendo de acuerdo a los principios morales que valoramos mucho y que hemos establecido como normas para nosotros mismos. Repito: podemos lograr esto de forma más eficaz si hemos escrito nuestros principios, creencias, convicciones, valores, normas morales y código ético, de modo que podamos consultarlos fácilmente.

Un compromiso con la evaluación por parte de otros

En segundo lugar, rendir cuentas significa someter la evaluación de nuestras actitudes y acciones a otro individuo o grupo de individuos cualificados para examinarlas a la luz de los principios con los cuales nos hemos comprometido. Nadie puede ver todas sus propias debilidades, o las áreas de su vida en las cuales puede que esté haciendo concesiones en sus normas. Todos necesitamos a veces una perspectiva diferente de nuestras propias vidas para mostrarnos nuestras debilidades y nuestras fortalezas igualmente. Por eso muchas personas tienen "compañeros para rendir cuentas" con los cuales se reúnen regularmente, para alentarse y desafiarse mutuamente.

Deberíamos rendir cuentas solamente a alguien de comprobado carácter y que haya demostrado que tiene en su corazón nuestro mejor interés. Debería ser alguien capaz de evaluar claramente nuestro progreso en el desarrollo del carácter, y mostrarnos cómo regresar al camino cuando nos hayamos desviado. Cuando seamos capaces de echar una mirada sincera a nuestro carácter, y comprometernos a trabajar en nuestras áreas de debilidad, fortaleceremos nuestra integridad. Integraremos nuestros pensamientos, palabras y acciones aún más, de modo que puedan llegar a ser "uno".

Un líder honesto ciertamente da la bienvenida a este proceso de rendir cuentas. Desea que sus valores sean probados para hallar coherencia. Quiere saber lo bien que está manteniendo su propio código de ética declarado. En lugar de tener temor a la crítica constructiva, acepta la evaluación porque entiende que su valía inherente se la otorgó su Creador. Debido a que desea manifestar verdadero carácter, es lo suficientemente fuerte para escuchar lo que necesita escuchar y utilizarlo beneficiosamente en su vida.

Como contraste, los líderes poco honestos tienen temor a tener que rendir cuentas, de modo que evitan la evaluación siempre que sea posible. Como resultado, muchos de ellos se convierten en "lobos solitarios". Piensan: *Tengo que rendir cuentas sólo a mí mismo*. Tales personas se arriesgan al autoengaño y el aislamiento de la comunidad de la cual son parte. También pueden comenzar a usar y utilizar mal a otras personas.

En muchas organizaciones, los líderes deben rendir cuentas a una junta de directores, un grupo de consejeros o algún otro grupo parecido. Si no tienen uno de esos foros que les haga rendir cuentas de sus valores declarados, principios y metas, los líderes pueden tomar malas decisiones morales y otras decisiones poco sabias. Muchos líderes caen debido a falta de rendir cuentas, como hemos visto en los ejemplos a lo largo de este libro. Varios de ellos aparentemente no habían tomado una decisión intencional de buscar un liderazgo basado en el carácter, de modo que nunca se sometieron realmente ni al autoexamen ni a la evaluación por parte de una junta o de otro grupo.

Finalmente, un compromiso a la evaluación por parte de otros significa que el líder responde no sólo a aquellos *ante quienes* es responsable, sino también a aquellos *de quienes* es responsable. Por consiguiente, debería reunirse regularmente con sus seguidores para asegurarse de que los está apoyando a medida que trabajan para cumplir su parte de la visión. Y debería esforzarse por suplir cualquier cosa que ellos puedan necesitar a este respecto.

Un compromiso a la evaluación por parte del Creador

En tercer lugar, un líder honesto reconoce que debe finalmente rendir cuentas ante Dios. Por eso ha hecho el compromiso de seguir las primeras leyes del Creador. Sabe que incluso cuando está a solas, todo lo que diga y haga es observado por su Autoridad suprema.

Como seres creados a imagen y semejanza de Dios, tenemos responsabilidades y privilegios igualmente. Una de nuestras responsabilidades es "temer" a nuestro Creador. El término "el temor del Señor", que se encuentra en la Biblia, no significa que tengamos que tener miedo de Él. En este sentido, la palabra "temor" tiene que ver con una gran reverencia y respeto por Él que nos hace desear seguir sus principios; también se refiere al sentimiento adecuado de respeto por su poder, su amor y sus otras cualidades.

Cada uno de nosotros tiene dones y talentos, pero no los creamos nosotros mismos, y este hecho debería hacer que pusiéramos en perspectiva nuestros logros y expresamos gratitud a nuestro Creador por ellos. En el capítulo 9 vimos la historia de un joven llamado José que había sido vendido como esclavo por sus hermanos y más adelante acusado falsamente y encarcelado. José es un ejemplo de un líder con una gran reverencia por Dios. La razón de que fuese llevado desde la cárcel al palacio fue que Dios le había dado la capital capacidad de entender el significado de sueños importantes. Cuando Faraón tuvo un sueño perturbador, alguien se acordó del don de José, y el gobernador egipcio envió a buscarle.

Examinemos lo que Faraón le dijo a José, y después cuál fue la respuesta de José. "Y dijo Faraón a José: Yo he tenido un sueño, y no hay quien lo interprete; mas he oído decir de ti, que oyes sueños para interpretarlos".[1] ¿No se sentiría bien si un rey le dijese eso a usted, especialmente si hubiera pasado años en la cárcel por ser injustamente condenado por un delito? Usted querría disfrutar el momento y aceptar el mérito por su capacidad. Sin embargo, debido a que José reverenciaba a Dios, entendía su responsabilidad de reconocer la fuente de su talento. "Respondió José a Faraón, diciendo: No está en mí; Dios será el que dé respuesta propicia a Faraón".[2] Un líder honesto no se pone en pie en tal situación y dice: "¡Yo soy la respuesta a todos sus problemas!". En cambio, da el mérito a quien lo merece.

La disposición del líder a rendir cuentas refleja su compromiso a ser siempre coherente en lo que dice, lo que hace y quién es él. Rendir cuentas, en los tres ámbitos que acabamos de examinar, protege al líder de ser hipócrita, o de tener dos caras, capacitándole para poner en consonancia su vida con sus normas y principios, y establecer su carácter.

La disposición del líder a rendir cuentas refleja su compromiso a ser siempre coherente en lo que dice, lo que hace y quién es él.

Supervisar sus asociaciones

Permítame mencionar otro tema relacionado con rendir cuentas. Cuando no ejercitamos discernimiento acerca de aquellos a quienes escogemos para que sean nuestros íntimos amigos y asociados, inadvertidamente podemos dar respuestas a personas que no tienen en mente nuestros mejores intereses, y cuyo carácter inmaduro puede tener un efecto negativo sobre nosotros. Por lo tanto, puede que terminemos siguiendo consejos poco sabios y falsos principios. Como mencioné anteriormente, nuestro carácter, para bien o para mal, con frecuencia determina la naturaleza de las personas que gravitan hacia nosotros y se convierten en nuestros compañeros. En otras palabras, nuestro carácter determina nuestra compañía. Deberíamos formar amistades con quienes valoran lo que nosotros valoramos y están comprometidos a vivir una vida honesta. Por este motivo debemos ser intencionales acerca de escoger a nuestros asociados, al igual que desarrollar nuestro carácter personal.

Humildad

La siguiente cualidad central es la humildad. La palabra *humilde* se deriva de la palabra latina *humus*, que significa "tierra". Ser humilde, entonces, significa estar "con los pies en la tierra". En el contexto del carácter, esto significa expresar y manifestar su verdadero yo de acuerdo con su propósito único e inherente. Un líder puede manifestar verdadera humildad solamente después de que acepte su significado como persona y como líder. Cuando lo hace, deja de estar ensimismado acerca de sus acciones. Las evalúa regularmente, pero no lucha en ellas, y no finge ser alguien que no es. Si un individuo "intenta" ser humilde, ha pasado por alto el verdadero significado de la humildad. Si no estamos manifestando nuestro verdadero yo, no podemos ser humildes. Nos hemos puesto inadvertidamente una máscara que oculta lo que hemos de expresar y revelar al mundo.

La cualidad de la humildad en un líder se manifiesta mediante el "liderazgo de servicio". Anteriormente, hablamos de la descripción de Jesús de Nazaret de la diferencia entre los líderes romanos y los líderes en el "reino de Dios". A los líderes romanos les gustaba señorear sobre las personas, darles órdenes; pero Jesús dijo que quien quiera ser grande debe servir a otras personas. Dar órdenes a los demás no es el espíritu de un verdadero líder. ¿Tienen temor de usted sus familiares, empleados o colegas? Si es así, ese hecho no debería hacerle sentirse mejor con usted mismo. De igual modo, no debería obtener gozo de una capacidad de dar órdenes a las personas. Ese es el espíritu equivocado. Un líder honesto tiene una actitud, o espíritu, de servicio.

Cuando un líder es humilde, también tiene una sana actitud hacia las áreas de su vida en las cuales necesita crecer en carácter. Anteriormente he citado los escritos y los dichos de Abraham Lincoln. Lincoln es un ejemplo de líder fuerte pero humilde. Era inteligente, sabio y perspicaz; pero también era humilde, incluso como presidente, y con frecuencia expresaba esa cualidad mediante su humor menospreciativo de sí mismo. En una ocasión, un hombre intentó ganarse favor con Lincoln informándole de que su secretario de guerra, Edwin Stanton, le había llamado necio. Lincoln respondió que Stanton por lo general tenía razón, ¡y que pensaría en ese comentario! Lincoln se sentía cómodo consigo mismo, y no sentía la necesidad de defenderse siempre que la crítica salía a su camino.

Los líderes que no entienden su propósito y su valía inherentes tienen dificultad en ser humildes porque con frecuencia necesitan seguridad mediante los elogios de los demás; pero los líderes de principios han encontrado algo mayor que los elogios de otras personas; han encontrado una "tarea" personal, o visión, y la siguen. Están ocupados en ser quienes fueron creados para ser, de modo que no sienten la necesidad de ser halagados continuamente por los demás.

De modo similar, cuando somos genuinamente humildes tenemos menos probabilidad de ser controlados por la opinión que otras personas tienen de nosotros. No podemos ser líderes de carácter si siempre tenemos temor a lo que otras personas pensarán o dirán de nosotros. Algunas personas confunden timidez con la cualidad de la humildad, pero son contrarias: la timidez está relacionada con el temor, mientras que la humildad está relacionada con la paz: con uno mismo y paz con otras personas.

Cuando somos genuinamente humildes, tenemos menos probabilidad de ser controlados por la opinión que otras personas tienen de nosotros.

Un modo de calibrar su temor a otras personas es evaluar la manera en que usted habla a su jefe o a otra persona en autoridad cuando tiene un problema o una preocupación. Si tiene un problema del que quiere hablar, ¿le dice a su jefe exactamente lo que anda mal, cómo se siente al respecto, y lo que usted recomienda que se haga para resolverlo? No estoy sugiriendo que sea usted argumentativo, sino que realice una presentación razonada y bien pensada. Cuando tenemos temor a las figuras de autoridad, con frecuencia no somos sinceros con ellas, y frecuentemente no obtenemos la ayuda y los resultados que necesitamos. El temor a otras personas minará nuestro carácter y obstaculizará el cumplimiento de nuestra visión y nuestras metas.

Quizá el siguiente escenario le resulte familiar. Cuando se preparan para hablar de un problema con su jefe, algunas personas ensayan de antemano lo que van a decir, cuando van de camino al trabajo. Podrían repetir su declaración otra vez delante del espejo en el baño. Pero entonces, cuando entran en la oficina de su jefe, su temor a la autoridad hace que queden paralizados o se queden sin palabras, de modo que nunca dicen lo que tenían intención de decir. En cambio, podrían sencillamente decirle que entraron para saludarle y desearle un buen día. Pero alguien que tiene confianza en su propia valía inherente y en sus capacidades no tendrá temor a la autoridad. Se acercará a él de manera práctica y confiada.

Hay un proverbio que comienza: "El temor del hombre pondrá lazo…".[3] Un lazo, o trampa, es algo en lo cual usted queda atrapado y de lo que es difícil escapar. No tenemos temor a las personas tan sólo porque tengan cierto título o porque ocupen un puesto en particular. Si usted tiene temor a la autoridad, y no ha sido ascendido en su trabajo tan rápidamente como pensaba que debería haberlo sido, quizá los gerentes en su lugar de trabajo le consideren alguien que carece de confianza y que no sería capaz de manejar responsabilidades adicionales. Cualquiera que sea la razón, puede usted vencer su temor al hombre enfocándose en cumplir su propósito inherente y buscando servir a los demás.

Integridad

Una definición de integridad es "incorruptibilidad". Si usted es incorruptible, no será seducido por sus propios deseos o por la presión de otras personas a violar sus normas morales o a operar sobre la base del interés propio. La integridad fue una cualidad modelada por George Washington; él demostró que no podía ser corrompido por el poder.

En la época en que terminó la Revolución Americana, el artista Benjamin West estaba retratando al rey Jorge III de Inglaterra. Él le preguntó al pintor lo que creía que George Washington haría ahora que la guerra había terminado. West respondió que pensaba que Washington dimitiría y regresaría a su granja. Un asombrado rey Jorge exclamó: "Si hace eso, ¡será el hombre más grande del mundo!".

Renunciar al poder voluntariamente en la cima del éxito y el apoyo popular es una decisión rara para un líder, haciendo que su acto sea aún más asombroso. De modo parecido, después de que Washington hubiera pasado dos legislaturas como presidente de los Estados Unidos, no se presentó a una tercera, porque había aceptado el puesto a fin de servir al pueblo, y no para obtener poder para sí mismo. Washington era tan altamente considerado por su integridad, que cierto número de estadounidenses de su época habrían apoyado la idea de darle como presidente una legislatura para toda la vida, o de hacerle rey. En cambio, él pasó calmadamente las riendas del cargo al siguiente presidente electo. Al hacerlo, estableció una norma para todos los presidentes futuros, y ayudó a estabilizar la nueva nación.

Se dice que Napoleón Bonaparte, el famoso líder militar y anterior emperador de Francia, hizo un revelador comentario mientras soportaba su segundo exilio en la isla de Elba, lamentándose de su caída del poder. Dijo que el pueblo de Francia "había querido que él fuese otro George Washington". Pero él no podía hacerlo; porque él amaba el poder, nunca habría renunciado a él voluntariamente.

Responsabilidad

Los líderes de principios también actúan responsablemente, y aceptan de buena gana la responsabilidad. Una de las primeras leyes del Creador es que si somos fieles en las tareas y los trabajos más pequeños que se nos han dado, se nos darán otros aún mayores.[4] Este es el proceso mediante el cual los líderes llegan a posiciones cada vez de mayor responsabilidad.

El proceso normalmente comienza por propia iniciativa del líder de asumir responsabilidad. A algunas personas les molesta la idea de tener que trabajar. No quieren que las personas les pidan que hagan nada, ya sea ayudar con tareas en casa, hacer el trabajo "pesado" en la organización de voluntariado, ocuparse del papeleo relacionado con su trabajo, o cualquier otra cosa. Francamente, muchas personas son perezosas; pero un líder honesto ama la responsabilidad; da la bienvenida a la oportunidad de ser productivo y con frecuencia busca un trabajo útil que poder hacer.

A este respecto, veamos un ejemplo más de la vida de José. José interpretó exitosamente el sueño de Faraón, que era un mensaje para el gobernante y su nación de que llegarían siete años de abundancia, pero serían seguidos por siete años de escasez. Cuando Faraón escuchó la interpretación, inmediatamente dijo a José:

> Pues que Dios te ha hecho saber todo esto, no hay entendido ni sabio como tú. Tú estarás sobre mi casa, y por tu palabra se gobernará todo mi pueblo; solamente en el trono seré yo mayor que tú… He aquí yo te he puesto sobre toda la tierra de Egipto.[5]

Si hubo alguna vez un tiempo en que José podría haber sentido que podía delegar su trabajo y finalmente tomarlo con un poco más de calma,

¡habría sido este! En cambio, trabajó diligentemente en su nuevo papel, haciendo preparativos para los días de escasez:

> Y salió José de delante de Faraón, y recorrió toda la tierra de Egipto. En aquellos siete años de abundancia la tierra produjo a montones. Y él reunió todo el alimento de los siete años de abundancia que hubo en la tierra de Egipto, y guardó alimento en las ciudades, poniendo en cada ciudad el alimento del campo de sus alrededores. Recogió José trigo como arena del mar, mucho en extremo, hasta no poderse contar, porque no tenía número.[6]

En contraste con la actitud responsable de José, algunas personas buscan evitar a su jefe, el presidente de su organización de voluntariado, su pastor, sus padres y otros, porque no quieren ser situados en una situación en la que les pidan que hagan algo. Sin embargo, aunque muchas de esas personas evitarán trabajar en tareas más pequeñas, de repente aparecen cuando se presenta una importante y emocionante oportunidad. Entonces, son los primeros en decir: "¡Yo iré!".

¿Y qué de usted? ¿Qué hace cuando alguien le da una tarea que realizar? ¿Siente lástima de usted mismo, o comienza enseguida? La responsabilidad es una buena formación para los líderes de carácter. Necesitamos ser el tipo de líderes que tengan ganas de aceptar la responsabilidad. Esos son los líderes que son útiles para otros, y de quienes otros pueden depender. Si ha hecho usted progreso en el desarrollo de la cualidad de la responsabilidad, está de camino a ser un líder de carácter.

Disciplina y sacrificio

Hemos hablado de las cualidades de la disciplina y el sacrificio en varios capítulos anteriores, pero una lista de las cualidades centrales de los líderes honestos no estaría completa sin ellas. Todos los verdaderos líderes se adhieren a limitaciones autoimpuestas en sus vidas con el objetivo de lograr un propósito más elevado.

Los líderes de principios han aprendido a gobernarse a sí mismos. Ejercitan autocontrol sin necesidad de ser disciplinados externamente. A medida que también nosotros progresemos en el desarrollo del carácter, aprenderemos a gobernar y disciplinar cada área de nuestras vidas a fin de protegerla de lapsos éticos y prepararla para la máxima productividad. Nos entrenaremos a nosotros mismos para hacer eso independientemente de si otras personas están presentes, e independientemente de si otras personas lo ven alguna vez.

Muchas personas tienen cierto asombro con respecto a quienes se sacrifican y sufren a fin de hacer actos extraordinarios que ayudarán a la humanidad, o para lograr una meta demandante. Y ese asombro se traduce en inspiración. De este modo, como hemos visto, el sacrificio basado en la convicción conduce a la inspiración. Y la inspiración es lo que guía a otras personas a unirse a nosotros para cumplir nuestra misión.

PARTE IV:

Restaurar una cultura de carácter

12

Integrar visión y valores

"Los líderes defienden algo: visión.
Los líderes están firmes en algo: valores".
—Dr. Myles Munroe

Una mujer estaba en la tarea de quitar varias cajas que había en su ático y que habían estado almacenadas allí durante años, desde que ella y su esposo se habían mudado de casa para acomodar a su creciente familia de cuatro hijos, que ahora eran adultos. Con el rabillo del ojo observó una caja medio escondida detrás de la chimenea. Estaba cubierta de polvo y aún cerrada con cinta adhesiva.

Me pregunto qué habrá dentro, pensó. Después de limpiar con cuidado el polvo, quitó la amarillenta cinta adhesiva del centro de la caja y abrió los lados. En su interior vio varios pedazos de tela roja, grabados con un complicado diseño y envolviendo algunos objetos desconocidos. De repente, un recuerdo vino a su mente, haciendo que retrocediese tres décadas, y al instante recordó lo que eran los objetos que había en la caja: algunos objetos de jade de China que una amiga le había regalado, los cuales ella había heredado de su padre. La mujer se había olvidado por completo de haberlos recibido; no había pensado en ellos durante años.

A la semana siguiente hizo que evaluasen en esos objetos, y se sorprendió al descubrir que eran comparables en antigüedad y calidad a una colección de jade del siglo XVIII que había sido presentada en el programa de televisión *Antiques Roadshow* varios años antes. Los objetos en esa colección habían sido valorados hasta en un millón de dólares.

238 El Poder del Carácter en el Liderazgo

Un tesoro por mucho tiempo olvidado

En muchos aspectos, el carácter en nuestra cultura contemporánea ha sido como el tesoro por tanto tiempo olvidado que encontró la mujer en la situación anterior dentro de la caja polvorienta. Ella no había sabido cuán preciosa herencia estaba en su propia casa, porque la había abandonado dejándola en un rincón de su ático durante décadas. De modo similar, nuestra sociedad ha relegado cada vez más los valores y las normas morales a los "áticos" y los "sótanos" de nuestra cultura. Muchas personas no se dan cuenta del tesoro que ha perdido nuestra sociedad, porque está fuera de su rango moral de visión. El único modo en que el carácter puede regresar a la línea de vista es que ellos vean una clara manifestación de él en las vidas de líderes como usted y como yo. Entonces serán capaces de reconocer el regalo tan infinitamente valioso que ha estado esperándoles todo el tiempo, de modo que puedan recibirlo y manifestarlo en sus propias vidas.

Nos corresponde a nosotros iniciar el proceso de restaurar el carácter en nuestra cultura. Jesús de Nazaret dijo: "También el reino de los cielos es semejante a un mercader que busca buenas perlas, que habiendo hallado una perla preciosa, fue y vendió todo lo que tenía, y la compró".[1] De modo parecido al mercader que vendió todo lo que poseía para obtener la perla "preciosa", necesitamos hacer que nuestra prioridad número uno sea la reintroducción y el desarrollo del carácter.

Debe haber un redescubrimiento, una nueva prioridad y un resurgir del carácter entre los líderes de estados emergentes e industriales del mundo igualmente, de modo que podamos comenzar a ver la restauración de una cultura de carácter en el liderazgo. Maestros, profesores y administradores educativos —desde escuelas de grado hasta universidades y otras instituciones del aprendizaje— deben volver a establecer prioridades en sus programas y su currículo para enseñar a los alumnos a desarrollar y refinar su carácter, y a entender por qué el carácter es esencial para individuos, comunidades y naciones.

Necesitamos hacer que nuestra prioridad número uno sea la reintroducción y el desarrollo del carácter.

De igual manera, debemos ver un compromiso entre los líderes en todos los campos a transformar su propia conducta, rededicándose a sí mismos a elevadas normas y nobles valores de liderazgo genuino. Por consiguiente, necesitamos una nueva estirpe de líder que acepte y manifieste una cultura de rendir cuentas: a sí mismo, a sus electores y, lo más importante, al Creador mismo, quien nos dio el privilegio de representarle como líderes en la tierra.

La intersección de visión y valores

Podríamos resumir todo el mensaje de este libro de la siguiente manera: los líderes defienden algo: visión. Los líderes están firmes en algo: valores. Y de estos dos elementos, los valores son de mayor importancia. Como hemos observado a lo largo de los anteriores capítulos, si un líder no tiene un compromiso activo con sus valores, normas morales, principios, disciplina y código ético, todos sus esfuerzos serán debilitados, y pueden incluso ser anulados. Ya que el carácter debe ser nuestra prioridad número uno en el liderazgo, repasemos el modo en que visión y valores están permanentemente interrelacionados en la vida de un líder honesto.

1. La visión es una interpretación de los valores

Su visión interpreta sus valores en el sentido de que los refleja y los comunica. Por ejemplo, supongamos que su visión es ayudar a jóvenes que son miembros de pandillas que están minando su comunidad para que, en cambio, lleguen a participar en actividades positivas que edifiquen la comunidad. Su visión comunica que usted valora las vidas de los jóvenes, y que valora mejorar la calidad de vida en su comunidad.

De modo similar, la visión de una organización refleja sus valores corporativos. Por ejemplo, supongamos que la visión de un negocio con base en el hogar fuese crear prendas exquisitamente bordadas para venderlas a tiendas especializadas, y esos ingresos suplementarían la renta de la familia. Esta visión comunica que el negocio, por medio de su dueño, valora la creatividad, la calidad, la empresa y la estabilidad económica.

Por lo tanto, cuando los líderes en política, religión, educación, negocios, economía, deportes y otros campos invierten su tiempo y su dinero en una visión, esa visión puede utilizarse como medida para evaluar sus valores principales. Jesús de Nazaret dijo: "Porque donde esté vuestro tesoro, allí estará también vuestro corazón".[2]

2. La visión es protegida por los valores

Su visión está solamente tan segura como los valores que la sostienen. Si usted alberga una gran visión pero no valora los principios que le permitirían cumplirla, puede igualmente no seguir esa visión. Tiene que haber un matrimonio entre propósitos y principios. Usted tiene que *conocer* su propósito, pero debe *vivir según* sus principios. En este sentido, la visión puede compararse con la cabeza, y los valores con el corazón. Deberíamos aceptar el consejo de un antiguo proverbio que dice: "Sobre toda cosa guardada, guarda tu corazón; porque de él mana la vida".[3]

Se ha dicho que "el proceso es tan importante como el producto", y eso es ciertamente verdad con respecto a cumplir la visión propia. Hace años, mi organización decidió construir un gran edificio llamado Diplomat Center. Yo imaginaba cómo sería utilizado para enseñar a personas acerca de su propósito como líderes. Por lo tanto, estaba emocionado al respecto, y estaba inmerso en asegurar la propiedad, recaudar el dinero y trabajar largas horas para hacer que se hiciese realidad. Sin embargo, un día sentí que Dios me estaba diciendo: "No estoy complacido contigo". Yo estaba confundido, así que pregunté: "¿A qué te refieres? Estoy haciendo tu voluntad. Tú me dijiste que construyera el edificio". Él dijo: "No estás liderando a las personas, las estás impulsando". Me partió el corazón entender que yo había estado impulsando a las personas que participaban en la visión, en lugar de inspirarlas.

Entonces sentí que Dios me decía: "Tienes pasión, y la pasión es buena, pero no tienes *compasión*. Detenlo todo. Quiero que recuperes tu equilibrio". Con una profunda convicción, pasé a un breve período de soledad a fin de recuperar el equilibrio entre mi pasión y mi compasión. Las personas en mi organización se suponía que habían de amar ese proyecto, no sólo soportarlo. Por lo tanto, después de reflexionar sobre la situación, tuve que acudir a las personas y pedirles públicamente que me perdonasen por haber quebrantado la ley de la compasión. Les expliqué que, desde aquel momento en adelante, trabajaríamos juntos. Mi confesión cambió todo el espíritu de la organización. Personas donaron más dinero hacia el proyecto, y también dedicaron su tiempo y sus capacidades para verlo cumplido.

El asunto ético que yo tuve que tratar era que había estado defendiendo algo —la idea de cómo el nuevo edificio apoyaría la visión de la organización—, pero no había estado firme sobre los valores que eran necesarios para el proceso de desempeñarlo. Tener carácter, por lo tanto, requiere algo más que descubrir aquello para lo cual nació usted y perseguir el cumplimiento de su visión; implica perseguir el cumplimiento de su visión de una manera que se corresponda con principios éticos.

Líderes individuales y organizaciones igualmente deberían protegerse contra las brechas éticas estableciendo fuertes valores para sí mismos. Por ejemplo, la junta de gobierno de una organización debería decidir qué tipo de políticas sancionará y no sancionará. Un negocio debería decidir en qué normas no cederá. Una familia debería decidir qué contenido de los medios de comunicación permitirá y no permitirá en su hogar. Una entidad corporativa que no haya establecido valores para sí misma carece de protección moral. Es como una ciudad sin muros en tiempos antiguos, que se ha permitido quedar vulnerable al ataque mortal por parte de ejércitos enemigos.

Tener carácter implica perseguir el cumplimiento de su visión de una manera que se corresponda con principios éticos.

Visión sin valores: Un falso intento de alcanzar el destino

Cuando un líder persigue su visión sin tener valores establecidos, está intentando llegar a su destino sin el necesario componente de la disciplina. Por ejemplo, independientemente de lo grande que pudiera ser la visión del líder, ya sea edificar una familia, una iglesia, un negocio o un país, todo el proceso debe estar equilibrado por fuertes y claros valores que guíen su conducta. Como hemos visto, independientemente de lo maravilloso que pudiera ser su destino anticipado, si no tiene usted disciplina causará un cortocircuito en ese destino y estará en peligro de perderlo por completo.

Uno de mis buenos amigos es un distinguido caballero llamado Dr. Richard Demeritte Jr. Él y yo nos conocimos hace años cuando él era el embajador de Bahamas en Inglaterra; también servía como embajador en la Unión Europea. Una vez, cuando estábamos hablando él me dijo un valor honrado por el tiempo que su padre le había comunicado: "Cuando estés en duda, haz lo correcto". Esta afirmación proporciona un consejo ético muy valioso y a la vez fácil de recordar. Cuando se enfrente usted a una decisión moral, ¡tan sólo haga lo correcto! Un líder de carácter siempre debería vivir de ese modo.

El poder del carácter para crear líderes de principios

En la introducción a este libro examinamos principios que demostraban lo cruciales que son los líderes para el desarrollo y el bienestar de una cultura. Por ejemplo, notamos que nada avanza sin liderazgo y nada es corregido sin liderazgo. Repasemos ahora lo que hemos aprendido sobre la importancia del carácter para el desarrollo de líderes equipados para ayudar a producir una corrección de curso cultural y para avanzar nuestras sociedades mediante principios éticos.

1. El carácter da credibilidad a los líderes

La única manera de ganar credibilidad con las personas para que respeten nuestro liderazgo es desarrollar un carácter genuino. Cuando demostremos carácter, las personas no sólo harán depósitos en nuestra "cuenta de confianza", sino que también nos anticiparán "crédito" como una inversión en nuestro futuro. Nos seguirán en fe, y cada depósito de inversión que hagan fortalecerá la credibilidad de nuestro carácter. Si seguimos siendo coherentes, ellos continuarán siguiéndonos. Debemos edificar una vida estable y honorable si queremos que las personas crean lo que decimos acerca de nosotros mismos y de nuestra visión. ¿Cuán comprometido está usted a liderar con credibilidad?

2. El carácter da fuerza moral a los líderes

El carácter, y no el poder, es la fuerza del verdadero liderazgo. Si una persona tiene fuerza moral, no necesita ejercer presión física o emocional sobre las personas para que hagan lo que él quiere. La fuerza moral del líder es potente porque tiene la capacidad de influenciar a otros.

Cuando usted se convierte en una persona de fuerte carácter, confiable y estable, es entonces cuando llega a ser una verdadera fuerza en el liderazgo. Por ejemplo, sus seguidores puede que queden profundamente impresionados por su capacidad de permanecer firme bajo la presión. Por lo tanto, su presencia misma les causará paz, porque sabrán que pueden confiar en usted. Las personas serán influenciadas por usted cuando sean inspiradas por usted, y la inspiración proviene del carácter. ¿Está usted enfocado en el poder, o en la fuerza moral?

"Es curioso que la valentía física sea tan común en el mundo y la valentía moral tan rara".
—**Mark Twain**

---

3. El carácter asegura que los líderes mantengan confiabilidad

La confianza es un privilegio dado al líder por parte de sus seguidores; por lo tanto, un líder debe mantener esa confianza a lo largo del tiempo y mantenerla actualizada. Algunas empresas gastarán miles de millones de dólares para proteger la longevidad de su buen nombre y su reputación después de que un defecto o un mal funcionamiento sean descubiertos en uno de sus productos. Hacen una retirada del producto y puede que desarrollen campañas de publicidad para alertar y asegurar a sus clientes, aunque hacerlo conlleva un costo tremendo.

Por ejemplo, si una empresa de juguetes escucha que un niño ha resultado herido debido a un defecto en uno de sus productos, retirará el juguete y reembolsará el importe completo a sus clientes. Para mantener su carácter, gastará dinero para ayudar a rectificar su error. Recuerdo en particular una retirada de carne debido a la contaminación por la bacteria E. coli. La empresa que proporcionaba la carne detuvo de inmediato sus ventas, perdiendo probablemente millones de dólares; pero no era un elevado precio a pagar para proteger su buen nombre y evitar enfermedades adicionales y potencial muerte entre sus clientes.

Por lo tanto, si muchas empresas harán ese tipo de esfuerzo para proteger la integridad de su nombre en el mercado, ¿por qué hay tantos líderes que no protegen la integridad de sus nombres entre sus seguidores al ignorar los principios éticos? No podemos poner una etiqueta con un precio a tener un buen nombre. ¿Está usted dispuesto a pagar los costos del autocontrol, la disciplina y la gratificación aplazada a fin de establecer y mantener el verdadero carácter?

4. El carácter da legitimidad a los líderes

Es el carácter lo que da a las personas el legítimo derecho a liderar a otros. Los líderes sin carácter son "ilegales", porque están pidiendo a las personas que pongan su fe en una fuente no confiable. Nadie tiene derecho a liderar si no puede ser confiable, y sería inadecuado que esa persona pidiera a otros que le sigan. Si lo hace, es como si estuviera haciendo una estafa, porque los estafadores son individuos que piden a las personas que confíen en ellos, aunque nunca les darán lo que les prometen, sino que, en cambio, les robarán algo. Hay muchas personas en nuestro mundo actualmente que son poderosos estafadores; pero se denominan a sí mismos "líderes".

¿Es demasiado dura esa afirmación? No lo creo, porque los líderes sin carácter que violan la fe de las personas inevitablemente arrebatan cierta cantidad de sus valiosos bienes personales: cosas como confianza, seguridad, paz mental y esperanza. Por eso, cuando las personas llegan a defraudarse por la mala conducta ética de un líder al que han seguido, muchas de ellas se enojan. Lo toman de modo personal, porque han comprometido gran parte de sí mismos al líder y a su visión. La conducta del líder y sus efectos posteriores constituyen un importante abuso de los grandes dones que las personas han invertido —su tiempo, energía, talentos, recursos y compromisos—, los cuales han entregado basándose en su confianza.

Por ejemplo, supongamos que alguien ha sido miembro de una iglesia en particular durante diez años, llevando a sus hijos a la escuela dominical para que les enseñen buenos principios, y donando un generoso apoyo económico. Si entonces se descubriera que el pastor de la iglesia estaba teniendo una aventura amorosa extramatrimonial con otro miembro de la congregación, este miembro de la iglesia podría no sólo quedar asombrado sino también muy enojado, pensando: *¡Cómo ha podido hacer eso a mi dinero, mi* *tiempo, mis hijos!* Lo toma de modo personal porque ha invertido aspectos valiosos de su vida en la iglesia basándose en el presunto carácter del líder. Pero su conducta canceló la legitimidad de su liderazgo. Dependiendo del modo en que los otros líderes en la iglesia manejen el asunto, puede que esa persona sienta que ya no puede seguir siendo miembro de esa congregación.

Como hemos visto, muchas personas actualmente responden a los líderes basándose en lo que ellos prometen más que en lo que ellos valoran. Necesitamos cambiar el estado de nuestro apoyo y pasar de promesas al carácter demostrado. La condición debería ser: "No sólo me diga lo que puede hacer por mí; muéstreme quién es en realidad. Si demuestra claramente que tiene carácter, le daré mi confianza".

¿Y usted? Cuando las personas ponen su fe en usted como líder, ¿están apoyándose en una fuente confiable, o en una fuente poco confiable?

5. El carácter establece integridad en los líderes

Hemos aprendido que el carácter se construye mediante las pruebas a lo largo del tiempo, y que tener integridad implica la integración de pensamientos, palabras y acciones. Así, la integridad del líder puede quedar establecida solamente durante el curso del tiempo, lo cual permite que se produzca esta integración. Por ese motivo, el liderazgo no debería ser entregado a personas que aún no han sido probadas. Deben tener un claro historial de experiencias como evidencia de haber demostrado estabilidad, confiabilidad y competencia a lo largo del tiempo.

Un líder emergente, por lo tanto, debe ser probado para comprobar si puede soportar bajo la presión: ¿Cuán estable es cuando las circunstancias no van bien? ¿Puede manejar el peso de los desengaños? Hacia este fin, un individuo que es joven o poco experimentado debería recibir responsabilidad gradualmente, para que pueda desarrollar y manifestar carácter con cada nivel de responsabilidad. Este principio es la razón de que hiciera hincapié en la cualidad central de carácter de la responsabilidad en el capítulo anterior. Si una persona no desarrolla esta cualidad, no puede llegar a ser un líder honesto. Yo doy a muchas personas en mi organización responsabilidades desafiantes porque quiero que sean capaces de crecer y llegar a estar cualificados para aceptar posiciones de liderazgo. Por lo tanto, es importante para nosotros no sólo edificar nuestro propio carácter, y no sólo buscar carácter demostrado en otros líderes, sino también ayudar a nuestros seguidores a desarrollar su carácter para que puedan llegar a ser también líderes de confianza.

*El liderazgo no debería ser entregado
a personas que aún no han sido probadas.*

La visión da significado a personas...

Muchos líderes creen que su meta debería ser conseguir que las personas crean en ellos. Por el contrario, la meta de los líderes debería ser conseguir que las personas crean *en sí mismas*; proporcionar una manera mediante la cual ellos puedan descubrir significado para sus vidas y manifestar su propósito mediante su visión personal. Ayudar a las personas a hacer eso requiere equilibrio por parte del líder, porque cuando las personas son inspiradas por la pasión de un líder, con frecuencia confunden en su mente la visión con el líder. De este modo, creen que están siendo atraídos hacia la persona. Como hemos visto, un líder de principios quita el enfoque de sí mismo y lo sitúa sobre la visión. Es la visión, y no el líder, lo que da significado a las personas. Y es la visión la que sostendrá la convicción de las personas, porque es ahí donde encontrarán su significado al poner su don al servicio de otros.

Lo que acabamos de discutir muestra lo importante que es para nosotros como líderes actuar según nuestras convicciones y no descuidar nuestra visión. Cuando perseguimos nuestro propio propósito, en realidad ayudamos a otras personas a encontrar el de ellos. Deberíamos reflexionar en esa responsabilidad, porque también puede producirse el escenario contrario. Piense en lo siguiente: si no mantenemos nuestra pasión por nuestra visión, las personas pueden también perder su energía por su visión. Cuando tenemos ganas de abandonar y comenzamos a hablar de dejarlo, las personas puede que también comiencen a perder su sentimiento de propósito. Cuando perdemos nuestro enfoque, o nuestro compromiso a un carácter fuerte, las personas pueden perder el camino en la vida. Por lo tanto, debemos mantener la visión y los valores en un lugar prominente en nuestras vidas; ¡otras personas dependen de nosotros! ¿A quién está usted ayudando actualmente a encontrar significado y propósito para su propia vida mediante la visión de usted?

... y los valores preservan esa visión

Es imperativo que las personas permanezcan enfocadas en la visión en lugar de hacerlo en el líder, debido al peligro que desarrollará el culto a una personalidad. Nunca debe permitir que las personas estén tan vinculadas a usted que comiencen a idolatrarle. ¿Cuántas organizaciones actualmente se han extinguido porque eran dirigidas por líderes que eran "adorados" por sus seguidores, de modo que todo se derrumbó cuando los líderes tuvieron un importante fracaso moral? Los líderes necesitan cuidar su orgullo a este respecto, porque el orgullo puede destruirles a ellos y a su visión. El orgullo es lo que hace que los líderes crean que *deberían* ser idolatrados. Comienzan a pensar que la visión se trata de ellos, que gira en torno a ellos, y que su éxito depende de ellos.

Debemos guardarnos contra tales actitudes. Si no queremos ser humillados por el fracaso, entonces deberíamos prestarnos voluntarios en este momento para humillarnos. Como subrayé en el capítulo anterior, la humildad es otra cualidad central de los líderes honestos. Cultivar una actitud de humildad ayudará a los líderes a protegerse a sí mismos y a su visión.

Nunca olvide que usted y su visión tienen una gran importancia. "Su" gente —las personas que están asociadas a su visión, o se asociarán a ella— le necesita. El carácter de usted es vital para ellos. Por causa de ellos, al igual que por usted mismo, comprométase a ser un líder de principios.

Un nuevo comienzo para el carácter

El propósito de este libro ha sido presentarle a usted mismo: su significado intrínseco y su carácter igualmente. Quiero que la historia escriba un buen relato de su vida en la tierra. Por favor, no se convierta en uno de esos líderes que comienzan bien y empiezan una buena obra, solamente para tener un fracaso moral o desviarse antes de llegar a su destino. En cambio, sea un gran líder que permanece fiel a sus convicciones y cumple su propósito y su visión de acuerdo a fuertes valores; uno que nunca traiciona a los seguidores que han puesto su confianza en él.

Usted ha aprendido muchos principios y pautas para el carácter en estas páginas; pero el conocimiento y el entendimiento del carácter y de sus principios no son suficientes. Si no actuamos según lo que sabemos, es equivalente a nunca haberlo aprendido. Estos principios no operarán en nuestras vidas a menos que los apliquemos. Al aplicarlos es cuando tenemos acceso al poder del carácter en el liderazgo. Al final de este libro hay unos ejercicios de desarrollo del carácter que le ayudarán a evaluar sus actuales creencias, convicciones, valores, normas morales y disciplina, de modo que pueda llegar usted a ser intencional en cuanto al desarrollo de su carácter.

Quizá no le educaron con mucha instrucción en moralidad y ética. Si ese es el caso, probablemente haya batallado con problemas de carácter que ahora afectan a múltiples áreas de su vida: sus relaciones con otras personas, su trabajo y la búsqueda de su propósito personal. Debido a que no quedó establecido en su vida un fundamento de carácter a una edad temprana, usted no tuvo los recursos y la sabiduría para manejar los diversos problemas éticos que encontró cuando llegó a sus años de adolescencia y posteriormente. Le aliento a que utilice este libro como un nuevo comienzo para el establecimiento de un fuerte carácter en su vida.

Los principios de carácter no operarán en nuestras vidas a menos que los apliquemos.

Dediquémonos todos a un nuevo comienzo para el carácter: en nuestras propias vidas, en nuestras familias, en nuestras comunidades y en nuestras naciones. Le aliento a compartir estos principios de carácter con sus hijos y otros familiares, con sus amigos, los miembros de su plantilla y sus colegas. Es necesario que se enseñe el poder del carácter en los pasillos del gobierno y las salas de juntas de cada país en el mundo. Ningún líder debería entrar en la política, los negocios, la educación, la economía, la religión, las artes, los deportes profesionales o cualquier otro ámbito hasta que haya establecido normas morales personales. Creo que los principios éticos deberían incluirse en los cursos de consejería prematrimonial también, para alentar a los nuevos esposos y esposas a llegar a ser líderes de principios que edifiquen sus hogares sobre el fuerte y firme fundamento del carácter.

No hacer nada con respecto a la crisis de carácter en nuestro mundo no es una opción, porque el futuro del liderazgo y de nuestra cultura está en juego; y el mundo no se transformará a sí mismo. Nuestro Creador estableció el carácter como el fundamento del liderazgo y el éxito humano. Hagamos un compromiso duradero a permanecer en la visión y defender los valores.

Cómo "caer hacia arriba": Restauración después del fracaso moral

Las calles de la historia están llenas de los restos de vidas desperdiciadas: las vidas de líderes poderosos, talentosos, diestros y educados que se derrumbaron bajo el peso de sus logros, éxito, notoriedad, influencia y poder debido a que carecían de un fundamento ético que podría haberles llevado hasta su destino. Muchos de estos líderes que fueron grandes anteriormente no valoraron la prioridad y el poder del carácter en sus vidas. Intercambiaron fe por fama, principios por poder, y respeto moral por reputación.

Es trágico observar el deshonroso descenso de tales líderes que, por su propia indiscreción, irresponsabilidad, falta de disciplina y abuso de privilegios, venden su integridad a causa de placeres temporales y destruyen su carácter. Tristemente, he conocido personalmente y he observado a muchos líderes, con gran potencial para impactar al mundo para bien y marcar una diferencia en su generación, desintegrarse justamente delante de mis ojos a medida que su destacado talento para el liderazgo y sus destrezas se disolvieron en las fangosas aguas de una vida sin un carácter noble. Muchos de ellos creían que sus pasados logros y reputaciones podían compensar la confianza que habían perdido, pero estaban gravemente equivocados.

Los seres humanos somos así de propensos a sucumbir al atractivo del poder, la fama, la notoriedad y la adulación de las masas, y muchas personas caen en desgracia al descuidar asegurar un carácter fuerte y firme. Por consiguiente, necesitamos hacer las siguientes preguntas: ¿Puede un líder sobrevivir y recuperarse después de un fracaso de carácter? ¿Hay algún modo de regresar al camino del éxito en el liderazgo?

Los líderes normalmente son formados en cuanto a cómo tener éxito, pero rara vez se les enseña cómo fracasar eficazmente: aprendiendo de sus errores y realizando cambios para evitar repetirlos en el futuro. Ellos caen, pero no saben cómo "caer hacia arriba" después de fracasar.

Cuando un líder fracasa, a menudo es rechazado por aquellos a quienes ha estado liderando debido a esa brecha de fe. Aunque el legado del líder puede quedar desmantelado por un carácter con defectos, una de las mayores tragedias del mundo es cuando alguien con tremendo potencial fracasa moralmente y después siente que nunca puede ser restaurado. El fracaso en el liderazgo no es tan grave como no tratar ese fracaso de modo eficaz. Si usted ha caído, debe realizar cambios personales que le permitan "caer hacia arriba", transformando su vida desde dentro hacia fuera.

Recuerde que la capacidad del líder para operar exitosamente en su papel de influenciar a otros por una gran causa en interés de la humanidad es lo que yo denomino "el factor confianza". La confianza es la moneda del verdadero liderazgo, y el poder que es depositado en la cuenta de influencia del líder. El único modo de proteger este depósito de confianza es establecer un carácter fuerte. Si un individuo quiere asegurar su liderazgo, debe hacer que su principal responsabilidad sea proteger y mantener su cuenta de confianza. Pueden ser necesarios años para que un líder edifique esta cuenta, pero solamente minutos de irresponsabilidad para vaciarla e incluso cancelarla.

Los siguientes son los pasos hacia la restauración, la reconciliación y la reclamación después de que haya experimentado un fracaso moral o haya "caído" de otro modo en su papel de liderazgo:

1. Admitir su necesidad de ayuda.

2. Confesar su violación de la confianza.

3. Identificar una autoridad verdadera y confiable en su vida a la cual rendir cuentas.

4. Practicar la sumisión completa a esa autoridad sin condiciones.

5. Obedecer los consejos y la enseñanza de esa autoridad sin condiciones.

6. Aceptar la plena responsabilidad de su caída.

7. Acordar nunca intentar defenderse usted mismo o su acto de indiscreción.

8. Acordar permitir que la autoridad le represente y hable en su nombre a sus electores y a la comunidad en general.

9. Practicar una total sumisión a la discreción de la autoridad con respecto a su disposición a regresar al servicio público.

10. Establecer una relación permanente con la autoridad con el propósito de rendir cuentas de modo continuado.

Si un líder sigue esos pasos, puede encontrar sanidad y restauración. El curso más seguro a tomar cuando hay una caída es someterse a una autoridad humana cualificada.

Repito: el fracaso no es el final del llamado de un líder, de su tarea, sus dones o sus talentos. Debe considerarse una desviación, una interrupción e incluso un intento de cancelar el destino. Si usted ha caído, es momento de que "caiga hacia arriba" y busque la restauración.

Asegúrese de sacar tiempo de sus demás responsabilidades para evaluar lo que fue mal. Algunos líderes que fracasan siguen adelante como si nada hubiera sucedido. Necesitará usted buscar perdón por parte de aquellos a quienes ha decepcionado, pero entonces debe desarrollar autocontrol, firmeza, madurez y todos los otros valores del liderazgo con principios. Confíe en que el Creador restaure su liderazgo cuando esté usted preparado para ello. Hay vida después de "la caída", pero debe usted seguir el proceso de la restauración a fin de recibir sus beneficios.

Notas

Introducción

1. S. E. Cupp, "Why the AP Scandal Is So Scary", *The New York Daily News*, 21 de mayo de 2013, http://www.nydailynews.com/opinion/ap-scandal-scary-article-1.1349443; Mark Hosenball, "Attorney General Signed Off on Fox Phone Records Subpoena: Sources", Reuters, 28 de mayo de 2013, http://news.yahoo.com/news-corp-denies-having-record-foxnews-subpoena-061749426.html.
2. Timothy B. Lee, "Everything You Need to Know About the NSA Scandal", 6 de junio de 2013, http://www.washingtonpost.com/blogs/wonkblog/wp/2013/06/06/everythingyou-need-to-know-about-the-nsa-scandal.
3. "The Iran-Contra Affair", *American Experience*, PBS, http://www.pbs.org/wgbh/americanexperience/features/general-article/reagan-iran/; "Iran-Contra Affair", *Encyclopaedia Britannica*, http://www.britannica.com/EBchecked/topic/293519/Iran-Contra-Affair.
4. "Brazil to Investigate Ex-President Lula in Vote-Buying Scandal", Reuters, 6 de abril de 2013, http://uk.reuters.com/article/2013/04/06/uk-brazil-lula-probeidUKBRE93507B20130406.
5. "Uhuru Kenyatta Trial Moved to November", BBC, 20 de junio de 2013, http://www.bbc.co.uk/news/world-africa-22985456; Patrick McGroarty, "Court Aims to Prove Case in Africa", *The Wall Street Journal*, 30 de mayo de 2013, página 12.
6. Patrick McGroarty, "Court Aims to Prove Case in Africa", *The Wall Street Journal*, 30 de mayo de 2013, página 12.
7. "U.N. War-Crimes Tribunal Convicts 6 Bosnian Croats", Associated Press, reporte en *The Wall Street Journal*, 30 de mayo de 2013, página 6.
8. "Manuel Noriega", *The New York Times*, 7 de julio de 2010, http://topics.nytimes.com/top/reference/timestopics/people/n/manuel_antonio_noriega/index.html; "Noriega Swaps Prison in France for Jail in Panama", http://www.euronews.com/2011/12/11/panamas-former-dictator-manuel-noriega-is-returning-to-his-home-country-but-/; Randal C. Archibold, "Noriega Is Sent to Prison Back in Panama, Where the Terror Has Turned to Shrugs", *The New York Times*, 11 de diciembre de 2011, http://www.nytimes.com/2011/12/12/world/americas/noriega-back-in-panama-for-more-prison-time.html?_r=0.

9. Maureen Farrell, "JPMorgan Settles Electricity Manipulation Case for $410 Million", 30 de julio de 2013, http://money.cnn.com/2013/07/30/investing/jp-morgan-electricity-fines/index.html.

10. Michael Ono, "8 High-Profile Financial Scandals in 5 Months", ABC News, 17 de agosto de 2012, abcnews.go.com/Business/high-profile-financial-scandals-months/story?id=17023140.

11. Steven Mufson, "Did Halliburton Cut a Good Deal with Justice?", *The Washington Post* con Bloomberg, 26 de julio de 2013, http://articles.washingtonpost.com/2013-07-26/business/40864106_1_oil-spill-criminal-charges-justice-department; "Gulf Oil Spill: Halliburton to Plead Guilty to Destroying Evidence", Reuters, http://www.theguardian.com/business/2013/jul/26/halliburton-destroying-gulf-oil-evidence.

12. "SEC Charges KBR and Halliburton for FCPA Violations", SEC Press Release, 11 de febrero de 2009, http://www.sec.gov/news/press/2009/2009-23.htm.

13. Clifford Krauss, "Halliburton Pleads Guilty to Destroying Evidence After Gulf Spill", *The New York Times*, 25 de julio de 2013, http://www.nytimes.com/2013/07/26/business/halliburton-pleads-guilty-to-destroying-evidence-after-gulf-spill.html?_r=0&gwh=65AB95E080DB9BBB40E6A023562D46EA.

14. Tom Shroder, "Halliburton's Guilt Doesn't Absolve BP", 26 de julio de 2013, http://gcaptain.com/halliburtons-guilt-doesnt-absolve-bp/.

15. Sital S. Patel, "Madoff: Don't Let Wall Street Scam You, like I Did", MarketWatch.com, *The Wall Street Journal*, http://www.marketwatch.com/story/madoff-dont-let-wall-street-scam-you-like-i-did-2013-06-05.

16. Diana B. Henriques, "Madoff Is Sentenced to 150 Years for Ponzi Scheme", *The New York Times*, 29 de junio de 2009, http://www.nytimes.com/2009/06/30/business/30madoff.html?pagewanted=all&_r=0; http://www.justice.gov/usao/nys/madoff/20090629sente ncingtranscriptcorrected.pdf.

17. Victor Simpson y Nicole Winfield, "Vatican Bank Hit by Financial Scandal… Again", 19 de diciembre de 2010, http://www.independent.co.uk/news/world/europe/vatican-bank-hit-by-financial-scandal-again-2164321.html; Carol Matlack, "A Money-Smuggling Scandal Threatens to Sink the Vatican Bank", 2 de julio de 2013, http://www.businessweek.com/articles/2013-07-02/a-money-smuggling-scandal-threatens-to-sink-the-vatican-bank.

18. Independent Commission Against Corruption, www.icac.org.hk/newsl/issue2/carrien.html; http://www.icac.org.hk/new_icac/eng/cases/carrian/carrian.html; http://en.wikipedia.org/wiki/List_of_corporate_collapses_and_scandals.

19. Louise Armitstead, "Debt Crisis: Greek Government Signs €330m Settlement with Siemens", *The Telegraph*, 27 de agosto de 2012, http://www.telegraph.co.uk/finance/financialcrisis/9502146/Debt-crisis-Greek-government-signs-330m-settlement-with-Siemens.html.

20. David Teather, "Gap Admits to Child Labour Violations in Outsource Factories", *The Guardian*, 12 de mayo de 2004, http://www.theguardian.com/business/2004/may/13/7; http://en.wikipedia.org/wiki/List_of_corporate_collapses_and_scandals.

21. Rebecca Leung, "Battling Big Tobacco", CBSNews.com, 11 de febrero de 2009, http://www.cbsnews.com/2100-500164_162-666867.html.

22. Doug Ferguson, "After Scandal and Toughest Year of His Life, Woods Strives to Move Forward", Associated Press, http://www.pga.com/after-scandal-and-toughest-year-life-tiger-woods-strives-move-forward.

23. "Lance Armstrong", http://www.biography.com/people/lance-armstrong-9188901.

24. "Track Star Marion Jones Sentenced to 6 Months", CNN, 11 de enero de 2008, http://www.cnn.com/2008/CRIME/01/11/jones.doping/; "I Did Not Deserve Prison, Says Athlete Marion Jones", 6 de diciembre de 2010, http://news.bbc.co.uk/sport2/hi/tv_and_radio/inside_sport/9258742.stm.

25. Mark Scolforo, "Jerry Sandusky Moved to Greene State Prison to Serve Sentence", Associated Press, 31 de octubre de 2012, http://www.huffingtonpost.com/2012/11/01/jerry-sandusky-greene-state-prison-_n_2056463.html.

26. Rick Weinberg, "ESPN Counts Down the 100 Most Memorable Moments of the Past 25 Years: #5 Pete Rose Banned from Baseball", http://sports.espn.go.com/espn/espn25/story?page=moments/5; Jill Lieber y Steve Wulf, "Sad Ending for a Hero", 30 de julio de 1990, http://sportsillustrated.cnn.com/vault/article/magazine/MAG1136591/.

27. Véase, por ejemplo, "Catholic Church Sex Scandals Around the World", 14 de septiembre de 2010, http://www.bbc.co.uk/news/10407559; "Roman Catholic Church Sex Abuse Cases", http://topics.nytimes.com/top/reference/timestopics/organizations/r/roman_catholic_church_sex_abuse_cases/index.html.

28. Adelle M. Banks, "Bishop Eddie Long Sued Over Alleged Ponzi Scheme", Religion News Service, 19 de febrero de 2013, http://www.huffingtonpost.com/2013/02/19/bishop-eddie-long-sued-over-alleged-ponzi-scheme_n_2713413.html.

29. Gina Meeks, "Eddie Long Sued by Former Church Members over Alleged Ponzi Scheme", 13 de febrero de 2013, Charisma News, http://www.charismanews.com/us/38230-eddie-long-sued-by-former-church-members-over-alleged-ponzi-scheme.

30. Shelia M. Poole, "SEC Complaint Alleges That Ponzi Scheme Targeted Church Members", 12 de abril de 2012, The Atlanta Journal-Constitution, http://www.ajc.com/news/news/local/sec-complaint-alleges-that-ponzi-scheme-targeted-c/nQSzp/.

31. Joanne Kaufman, "The Fall of Jimmy Swaggart", People, 7 de marzo de 1988, http://www.people.com/people/archive/article/0,,20098413,00.html.

32. "Jim Bakker Freed From Jail to Stay in a Halfway House", The New York Times, 2 de julio de 1994, http://www.nytimes.com/1994/07/02/us/jim-bakker-freed-from-jail-to-stay-in-a-halfway-house.html; Hanna Rosin, "Televangelist Jim Bakker's Road to Redemption", The Washington Post, 11 de agosto de 1999, http://www.washingtonpost.com/wp-srv/style/daily/aug99/bakker11.htm; Adelle M. Banks, "Jim Baker Starts 45-year Jail Term", Orlando Sentinel, 25 de octubre de 1989, http://articles.orlandosentinel.com/1989-10-25/news/8910252596_1_jim-bakker-ministry-start-a-prison.

33. "Disgraced Pastor Haggard Admits Second Relationship with Man", 30 de enero de 2009, http://www.cnn.com/2009/US/01/29/lkl.ted.haggard/.

34. Katie Lindelan, "Mel Gibson's Marriage Ends After 28 Years and Beach Embrace Pictures", 14 de abril de 2009, http://www.telegraph.co.uk/news/celebritynews/5151901/Mel-Gibsons-marriage-ends-after-28-years-and-beach-embrace-pictures.html; "Mel Gibson Loses Half of His $850 Million Fortune to Ex-Wife in Divorce", ABC News, 26 de diciembre de 2011, abcnews.go.com/blogs/entertainment/2011/12/mel-gibsons-loses-half-of-his-850-million-fortune-to-ex-wife-in-divorce/.

35. "Mel Gibson Breaks Silence on Domestic Violence Scandal", Reuters, 22 de abril de 2011, http://www.reuters.com/article/2011/04/22/us-melgibson-idUSTRE73L37G20110422.

36. Margaret Sullivan, "Repairing the Credibility Cracks", The New York Times, 4 de mayo de 2013, http://www.nytimes.com/2013/05/05/public-editor/repairing-the-credibility-cracks-after-jayson-blair.html?pagewanted=all&_r=0.

37. "Frey Admits Lying; Oprah Apologizes to Viewers", Associated Press, 27 de enero de 2006, http://www.today.com/id/11030647/ns/today-today_books/t/frey-admits-lying-oprah-apologizes-viewers/; "Bending the Truth in a Million Little Ways", *The New York Times*, 17 de enero de 2006, http://www.nytimes.com/2006/01/17/books/17kaku.html?pagewanted=all.

38. "Whitney Houston", http://www.biography.com/people/whitney-houston-9344818?page=3.

39. Matt Volz, "Greg Mortenson, 'Three Cups of Tea' Author, Must Repay Charity $1 Million: Report", 5 de abril de 2012, http://www.huffingtonpost.com/2012/04/05/greg-mortenson-three-cups_n_1407177.html.

40. Greg Mortenson y David Oliver Relin, *Three Cups of Tea: One Man's Mission to Promote Peace... One School at a Time* (New York: Penguin Books, 2006), 4.

41. Jeff Barnard, "'Three Cups of Tea' Co-Author Relin Kills Self", Associated Press, 3 de diciembre de 2012, http://www.boston.com/ae/celebrity/2012/12/03/three-cups-tea-author-relin-kills-self/KhIWpKTG8TgbkbCnTP7cYJ/story.html; Michael Daly, "The Death of Co-Author of 'Three Cups of Tea' Is Ruled Suicide", *The Daily Beast*, 6 de diciembre de 2012, http://www.thedailybeast.com/articles/2012/12/06/the-death-of-co-author-of-three-cups-of-tea-is-ruled-suicide.html.

42. Robert D. McFadden, "William Aramony, 84; Forced Out in United Way Scandal", 15 de noviembre de 2011, http://www.boston.com/bostonglobe/obituaries/articles/2011/11/15/william_aramony_84_forced_out_in_united_way_scandal/; "William Aramony Dies at 84; United Way Chief Executive", Associated Press, 15 de noviembre de 2011, http://www.latimes.com/news/obituaries/la-me-william-aramony-20111115,0,1264814.story.

43. "William Aramony Dead at 84", 1 de diciembre de 2011, *The NonProfit Times*, http://www.thenonprofittimes.com/news-articles/william-aramony-dead-at-84/.

44. Ryan Smith, "Christian Charity Feed the Children Says Frontman Larry Jones Hoarded Porno, Money and Power", 31 de diciembre de 2009, http://www.cbsnews.com/8301-504083_162-6037886-504083.html.

45. Nolan Clay, "Feed The Children, Fired President Settle Lawsuit," NewsOK, January 30, 2011, http://newsok.com/feed-the-children-fired-president-settle-lawsuit/article/3536442.

46. C. S. Lewis, *The Great Divorce* (New York: HarperCollins, 1946, 1973), viii.

Capítulo 1

1. Sentencing transcript, United States District Court, Southern District of New York, 29 de junio de 2009.

2. Proverbios 22:1.

3. "Lunch Ladies In Court, Accused Of Stealing $94K", KDKA news, 25 de febrero de 2013, http://pittsburgh.cbslocal.com/2013/02/25/lunch-ladies-in-court-accused-of-stealing-94k/.

4. "Jesse L. Jackson Jr. Sentenced to 30 Months in Prison," *The Washington Post*, 14 de agosto de 2013, http://www.washingtonpost.com/local/jesse-l-jackson-jr-set-to-be-sentenced-in-dc-federal-court/2013/08/13/ac5e8296-0452-11e3-88d6-d5795fab4637_story_1.html.

5. Ryan J. Reilly, "Jesse Jackson Jr. Sentenced For Defrauding Campaign", 14 de agosto de 2013, http://www.huffingtonpost.com/2013/08/14/jesse-jackson-jr-sentenced_n_3752476.html.
6. Mateo 16:26.
7. Raymund Flandez, "Livestrong Tries to Move Beyond Armstrong Doping Scandal", *The Chronicle of Philanthropy*, 28 de febrero de 2013, http://philanthropy.com/article/Livestrong-Tries-to-Move/137621/.
8. Hitendra Wadhwa, "The Wrath of a Great Leader", http://www.inc.com/hitendra-wadhwa/great-leadership-how-martin-luther-king-jr-wrestled-with-anger.html.
9. Diana B. Henriques, "Madoff Is Sentenced to 150 Years for Ponzi Scheme", *The New York Times*, 29 de junio de 2009, http://www.nytimes.com/2009/06/30/business/30madoff.html.
10. Diana B. Henriques y Al Baker, "A Madoff Son Hangs Himself on Father's Arrest Anniversary", 11 de diciembre de 2010, http://www.nytimes.com/2010/12/12/business/12madoff.html.
11. Carol Kuruvilla, "Andrew Madoff continues battle with stage-four cancer, receives donor lymphocyte infusion", *New York Daily News*, 9 de agosto de 2013, http://www.nydailynews.com/new-york/andrew-madoff-continues-battle-stage-four-cancer-article-1.1422947.

Capítulo 2

1. Proverbios 18:16.
2. "Notes for a Law Lecture", circa julio de 1850, citado en John P. Frank, *Lincoln as a Lawyer* (Urbana: University of Illinois Press, 1961), 35.
3. Nota del editor: Para más información sobre descubrir el liderazgo personal y los dones, por favor consulte *Los Principios y el Poder de la Visión* y *El Espíritu de Liderazgo* por Myles Munroe.
4. Lewis Copeland, Lawrence W. Lamm, y Stephen J. McKenna, eds., *The World's Great Speeches* (Mineola, New York: Dover Publications, Inc., 1999), 753.
5. Roy P. Basler, ed., *Abraham Lincoln: His Speeches and Writings*, 2nd ed. (Cambridge, MA: Da Capo Press, 2001), 578.
6. "An Ideal for Which I Am Prepared to Die", 22 de abril de 2007, http://www.theguardian.com/world/2007/apr/23/nelsonmandela.
7. Winston S. Churchill, ed., *Never Give In!: The Best of Winston Churchill's Speeches* (New York: Hyperion, 2003), 229.
8. Números 13:33.
9. Dan Bilefsky y Jane Perlez, "Vaclav Havel, Former Czech President, Dies at 75", 18 de diciembre de 2011, http://www.nytimes.com/2011/12/19/world/europe/vaclav-havel-dissident-playwright-who-led-czechoslovakia-dead-at-75.html.
10. Mateo 15:14.

Capítulo 3

1. Proverbios 23:7.

Capítulo 4

1. "More Leaders Adopting 'Intimidating' Leadership Style", https://www.leadershipiq. com/white-papers/more-leaders-adopting-intimidator-leadership-style/.
2. Carol Stephenson, "Leaders of Good Character", http://www.iveybusinessjournal.com/ departments/from-the-dean/leaders-of-good-character.
3. Mateo 6:33.

Capítulo 5

1. Mateo 6:21.
2. Mateo 15:17–19.
3. Hestie Barnard Gerber, "10 Modern-Day Heroes Actively Changing the World", 31 de mayo de 2013, http://listverse.com/2013/05/31/10-modern-day-heroes-actively-changing-the-world/.
4. 1 Corintios 9:24–27 (NVI).
5. 1 Samuel 24:13.
6. Véase 1 Samuel 24, 26.
7. Proverbios 1:19.
8. Véase 2 Samuel 15, 17–18.
9. Véase 2 Samuel 11.
10. Véase 2 Samuel 12:1–24; Salmos 51.

Capítulo 6

1. Talatu Usman, "Nigeria: 120 Million Nigerians Lack Access to Electricity Supply—Power Minister", 6 de junio de 2013, *Premium Times*, http://allafrica.com/ stories/201306060981.html; "Power Minister Says Nigerians Now Enjoy 16 Hours of Electricity Supply", 23 de julio de 2013, Channels Television, http://www.channelstv. com/home/2013/07/23/power-minister-says-nigerians-now-enjoy-16-hours-of-electricity-supply/.
2. http://www.redcross.org/what-we-do/international-services.
3. http://www.rolls-roycemotorcars.com/the-company/.
4. www.fda.gov.
5. www.fdic.gov.
6. www.bbb.org/us/mission-and-values/.
7. http://www.fdic.gov/about/mission/.

Capítulo 7

1. http://mlk-kpp01.stanford.edu/primarydocuments/ Vol2/540228RediscoveringLostValues.pdf.
2. Lucas 6:47–49.
3. Génesis 1:26–27 (NTV).

4. Merrill F. Unger y William White Jr., eds., "Nelson's Expository Dictionary of the Old Testament", en *Vine's Complete Expository Dictionary of Old and New Testament Words* (Nashville: Thomas Nelson Publishers, 1985), 244.
5. *Strong's Exhaustive Concordance of the Bible*, versión electrónica, © 1980, 1986 y asignado a World Bible Publishers, Inc. Todos los derechos reservados.
6. Génesis 2:7.
7. "Nelson's Expository Dictionary of the Old Testament", 137.
8. Malaquías 3:6 (NVI).
9. Santiago 1:17.
10. Éxodo 3:6.
11. Isaías 44:24.
12. Levítico 11:45.
13. Salmos 9:16.
14. Éxodo 23:1–6.
15. 1 Juan 4:8, 16.
16. Lamentaciones 3:22–23.
17. Génesis 1:26.
18. Génesis 1:26 (NTV).
19. Génesis 1:28 (NTV).
20. Véase Génesis 3.
21. Santiago 3:11–12.
22. Santiago 1:6, 8.
23. Mateo 3:17.
24. Juan 10:30.
25. Juan 1:1–4, 14.
26. Colosenses 2:9.
27. Juan 3:5.
28. Véase Juan 14:6.
29. Marcos 1:15.
30. Mateo 20:25–28.

Capítulo 8

1. Salmos 119:4.
2. Salmos 119:93.
3. Salmos 2:1–3.
4. Salmos 2:4.
5. Salmos 119:45.
6. Salmos 119:99.
7. Proverbios 6:6–11.
8. Lucas 6:41–42.
9. Véase Génesis 2:16–17.
10. Salmos 119:45.

Capítulo 9

1. Hebreos 13:8 (NTV).
2. Véase Santiago 1:8 (LBLA).
3. Mateo 13:33.
4. Lucas 23:34.
5. Véase Números 14:24 (LBLA).
6. Véase Génesis 37, 39–41.
7. Génesis 39:9.
8. *Online Etymology Dictionary*, http://www.etymonline.com/index.php?search=hypocrisy.
9. Mateo 6:2.
10. Mateo 23:25.
11. *Churchill: The Life Triumphant*, compilado por *American Heritage Magazine* y United Press International (American Heritage Publishing Co., Inc.), 93.

Capítulo 10

1. Romanos 5:3–5 (NVI).
2. *Strong's Exhaustive Concordance of the Bible*, versión electrónica, copyright 1980, 1986 y asignado a World Bible Publishers, Inc. Todos los derechos reservados.
3. Hebreos 12:11.
4. Lucas 22:33.
5. Véase Lucas 22:31–32.
6. Mateo 4:1.
7. Mateo 4:2–10.
8. Santiago 1:13–14.
9. 3 Juan 2.
10. Véase, por ejemplo, Éxodo 20:15; Romanos 13:9.

Capítulo 11

1. Génesis 41:15.
2. Génesis 41:16.
3. Proverbios 29:25.
4. Véase, por ejemplo, Mateo 25:21, 23.
5. Génesis 41:39–41.
6. Génesis 41:46–49.

Capítulo 12

1. Mateo 13:45–46.
2. Mateo 6:21.
3. Proverbios 4:23.

Ejercicios de desarrollo del carácter

Hemos cubierto con mucho detalle los fundamentos del carácter sólido y el proceso mediante el cual se desarrollan en la vida de un líder con integridad. Hemos examinado los diversos pasos de la progresión desde creencias a convicciones, a valores, a principios/moralidad, a disciplina, a ética, y finalmente, a un estilo de vida que refleja un carácter firme. Pero todos esos principios se quedarán en meras palabras sobre una página hasta que usted los aplique a su propia situación; hasta que piense en su conjunto personal de creencias y valores, exprese las convicciones resultantes que usted sostiene, y explore el grado hasta el cual su conducta las refleja. Solamente mediante una autoevaluación sincera y objetiva llegará usted a un verdadero cuadro de su carácter, tal como es ahora, a fin de poder planear cómo refinarlo para que llegue a ser el carácter que debiera usted tener.

Las siguientes páginas proporcionan una oportunidad para que usted haga precisamente eso. Cada uno de los ejercicios plantea un empujón para fomentar la autorreflexión, al igual que espacio para escribir sus respuestas para que pueda consultarlas más adelante y recordarse aquello que se ha comprometido a defender.

Creencias

¿Cuáles son algunas de mis creencias fundamentales y los principios que me guían?
(Véase páginas 79–83)

+ Ejemplo: *"Más bienaventurado es dar que recibir" (Hechos 20:35).*
+ Ejemplo: *Cada persona en la tierra es intrínsecamente valiosa y merece que se le muestre respeto y justicia.*

+ _____

_____

+ _____

_____

+ _____

_____

+ _____

_____

+ _____

_____

Convicciones

¿Cuáles son algunas fuertes convicciones basadas en mis creencias?
(Véase páginas 62–63, 83)

+ Ejemplo: *Tengo la responsabilidad de ayudar a aliviar las necesidades de las personas que carecen de alimento, agua y cobijo.*

+ _____

_____

+ _____

_____

+ _____

_____

+ _____

_____

+ _____

_____

Valores

¿Qué ideas, principios y cualidades valoro mucho personalmente?
(Véase páginas 94–101)

+ Ejemplo: *Valoro la cualidad de la generosidad.*

+ _____

_____

+ _____

_____

+ _____

_____

+ _____

_____

+ _____

_____

Normas morales

¿Cuáles son mis principios personales para la vida?
(Véase páginas 111–115)

+ Ejemplo: *Como valoro la generosidad, una de mis normas morales personales, o principios para la vida, es dar cierto porcentaje de mis ingresos mensuales para suplir las necesidades materiales de otros.*

+ _____

_____

+ _____

_____

+ _____

_____

+ _____

_____

+ _____

_____

Disciplina

*¿Cómo refleja mi conducta las prioridades a las que he decidido
dirigir mi visión y mi estilo de vida?*
(Véase páginas 115–119)

◆ Ejemplo: *Para cumplir mi principio personal de dar cierto porcentaje
de mis ingresos mensuales para satisfacer las necesidades materiales de
otras personas, salgo a comer fuera a restaurantes caros sólo para cele-
brar una ocasión muy especial, lo que se produce una o dos veces al año.*

◆ _____

_____

◆ _____

_____

◆ _____

_____

◆ _____

_____

◆ _____

_____

Para la reflexión personal

¿Cuánto valoro lo siguiente?

- Dios
- Matrimonio
- Familia
- Hijos
- Amigos
- Amor
- Perdón
- Dinero
- Poder
- Influencia
- Sexo
- Transparencia
- Honestidad
- Veracidad
- Valentía

- Sinceridad
- Autoestima
- Respeto por uno mismo
- Cuidado
- Consideración
- Bondad
- Compasión
- Tolerancia
- Cortesía
- Cooperación
- Paciencia
- Enseñable
- Lealtad
- Humildad
- Servicio

Contrato Personal de Carácter

+ Escriba un contrato con usted mismo que establezca su personal DECLARACIÓN DE VALORES y CÓDIGO DE ÉTICA mediante los cuales se compromete a vivir en el ejercicio de sus responsabilidades de liderazgo personal y público.

+ Entregue una copia de este contrato a dos amigos de confianza que le hagan rendir cuentas de cumplir su Contrato de Carácter.

Acerca del autor

El Dr. Myles Munroe es conferencista motivacional internacional, autor de éxitos de ventas, educador, mentor de liderazgo y consultor para el gobierno y de negocios. Viajando mucho por todo el mundo, el Dr. Munroe aborda problemas críticos que afectan a todo el rango del desarrollo humano, social y espiritual. El tema central de su mensaje es la maximización del potencial individual, incluyendo la transformación de seguidores en líderes y de líderes en agentes de cambio.

El Dr. Munroe es el fundador y presidente del ministerio Bahamas Faith Ministries International (BFMI), una organización multidimensional con sus oficinas centrales en Nassau, Bahamas. Es director general y presidente de la junta de la International Third World Leaders Association (ITWLA), y presidente del International Leadership Training Institute (ILTI).

El Dr. Munroe es también el fundador y productor ejecutivo de varios programas de radio y televisión que se emiten en todo el mundo. Además, es un frecuente invitado en otros programas de televisión y radio y en redes internacionales, y es escritor colaborador en varias ediciones de Biblias, boletines, revistas y circulares, como *The Believer's Topical Bible, The African Cultural Heritage Topical Bible, Charisma Life, Christian Magazine* y *Ministries Today*. Es un popular escritor de más de cuarenta libros, entre los que se incluyen *El Propósito y Poder de la Autoridad, Los Principios y Beneficios del Cambio, Convirtiéndose en un Líder, La Persona Más Importante Sobre la Tierra, El Espíritu de Liderazgo, Los Principios y el Poder de la Visión, Entendiendo el Propósito y el Poder de la Oración, Entendiendo el Propósito y el Poder de la Mujer, Entendiendo el Propósito y el Poder de los Hombres,* y *El Principio de la Paternidad*. El Dr. Munroe ha cambiado las vidas de multitudes en todo el mundo con un poderoso mensaje que inspira, motiva, desafía y capacita a las personas para descubrir el propósito personal, desarrollar verdadero potencial, y manifestar sus singulares capacidades de liderazgo. Por más de treinta años ha formado a cientos de miles de líderes en los negocios, la industria, la educación, el gobierno y la religión. Personalmente se dirige a más de 500 mil personas cada año sobre desarrollo personal y profesional. Su encanto y su mensaje traspasan edades, raza, cultura, credo y trasfondo económico.

El Dr. Munroe ha obtenido licenciaturas de la Universidad Oral Roberts y la Universidad de Tulsa, y se le han concedido varios doctorados honorarios. También ha servido como profesor adjunto en la Graduate School of Theology en la Universidad Oral Roberts.

El Dr. Munroe y su esposa, Ruth, viajan como equipo y participan juntos en la enseñanza en seminarios. Ambos son líderes que ministran con corazones sensibles y visión internacional. Son los orgullosos padres de dos hijos adultos: Charisa y Chairo (Myles Jr).